한중대역본 | 韩中对照本

한국사회와 문화

韩 国 社 会 与 文 化

전월매田月梅 | 편저編著 편역编译

문만文玟 | 감수审订

이 교재는 2022년도 대한민국 교육부와 한국학중앙연구원(한국학진흥사업단) 해외 한국학 씨앗형 사업의 지원을 받아 수행된 연구임(AKS-2022-INC-2230003)

한중대역본 | 韩中对照本

한국사회와 문화

韩 国 社 会 与 文 化

전월매田月梅 | 편저编著 편역编译
문민文玟 | 감수审订

머리말

21세기는 문화의 시대라고 합니다. 그만큼 우리는 매일매일 문화를 소비하며 살아가고 있습니다. 한 나라를 알려면 그 나라의 문화를 알아야 한다고 합니다. 문화에는 그 나라의 정체성과 가치관과 사상이 담겨 있고 그 나라의 과거와 현재를 읽을 수 있고 미래를 조망할 수 있기 때문입니다. 이 책은 한국어와 한국문화를 배우려는 이들, 기초 한국어를 학습하는 대학생들, 한국의 전통문화와 생활방식의 기본 요소를 효과적으로 학습하고자 하는 일반인들을 주요 독서 대상으로 삼아서 체계적으로 한국문화를 알려주기 위하여 기획된 것입니다.

본문은 한국 상징, 지리, 정치, 경제, 역사, 문화재, 교육, 대중매체, 생활문화, 대중문화, 종교, 한국어와 한국문학 등 내용으로 총 12장으로 구성하였습니다. 이 책은 어느 특정 지식에 편중되거나 시대에 뒤떨어진 정보가 수록되지 않도록 주의하면서 한국에 관련된 정통적인 내용을 담도록 노력하였습니다. 또한 본문이 한중대역본으로 되어 있어 이해에 실제적인 도움이 될 것이고 본문 내용 뒤의 연습문제는 부록에 참고답안을 제시하여 자습용으로도 적합할 것입니다. 내용에 대한 이해를 돕기 위하여 다양한 사진 자료를 적절히 수록하여 학습의 효율을 높이도록 하였습니다.

이 책은 여러 저서들을 많이 참고하였고 책의 성격상 참고가 됐던 많은 저서들에 일일이 주석을 달지 못했습니다. 비록 오랜 시간에 걸쳐 집필과 편집 작업을 진행하였고 중국대학에서 다년간 시용교재로 사용하였지만 능력의 제한으로 부족한 점들이 많습니다. 많은 전문가, 학자, 그리고 독자들의 기탄없는 지적을 바라마지 않습니다.

끝으로 이 책의 출판에 지지와 성원을 아끼지 않은 여러분께 감사를 드리고 싶습니다. 우선 출판지원을 해주신 한국학중앙연구원과 이 책의 출판을 흔쾌히 허락해주신 한국학술정보에 깊은 감사의 마음을 전합니다. 그리고 참고가 되었던 저서들의 저자들에게도 고마움을 표합니다.

2023년 6월
편자 전월매

前言

    21世纪被称为文化的时代。诚如此言，我们每天都在消费着文化。要想了解一个国家，便要知道那个国家的文化。文化中蕴含着一个国家的特性、价值观和思想，可以通晓一个国家的过去和现在，展望未来。

    全文由韩国的象征、韩国的地理、政治、经济、历史、文化遗产、教育、大众媒体、生活文化、大众文化、宗教、韩语和韩国文学等共十二章内容构成，这本教材紧随时代潮流展现韩国历史，并且以中韩对照的形式呈现，对于理解和学习相关内容具有很大帮助。在每章内容结束后附以练习题，附录中有参考答案，这也适合自学使用。为帮助学生理解内容，提高学习效率，也适当添加了各种图片资料。

    这本教材参考了诸多书籍，但因篇幅有限，没能一一加注深感抱歉。本教材经过了较长时间的编写、编辑，在中国大学课堂上使用多年，但因能力有限，有很多不足之处，恳请各位专家、学者和读者提出宝贵意见。

    最后，向大力支持和帮助教材出版的各位表示感谢。首先，向给予出版支持的韩国学中央研究院和负责教材出版的韩国学术信息出版社致以深深的谢意，与此同时，对有助于本书编写的书籍作者们表达感谢。

2023年6月

编者 田月梅

일러두기

연습문제에 *표시를 한 연습문제는 중국의 전공 4급 시험에 기출한 문제를 변형하여
낸 것임을 밝힙니다

목차 目录

제3장 한국의 정치
第三章 韩国的政治

제4장 한국의 경제
第四章 韩国的经济

제7장 한국의 교육
第七章 韩国的教育

제8장 한국의 대중매체
第八章 韩国的大众传媒

제11 장 한국의 종교
第十一章 韩国的宗教

제12 장 한국어와 한국문학
第十二章 韩国语和韩国文学

제1장

第一章

한국의 상징

韩国的象征

1. 세계 속의 한(조선)반도 世界上的韓(朝鮮)半島

한(조선)반도는 유라시아 대륙의 동쪽 끝에 있다. 북쪽으로 두 개의 큰 강인 압록강과 두만강을 경계로 하고 있다. 한(조선)반도는 북위 33°06′40″에서 43°00′39″ 및 동경 124°11′00″에서 131°52′08″ 사이에 있으며, 남북으로 길게 뻗은 반도와 3,200여 개의 섬으로 이루어져 있다. 극북(極北)은 북위 43°1′(함경북도 온성군 유포진 북단), 극남(極南)은 북위 33°6′(제주 남제주군 마라도 남단), 극동(極東)은 동경 131°52′(경상북도 울릉군 독도 동단), 극서(極西)는 동경 124°11′(평안북도 용천군 마안면 서단)이다.

한(조선)반도는 대략 길이 1,000km, 폭 216km로 전체 면적은 220,879㎢로 영국이나 루마니아와 비슷한 크기이다. 한국의 크기는 100,339㎢로 헝가리나 포르투갈보다는 조금 크며 국토의 70%가 산지여서 동쪽으로는 급격한 경사를 이루는 지형이 많다. 반면 서쪽은 완만한 경사 지형이 많아 강과 기름진 평야가 자리 잡고 있으며, 남서쪽 바다에는 아름다운 섬들이 어우러져 예로부터 한반도는 금수강산으로 불리어 왔다. 대표적인 섬은 제주도이다.

한(조선)반도는 제2차 세계대전이 끝날 무렵, 북위 38°선을 경계로 나누어졌다. 1953년 한국전쟁 휴전 후, 폭 4km, 길이 241km에 달하는 군사분계선이 새로 설정되어 현재의 한국(대한민국)과 조선(조선민주주의인민공화국)으로 경계가 생기게 되었다.

한(조선)반도의 인구는 약 7700만 명이다. 한국의 총인구는 51,825,932명(2021년, KOSIS)으로 세계 28위이고 인구밀도는 ㎢당 513명(2017년 통계청)으로 세계 23위다. 조선의 총인구는 2,577만 8,816명으로 세계 54위이다.

한국의 GDP는 1조 7,208억 9천만 달러로서 세계 10위이고 1인당 국민소득 GNI는 3만1천 달러로 세계 26위이다. (2019년 한국은행)

한(조선)반도는 국토 대부분이 온대기후 지역으로 사계절이 분명하다. 옛날 한국인들은 주로 농사를 지으며 정착하여 살았다. 한국의 사용언어는 한국어이다.

韩(朝鲜)半岛位于欧亚大陆的东端。北部以两条大江即鸭绿江和图们江与中国和俄罗斯为界。朝鲜半岛位于北纬33°06′40″-43°00′39″,东经124°11′00″-131°52′08″之间, 由南北延伸的半岛和3200多个岛屿组成。最北端位于北纬43°1′(咸镜北道稳城郡柔浦镇北端),最南端位于北纬33°6′(济州道南济州郡马罗岛南端), 最东端位于东经131°52′(庆尚北道郁陵郡独岛东端), 最西端位于东经124°11′(平安北道龙川郡西端)。

朝鲜半岛南北长约1000km, 东西宽约216km。总面积为220,879km², 与英国或罗马尼亚的面积大致相等。其中韩国的面积为100,339km², 略大于匈牙利或葡萄牙。其国土的70%是山地，东部陡坡较多。西部多缓坡,江河和肥沃的平原都坐落于此， 西南部的海域有美丽的岛屿与之协调。因此自古以来朝鲜半岛被称为 "锦绣河山"。具有代表性的岛屿就是济州岛。

第二次世界大战结束时， 朝鲜半岛以北纬38°为界被划分为南北两块势力范围。1953年朝鲜战争休战后，长241km，宽4km的军事分界线被重新设定，成为了当今韩国(大韩民国)和朝鲜(朝鲜民主主义人民共和国)的界线。

朝鲜半岛的总人口约7700万人。韩国的总人口为51,825,932人(2021年统计厅统计)，居世界排名第28位，韩国的人口密度为每平方千米513人(2017年统计厅统计)， 居世界第23位。 朝鲜的总人口为25,778,816人，居世界第54位。

韩国国内生产总值为17,208.9亿美元，居世界第10位；人均国内生产总值为33,346.3美元，居世界第26位。(2018年韩国银行统计)

朝鲜半岛大部分属于温带气候， 四季分明。以前的韩国人主要是寒耕暑耘，定居生活。韩国的官方语言是韩国语。

2. 한(조선)반도 韩(朝鲜)半岛

한국과 조선의 면적, 인구, 행정구역(2020년 기준, 통계청) 韩朝面积、人口、行政区域图(截止2020年, 统计厅)

	한국 韩国	조선 朝鲜	전체 总和
면적 面积 (km²)	10,033,948.62	12,054,000	22,087,948.62
인구 人口 (명)	51,825,932	25,778,816	77,604,748
행정구역 行政区域	1개 특별시, 6개 광역시, 8개 도, 1개 특별자치시, 1개 특별자치도 1个特别市；6个广域市；8个道；1个特别自治市；1个特别自治道	1개 특별시, 2개 직할시, 9개 도 1个特别市；2个直辖市；9个道	

3. 수도 서울 首都首尔

수도 서울은 반만년 이상의 역사를 가진 한민족의 중심지로서 개화기 이후 근대 문명의 시발점이 되었으며 조선 시대 이후 지금까지 대한민국의 수도로 600년의 전통과 현대가 공존하고 있다. 실질적으로 서울은 한국 경제와 산업의 중심지이며, 교육·문화·예술·교통 부문에서도 한국을 대표할 수 있는 도시이다.

서울은 삼국시대에는 한주(漢州), 고려 시대에는 남경(南京), 고려 말기에서 조선 초기에는 한성(漢城), 조선 중기에서 조선 말기에는 한양(漢陽), 일제식민지 시대에는 경성(京城)이라 불렸다.

2005년 서울시는 서울의 중국어 표기 '漢城(한성)'이 서울의 실제 발음과 달라 혼선을 빚고 있다는 지적에 따라 '首爾'을 서울의 새로운 중국어 표기로 확정하였다. '首爾'은 우선 '서울'과 발음이 유사하고, 부드러운 느낌을 줄 뿐만 아니라 간결한 2음절로 이루어져 있고, 뜻도 '으뜸가는 도시'로 풀이할 수 있어 한국 수도 서울을 지칭하기에 적합한 것으로 평가되었다.

首都首尔是具有五千年以上历史的韩民族的中心地。自近代开化期始，经李氏朝鲜时期至今，韩国的首都首尔作为近代文明的起点，600年的传统文化与现代文化在此共存。事实上， 首尔不仅是韩国经济和产业的中心地， 在教育、文化、艺术、交通领域也是足以代表韩国的城市。

首尔在三国时期被称为"汉洲"，高丽时期被称为"南京"，高丽末期到朝鲜初期被称为"汉城"，朝鲜中期到末期被称为"汉阳"，日本殖民统治时期被称为"京城"。

2005年，首尔市把原"汉城"的中文名称改为"首尔"。原因是"汉城(한성)"的韩语发音与"서울"不一致，导致了混乱。首尔不仅和"서울"发音类似，而且由简洁的2个音节组成，给人柔和之感；还能解释为"首屈一指的城市"，因此也被评价为最适合韩国首都的名称。

4. 행정구역 行政区域

한국의 행정구역은 1개 특별시(特別市), 6개 광역시(廣域市), 8개 도(道), 특별자치시 1개, 특별자치도 1개이다.

1945년 8·15 광복 이후 서울이 경기도에서 분리되어 특별시가 되었고 부산, 대구, 인천, 광주, 대전, 울산이 경남, 경북, 경기, 전남, 충남, 경남에서 분리되어 직할시를 거쳐 광역시가 되었고 제주가 전남에서 분리되어 도(道)로 승격하였다. 그리고 세종도 충남에서 분리되어 특별자치시가 되었다.

서울, 인천, 경기도(부천, 안양, 성남, 의정부, 광명, 시흥, 의왕, 군포, 과천, 구리, 광주, 고양, 하남 등)를 합쳐서 수도권이라고 한다. 수도권에는 서울 1,000만 명, 경기도 1,200만 명, 인천 290만 명 등 전체 인구의 약 50%가 밀집하여 살고 있다.

韩国的行政区域包括1个特别市，6个广域市，8个道，1个特别自治市，1个特别自治道。

1945年8月15日光复以后，首尔从京畿道分离出来，成为首尔特别市；釜山、大邱、仁川、光州、大田、蔚山等城市从庆南、庆北、京畿、全南、忠南、庆南分离出来成为自辖市，后改为广域市；济州从全南分离出来晋级为道；世宗也从忠南分离出来成为特别自治市。

首都圈指首尔、仁川、京畿道(富川、安阳、城南、议政府、光明、始兴、义王、军浦、果川、九里、光州、高阳、河南)等。首都圈的人口占全国的50%，首尔有1,000万人，京畿道有1,300万人，仁川有290万人。

(통계청 2021년 기준) (统计厅 截止2021年年底)

구분/区分	명칭/名称	인구수/人口数
특별시(特別市)	서울특별시(首爾)	977만 명
광역시(广域市)	부산(釜山)	344만 명
	대구(大邱)	246만 명
	인천(仁川)	295만 명
	광주(光州)	146만 명
	대전(大田)	149만 명
	울산(蔚山)	116만 명
특별자치시(特別自治市)	세종(世宗)	31만 명
도(道)	경기도(京畿道)	1308만 명
	강원도(江原道)	154만 명
	충청북도(忠淸北道)	160만 명
	충청남도(忠淸南道)	213만 명

구분/区分	명칭/名称	인구수/人口数
	전라북도(全羅北道)	184만 명
	전라남도(全羅南道)	188만 명
	경상북도(慶尙北道)	268만 명
	경상남도(慶尙南道)	337만 명
특별자치도(特別自治道)	제주(濟州)	67만 명
전국/全国		5182만 명

5. 국기(國旗, national flag)-태극기 国旗—太极旗

1882년 5월 22일, 조미수호 통상조약(朝美修好通商条约)조인식에서 고종은 사각형의 옥색 바탕에 태극 원(두 개의 소용돌이 모양)을 파란색과 빨간색으로 그리고, 국기의 네 귀퉁이에 동서남북을 의미하는 역괘(易卦)를 그린 것을 조선의 국기로 정한다는 명령을 하교하였다. 태극기는 1883년(고종 20) 조선의 국기로 채택되고, 1948년부터 한국의 국기로 사용되었다.

1882年5月22日, 在 ≪朝美修好通商条约≫的签字仪式上, 听从高宗之命所制的朝鲜国旗以四角形的玉色为底色, 其中部以漩涡状的蓝色与红色构成太极圆, 四角有象征东西南北的四卦。1883年(高宗20年), 太极旗被选用为朝鲜国旗, 从1948年开始, 太极旗正式成为韩国国旗。

태극기 太极旗

태극기는 **흰색** 바탕에 태극 문양과 건곤감리(乾坤坎離)의 4괘로 이루어졌다. 흰색 바탕은 밝음과 순수, 평화를 사랑하는 민족성을 뜻하고, 태극 문양은 음과 양의 조화를 상징하며, 우주 만물이 상호작용에 의해 생성 발전하는 자연의 진리를 형상화한 것이다. 태극문양의 **빨간색**은 존귀와 양(陽)을 의미하고, **파란색**은 희망과 음(陰)을 의미한다. 4괘는 우주 만물 중에서 **건(☰)은 하늘을, 곤(☷)은 땅을, 감(☵)은 물을, 리(☲)는 불**을 각각 의미한다.

太极旗由白色底色、太极图案和象征着乾、坤、坎、离的4卦组成。白色的底色象征着明朗、纯洁、热爱和平的民族特性。太极的图案象征着阴阳的调和，蕴含着宇宙万物在相互作用下生长与发展的自然真理。太极图案中的红色象征着尊贵和阳，蓝色象征着希望和阴。4卦分别代表宇宙天地万物中的天(乾，☰)、土(坤，☷)、水(坎，☵)、火(离，☲)。

건(乾)　　　곤(坤)　　　감(坎)　　　리(離)

6. 국화(國花, national flower)—무궁화
国花—无穷花、木槿花

무궁화는 한국을 상징하는 꽃으로 '영원히 피고 또 피어서 지지 않는 꽃'의 뜻이 있다. 한민족은 무궁화를 고조선 이전부터 하늘나라의 꽃으로 귀하게 여겼고, 신라는 스스로를 '근화향(槿花香): 무궁

무궁화 无穷花

화 나라'라고 부르기도 했다.

무궁화는 7월 초순에서 10월 하순까지 매일 꽃을 피워 보통 한 그루에 2천~3천여 송이가 피는데, 옮겨 심거나 꺾꽂이를 해도 잘 자라고 공해에도 강한 특성이 있다. 무궁화는 화려한 빛깔이나 향기가 없지만 어떤 꽃보다 점잖고 겸손하며 은은하여 군자의 풍모가 느껴지는 꽃이다. 또한 무궁화가 지닌 수수함과 끈질긴 생명력은 한국의 민족성을 보여준다.

无穷花是韩国的象征，意为"永远绽放，不会凋零的花朵"。 韩民族从古朝鲜时期就尊称无穷花为天国之花，新罗也曾自称"槿花香: 无穷花之国"。

无穷花从七月上旬到十月下旬期间每日都开花， 一棵树能开出两三千余朵花。无穷花被移植或扦插后也易养活，在糟糕的环境中也能蓬勃生长。无穷花虽无华丽的颜色和迷人的香气，却是一种比任何花都文雅谦逊，隐隐显露着君子风范的花朵。无穷花顽强而坚韧的生命力象征着韩国的民族特性。

7. 국장(国徽, National Emblem) 国徽

국장은 1948년 8월 대한민국이 성립될 때 채용되었다. 한국 국장은 원형으로 되었는데 그 위에 다섯 개의 누른색 무궁화 꽃잎이 있고, 꽃잎 중앙에 붉은색과 푸른색으로 된 태극 도안이 그려져 있다. 꽃잎 좌우에 두 줄의 흰색 띠가 둘러 있고 밑에 있는 남색 띠에 '대한민국'이란 네 글자가 쓰여 있다.

1948年8月大韩民国成立时开始使用国徽。韩国国徽是圆形的，上方有五瓣黄色的无穷花花瓣，花瓣中央画着由红蓝两色组成的太极图案。花瓣左右有两条白色带子环绕，丝带下方蓝色区域书写着"大韩民国"四个字。

8. 국가(國歌, national anthem) -애국가
国歌—爱国歌

애국가는 작사자 미상이며, 1895년 11월 21일 독립문 정초식에서 불린 애국가의 후렴 "무궁화 삼천리 화려 강산 죠션 사람 죠션으로 길이 보죤하세"가 지금도 맥을 잇고 있다. 작곡은 1930년대 후반 안익태(安益泰)가 빈(Wien, 維也納)에서 유학 중에 한 것이다. 16소절의 간결하고 정중한 곡은 가사와 함께, 1948년 8월 15일 대한민국 정부가 수립되면서 국가로 제정되었다.

韩国《爱国歌》作词者不详，但从1895年11月21日独立门奠基式开始，爱国歌的副歌"锦绣江山三千里，无穷花遍野盛开，大韩人誓死卫国，愿韩国屹立万代！"延续至今。20世纪30年代安益泰于维也纳留学时为之作曲。随着1948年8月15日大韩民国政府的建立，包含着16个小节的《爱国歌》以其简洁的歌词和郑重的曲调成为国歌的不二之选。

1절 동해물과 백두산이 마르고 닳도록 하느님이 보우하사 우리
　　나라 만세
무궁화 삼천리 화려 강산 대한 사람 대한으로 길이 보전하세
2절 남산 위에 저 소나무 철갑을 두른 듯 바람서리 불변함은 우
　　리 기상일세
무궁화 삼천리 화려 강산 대한 사람 대한으로 길이 보전하세
3절 가을 하늘 공활한데 높고 구름 없이 밝은 달은 우리 가슴 일
　　편단심일세
무궁화 삼천리 화려 강산 대한 사람 대한으로 길이 보전하세
4절 이 기상과 이 맘으로 충성을 다하여 괴로우나 즐거우나 나
　　라 사랑하세
무궁화 삼천리 화려 강산 대한 사람 대한으로 길이 보전하세

第一段: 直到东海水枯，白头山石烂，上天永保我疆土，愿我大韩民
　　　国万万年！
第二段: 万众意志坚定如钢铁，胜似南山劲松站岗，任凭风吹任凭霜
　　　打，万众一心恒心持久绵长！
第三段: 愿我大韩精神，如秋夜晴空的皓月，清辉洒向广阔的大地，
　　　坚定、真诚、执着！
第四段: 用我们的意志和精神，热爱我们亲爱的祖国，把身心与真诚
　　　奉献给她，无论面对痛苦还是快乐！

副歌：锦绣江山三千里，无穷花遍野盛开，大韩人誓死卫国，愿韩国屹立万代！

9. 한국의 화폐(貨幣, money) 韩国货币

한국에서 통용되는 화폐는 동전, 지폐 그리고 수표이다. 화폐의
단위는 원(圓)이다.

韩国的通用货币包括硬币、纸币和支票, 其货币单位是 "圆"或
"元"。

· 지폐(紙幣, paper money) 纸币

구분 区分	이미지 样式	특징 特征
50,000원 韩元		· 최초발행: 2009년 6월 23일 · 디자인 소재: 신사임당(1504~1551), 묵포도도, 초충도수병의 가지 그림, 월매도, 풍죽도 · 最初发行日期是2009年6月23日, 设计素材是申师任堂(1504-1551)墨葡萄图、草虫图绣屏的茄子图、月梅图、丰竹图
10,000원 韩元		· 최초발행(신권): 2007년 1월 22일 · 디자인 소재: 세종대왕(1397~1450), 일월오봉도, 용·비어천가/혼천의(혼천시계 중 일부) · 新币最初发行日期是2007年1月22日、 设计素材是世宗大王(1397-1450)、 日月五峰图、龙飞御天歌、浑天仪(浑天时计中的一部分)
5,000원 韩元		· 최초발행(신권) : 2006년 01월 02일 · 디자인 소재 : 율곡 이이(학자, 1536~1584), 오죽헌과 오죽/신사임당 초충도(수박과 맨드라미) · 新币最初发行日期是2006年1月2日, 设计素材是栗谷李珥(学者、1536-1584),乌竹轩和乌竹、申师任堂的草虫图(西瓜和鸡冠花)
1,000원 韩元		· 최초발행(신권) : 2007년 01월 22일 · 디자인 소재 : 퇴계 이황(학자, 1501~1570), 명륜당, 매화 / 계상정거도 · 新币最初发行日期是2007年1月22日, 设计素材是退溪李滉(学者,1501-1570)、明伦堂、梅花、溪上静居图

· 동전(銅錢, coin) 硬币

구분 区分	500원 韩元	100원 韩元	50원 韩元	10원 韩元
디자인 소재 设计素材	학 鶴	이순신 李舜臣	벼 이삭 稻穗	다보탑 多宝塔
이미지 样式	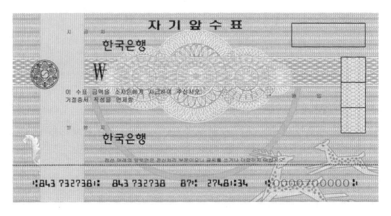			

■ 다보탑(多寶塔) 多宝塔

10원짜리 동전에 새겨져 있는 다보탑은 통일신라 시대에 세워졌다. 다보탑은 불국사의 대웅전 앞뜰에 석가탑과 마주 보고 있다.

刻在10元硬币上的多宝塔于统一新罗时代建立。多宝塔位于佛国寺大雄殿前院，与石家塔相对而坐。

· 수표(check) 支票

-수표는 큰 금액의 돈을 대신하여 은행에서 발행한다.

支票是指由银行发行的代替大笔现金的货币。

· 전자화폐 电子货币
-카카오페이(Kakao Pay) 卡卡奥支付

카카오페이는 카카오톡 내에 신용카드 나 체크카드를 모바일상에서 간단하게 비밀번호만으로 결제할 수 있도록 하는 모바일 결제 서비스이다. 카드를 등록해 결제할 수 있도록 하는 카카오페이에 충

전해둔 현금을 페이머니라 한다. 카카오페이와 실제 계좌를 연결시 켜서 카카오페이로 결제를 하거나 카카오톡 친구끼리 송금 시에 내 계좌에서 카카오페이로 돈을 빼 와서 보낼 수 있다. 카카오페이는 위챗(微信)페이와 비슷하다.

卡卡奥支付(Kakao Pay):在手机的Kakaotalk内，用密码结算信用卡或储蓄卡的移动支付方式。

在卡卡奥支付中充值的现金称为Pay money。Kakao Pay和银行账户连接用卡卡奥支付结算，或者Kakao talk朋友之间也可以从卡卡奥支付的账户路径取钱汇款。卡卡奥支付与微信支付相似。

- 제로페이

제로페이는 소상공인의 결제수수료 부담을 줄이고, 소비자에게는 40% 소득공제 혜택을 제공하는 소상공인 간편 결제 서비스이다.

zerpay是旨在减轻小工商业者结算手续费负担，给消费者提供40%所得抵扣优惠的工商业者简便结算服务。

10. 한국 화폐 속의 인물 韩国货币上的人物

한국의 화폐 중에서 인물이 디자인되어 있는 것은 50,000원, 10,000원, 5,000원, 1,000원, 100원이다.

韩国的货币上设计有人物的有50,000韩元、10,000韩元、5,000韩元、1,000韩元和100韩元。

50,000원권에 그려져 있는 신사임당(申师任堂)은 여성 문화예술인으로서 대표적인 상징성을 보유하고 있으며 조선 중기의 한국적 특성을 잘 살린 회화, 서예 등 수준 높은 작품을 남겼다. 조선 중기 대학자인 율곡 이이를 비롯해 3남 4녀를 훌륭하게 키워냄으로써 현모양처의 표본이 되었다.

50000韩元上的人物申师任堂代表韩国女性文化艺术家。她留下了诸多体现朝鲜中期韩国特性的绘画、书法等高水准作品。并且她很好地养育了以朝鲜中期大学者栗谷李珥为首的三子四女, 成为了贤妻良母的典范。

10,000원권에는 역대 왕들 중에서 업적이 많기로 손꼽히는 조선의 제4대 왕인 세종대왕(世宗大王)이 그려져 있다. 세종대왕은 궁궐 안에 정음청을 설치해 한글을 창제했으며 해시계, 물시계, 혼천의

등 많은 과학 기구들을 발명하여 한국의 과학 기술을 발전시켰다. 또한 활자를 개발해 많은 책을 펴내 학문 발전에도 기여했다.

10,000韩元上的人物是历代君王中功绩最为显赫的朝鲜第4代世宗大王。世宗大王在宫中设置了正音厅，创制了韩文，发明了日晷、漏壶、浑天仪等诸多科学工具，促进了韩国的科学技术发展，并且发明了活字技术，发行了很多书籍，为学术的发展做出了贡献。

5,000원권에 그려져 있는 율곡 이이(栗谷 李珥)는 조선 중기의 학자이며 정치가로서 강원도 강릉 출생이다. 정치적 식견과 폭넓은 경험으로 왕의 두터운 신임을 얻어 40세 무렵에 정국을 주도하는 인물로 부상했으며 당파 간의 갈등을 해소하기 위해 적극적으로 노력하였다. 이이는 국력을 기르기 위한 '십만 양병설'을 주장하였으며 낙향해서는 제자 교육에 힘썼다.

5,000韩元上的人物是朝鲜中期的学者兼政治家栗谷李珥。他生于江原道江陵市，凭借政治远见和丰富经验获得了国王深深的信任，于40岁时一跃成为主管掌政局的人物，同时也为了调和党派之间的矛盾而做出了积极努力。李珥主张增强国力的"十万养兵说"，他下乡后尽心尽力教育弟子。

1,000원권에는 퇴계 이황(退溪 李滉)이 그려져 있다. 이황은 조선시대를 대표하는 학자로서 중종, 명종, 선조의 존경을 받았으며 시문과 서예에도 뛰어났다. 그는 도산 서원을 창설하여 후진 양성과 학문의 연구에 힘을 쏟았으며 인간의 존재와 본질을 행동보다는 이념적인 면에서 추구하였다.

1,000韩元上的人物是代表朝鲜时代的学者退溪李滉。他受到中宗、明宗、先祖的尊敬，写诗作赋方面也很杰出。他创设了陶山书院，致力于培育晚辈与研究学问，他重视哲学研究，尤其在人的存在与本质的关系问题上比起行动更追求了意识形态。

100원짜리 동전에 있는 충무공 이순신(忠武公 李舜臣)은 조선 시대의 명장으로서 거북선을 처음 만들어 사용했으며 외세의 공격으로부터 조선을 지켰다. 투철한 조국애와 뛰어난 전략으로 민족을 적으로부터 방어하고 격퇴함으로써 한국 역사상 가장 추앙받는 장수의 한 사람이 되었다. 이순신은 글에도 능하여 『난중일기』와 시조, 한시 등 여러 편의 작품을 남겼다.

100韩元硬币上的人物是朝鲜时代名将忠武公李舜臣。李舜臣最早制造并使用了龟甲船，阻挡了攻击朝鲜的外国势力并保护了朝鲜。他以炽热的爱国之心和卓越的军事战略进行了防御并击退了敌人，从而成为韩国历史上最值得敬仰的将帅之一。李舜臣也善于写作，他留下了 ≪乱中日记≫、时调、汉诗等多篇作品。

☞ **❶** OX 퀴즈

1. 한국의 광역시는 인천광역시, 대전광역시, 대구광역시, 광주광역시, 울산광역시 5개이다. (   )

2. 한국에는 총 9개도로 경기도, 강원도, 충청북도, 충청남도, 전라북도, 전라남도, 경상북도, 경상남도, 제주도이다. (   )

3. 한국의 국화는 무궁화이다. (   )

4. 한국의 애국가에 들어가는 산 이름으로는 백두산, 남산, 한라산이 있다. (   )

5. 50,000원권에 들어가는 이미지는 율곡 이이의 어머니인 신사임당이다. (   )

☞ **❷** 선택문제

1. 한국의 국기를 무엇이라 부르는가?*
   ① 태극기   ② 공화국 국기   ③ 일장기   ④ 인공기

2. 한국의 수도는 어디인가?
   ① 대구   ② 부산   ③ 서울   ④ 제주도

3. 한국의 국가는 애국가이다. 애국가를 작곡한 사람은 누구인가?

   ① 안중근　　　② 조수미　　　③ 정률성　　　④ 안익태

4. 한국을 상징하는 국화(나라꽃)는 다음 중 어느 것인가?*

   ① 무궁화　　　② 진달래꽃　　　③ 장미꽃　　　④ 모란꽃

5. 나라를 사랑하는 마음을 무엇이라 하는가?

   ① 애향심　　　② 애국심　　　③ 충성심　　　④ 자존심

6. 지폐에 그려져 있는 인물과 지폐 금액이 잘못 연결된 것은 어느
   것인가?

㉠ 천 원 — 이순신	㉡ 만 원 — 세종대왕
㉢ 5천 원 — 율곡 이이	㉣ 5만 원 — 신사임당

   ① ㉠　　　　② ㉡　　　　③ ㉢　　　　④ ㉣

7. 조선반도는 어느 대륙 동북부에 있는가?*

   ① 아시아　　　② 동남아　　　③ 유럽　　　④ 유라시아

8. 조선반도는 북으로 압록강과 어느 강을 경계로 중국 및 러시아와
   인접해있는가?*

   ① 낙동강　　　② 한강　　　③ 대동강　　　④ 두만강

9. 조선반도의 지형은 대체로 남서가 낮은데 어느 쪽이 높은가?*

   ① 남북　　　② 남동　　　③ 북서　　　④ 북동

10. 한국의 면적은 중국 절강성의 면적과 비슷한데 근 몇 제곱킬로
    미터인가?*

    ① 18만   ② 15만   ③ 12만   ④ 10만

11. 조선반도 위도상 온대에 속하며 어떤 변화가 뚜렷한가?*

    ① 주야   ② 온도   ③ 임기   ④ 사계절

12. 아래에서 한국의 현재 총인구에 해당하는 것은 어느 것인가?*

    ① 2500만 명   ② 3000만 명
    ③ 5000만 명   ④ 7500만 명

13. 북위 38도선은 미국과 소련에 의해 언제 조선반도 남북 분단선
    으로 되었는가?

    ① 1910년   ② 1945년   ③ 1950년   ④ 1953년

14. 한국에 대해 정확히 소개하지 못한 것은 어느 것인가?

    ① 한국은 삼면이 바다이고 바다에는 크고 작은 섬들이 많다.
    ② 한국의 동쪽에는 일본이 있고 서쪽에는 중국이 있다.
    ③ 한국에서 인구가 가장 많은 도시는 서울이다.
    ④ 한국은 UN에 가입되지 않았다.

15. 태극기에 대한 설명으로 틀린 것을 고르시오.

    ① 태극기의 바탕은 흰색이다.
    ② 태극기에는 빨간색과 파란색으로 된 태극문양이 있다.

③ 태극기는 한국을 상징하는 국기이다.

④ 태극기에는 5괘가 그려져 있다.

제2장
第二章

한국의 지리
韩国的地理

제1절 한국의 행정구역과 주요 도시

第一节 韩国的行政区域和主要城市

1. 행정구역 行政区域

한국의 지방 행정 조직은 1특별시, 6광역시, 8도, 특별자치시 1
개, 특별자치도 1개로 되어 있다. 특별시로 서울특별시가 있고, 광
역시는 부산광역시, 대구광역시, 인천광역시, 대전광역시, 광주광역
시, 울산광역시가 있다. 그리고 도는 경기도, 강원도, 충청북도, 충
청남도, 전라북도, 전라남도, 경상북도, 경상남도가 있다. 특별자치
시는 세종시, 특별자치도는 제주도이다.

韩国的地方行政组织由1个特别市、6个广域市、8个道、1个特别自
治市、1个特别自治道组成。特别市指首尔特别市；广域市包括釜山广
域市、大邱广域市、仁川广域市、大田广域市、光州广域市和蔚山广
域市；道包括京畿道、江原道、忠清北道、忠清南道、全罗北道、全
罗南道、庆尚北道、庆尚南道；特别自治市指的是世宗市；特别自治

道是济州特别自治道。

경기도는 한국의 중심부에 위치하며 서울특별시와 인천시를 둘러싸고 있다. 교통이 편리하여 다른 지방과의 교류가 활발하다. 한국의 중요한 기능들이 집중되어 있다. 수원 등 대도시와 서울의 위성도시[1]들이 있다. 그리고 한국 전통문화의 상징인 세계문화유산으로 된 수원화성, 한국민속촌, 도자기로 유명한 이천 등이 있다. 또한 대형놀이동산인 에버랜드도 있다. 경기도의 도청소재지는 수원이다.

京畿道位于韩国中部， 环抱着首尔特别市和仁川市。京畿道交通便利， 与其他地区往来频繁， 韩国的重要功能集中于此。仁川、水原等大城市和首尔的卫星城市[2]坐落于此， 并且此地还聚集着蕴含韩国传统文化的世界文化遗产水原华城、韩国民俗村、因陶瓷而著名的利川等，此处还有大型游乐场爱宝乐园。京畿道的首府是水原市。

강원도는 원래 지하자원이 풍부한 광공업(鑛工業) 지대였는데 요즘은 쇠퇴하고 대신 영동고속국도의 건설 이후 태백산지의 고원지대를 풍부한 자원으로 삼아 스키 등 겨울 스포츠 산업지역으로, 고랭지 농업[3]지역으로 탈바꿈하고 있다. 그리고 설악산과 동해안 해수욕장으로 유명하다. 강원도의 도청소재지는 춘천이다. 2018년에는

---

1) 위성도시: 대도시 주변에 위치하면서 대도시와 유기적인 종속 관계를 가지는 중소 도시. 기능에 따라 위성 주택 도시, 위성 공업 도시 따위로 나누는데, 서울 주위에 있는 성남시·과천시·안양시 따위가 그 예이다.

2) 卫星城市: 是指位于大城市周边， 与大城市具有密切从属关系的中小城市。按其功能可分为卫星住宅城市和卫星工业城市; 例如, 首尔周边的城南市、果川市、安养市。

3) 고랭지 농업(高冷地農業): 고원이나 산지 따위의 여름철에 서늘한 곳에서 하는 농업. 감자, 메밀 따위의 잡곡류나 배추 따위의 채소를 심어 가꾼다.

평창올림픽이 개최되었다.

江原道原为地下资源丰富的矿工业地区，近来有衰退迹象。但自岭东高速国道建设之后，太白山高原地区作为丰富的资源区，逐渐转型为滑雪等冬季运动产业和高寒地区农业4)地带。江原道以雪岳山和东海岸海水浴场出名，首府是春川市。韩国于2018年在此举办了平昌冬奥会。

충청남북도는 수도권과 영·호남이 만나는 내륙 지역으로, 교통의 중심지로 발전하게 되었다. 백제의 유적과 유물이 많이 남아 있고, 해안 지방의 해수욕장 등 경치가 빼어난 곳이 많은 관광자원이 풍부한 지역이다. 충청북도에는 속리산(俗離山) 국립공원, 소백산(小白山) 국립공원, 월악산(月岳山) 국립공원이 있는데 이들은 3대 국립공원으로 불린다. 충청남도에는 독립 기념관, 현충사(顯忠祠) 등 관광지가 있고 온천이 많이 있다. 충청남도의 도청소재지는 대전이고 충청북도의 도청소재지는 청주이다.

忠清南北道作为内陆地区，与首都圈和岭南·湖南相接，发展成为了交通中心地区。作为百济的遗址地， 百济为之留下了璀璨的文化遗产，海岸地区的海水浴场等地景色迷人，旅游资源比较丰富。忠清北道有俗离山国立公园、小白山国立公园和月岳山国立公园三大国立公园；忠清南道有独立纪念馆、显忠祠等旅游胜地，温泉资源丰富。忠清南道的首府是大田广域市；忠清北道的首府是清州市。

경상남북도는 한국 최대 공업도시들이 모여 있는 공업지대이다.

---

4) 寒地区农业：是指在高原山地等夏季凉爽的地区发展起来的农业。种植土豆、荞麦等杂谷类和白菜等蔬菜类作物。

남해안의 동쪽과 동해안까지 바다에 접해 있어, 남동 임해(臨海) 공업지대를 이루며, 대구를 중심으로 한 영남 내륙 공업지대도 있다. 경상북도는 신라 불교 문화 및 조선 유교 문화 등 한국 문화를 온전하게 보존하고 있는 지역이다. 특히 신라 시대 천년 고도 경주 그리고 안동 하회촌(河回村)은 저명한 관광지이다. 이곳은 동해해수욕장 및 온천으로 유명하다. 경상남도에는 풍부한 관광자원이 있다. 지리산과 같은 명산과 해인사(海印寺), 통도사(通度寺)와 같은 한국의 유명한 사찰이 있다. 경상남도의 도청소재지는 창원이고 경상북도의 도청소재지는 대구이다.

庆尚南北道是韩国最大的工业城市聚集地。大海从南海岸的东边延伸至整个东海岸，形成了东南沿岸临海工业区，以及以大邱为中心的岭南内陆工业区。庆尚北道将新罗时期的佛教文化和朝鲜时期的儒教文化完整地传承了下来，值得一提的是，作为新罗时期千年古都的庆州以及安东河回村是有名的旅游胜地，因东海海水浴场和温泉而闻名；庆尚南道拥有丰富的旅游资源，有智异山等名山和海印寺、通度寺等著名的寺庙。庆尚南道的首府是昌原市；庆尚北道的首府是大邱广域市。

전라남북도는 넓고 비옥한 평야가 펼쳐져 있어 한국에서 쌀 생산량이 가장 많은 곡창지대이다. 전주는 맛있는 음식의 고향으로 유명하며 전라남도 요리는 한국 최고의 요리로 인정받고 있다. 서해와 남해를 접하고 있어 수산업(水産業)과 조선업(造船業)도 발달하였다. 그리고 한국문화전통을 상대적으로 온전하게 보존하고 있다. 전라북도는 한국의 대표적인 '판소리'의 발상지이고 <춘향전>의 배경이 되는 곳이다. 전라남도의 도청소재지는 무안이고 전라북도의 도청

소재지는 전주이다.

全罗南北道平原广阔，土壤肥沃，是韩国大米产量最高的粮食地带。全州号称"美食之乡"，全罗南道的饮食受到全国人们的喜爱，因此全罗南道也被称为韩国最棒的饮食圣地。因地处西海和南海，水产业和造船业发达，韩国传统文化保存相对完整。全罗北道是韩国代表艺术"清唱（也称板索里）"的发源地，也是古典小说《春香传》的发祥地。全罗南道的首府是务安郡；全罗北道的首府是全州市。

제주도는 독특한 화산 지형이 다양하게 분포되어 있고 기후가 따뜻하여 육지와 전혀 다른 난대성(暖帶性) 식물의 이국적(異國的) 자연경관으로 많은 관광객들이 모이는 국제관광특구이다. 2006년 7월 1일 제주특별자치도로 지정되었다. 한라산(漢拏山) 등이 있다. 제주도의 도청소재지는 제주이다.

济州岛分布着众多奇特的火山地貌，气候温暖，与陆地景象相异，这里有亚热带植物生长，异国景色迷人，是吸引众多游客来访的国际旅游特区。2006年7月1日，此处被定为济州特别自治道。名山汉拿山坐落于此，济州岛的首府是济州市。

서울특별시
경기도
강원도
인천광역시
충청남도
충청북도
대전광역시
경상북도
세종특별자치시
전라북도
대구광역시
울산광역시
광주광역시
경상남도
부산광역시
전라남도

제주특별자치도

뭉가이

한국의 행정지도 韩国的行政地图

-특별시, 광역시, 도 아래에는 구, 시, 군이 있고 그 아래에는 로
나 면이 있다.

特別市、广域市、道下级区划是区、市、郡；再其下级区划是路。

특별시/광역시 特別市/广域市	구区	로路	길街	번지番地, 号
서울특별시 영등포구 대림로 153 (우07417) 首尔特別市永登浦区大林路153(邮编 07417)				
인천광역시 계양구 장제로 863번길 15 (우 407814) 仁川广域市 桂阳区 長堤路 863番街 15(邮编 407814)				

도道	시市	동洞		번지番地,号
경상남도 창원시 성산구 중앙동 61-2번지 (우 51516) 庆尚南道 昌原市 城山区 中央洞 61-2号(邮编 51516)				

도道	군郡	읍/면邑/面	리里	번지番地,号
강원도 평창군 미탄면 율치리 317-2 (우 60047) 江原道 平昌郡 美滩面 栗峙里 317-2(邮编 60047)				

2. 주요 도시 主要城市

(1) 서울(首爾, Seoul) 首尔

한반도 중앙부에 있는 대한민국의 수도로 정치, 경제, 행정, 사회, 문화, 교통의 중심지이다. 1394년(조선왕조)이래 600여 년 동안 줄곧 수도로 자리 잡아왔으며, 1960년대 이후 경제 발전과 함께 광역화되어 지금과 같은 거대도시(Megalopolis)가 되었다. 이는 한반도의 가운데에 위치하고 있어 여러 지방과 교류하는 데 유리하였기 때문이다. 한강이 도심을 가로지르며 흐르고 경복궁, 창덕궁, 덕수궁 등 고궁 유적과 문화재 등이 많이 남아 있다. 조선 시대에 한양(漢陽), 한성(漢城)으로, 일제식민지 시대에는 경성(京城)이라 불렀다.

1988년 제24회 서울올림픽과 2002년 한·일 월드컵 대회를 개최하고 2010년 G-20 정상회담을 주최하기도 했다.

首尔位于朝鲜半岛中部，是韩国的首都，也是政治、经济、军事、社会、文化、交通中心。首尔自1394年(朝鲜王朝)至今600余年一直是韩

国的首都，1960年之后经济迅猛发展，成为现在的大都会(Megalopolis)，地处朝鲜半岛的中心区域，便于同其他各地区的交流往来。汉江迂回穿城而过，留下了景福宫、昌德宫、德寿宫等宫殿遗址和文化遗产。朝鲜时期先后称首尔为"汉阳"，"汉城"，日本殖民地时期改称其为"京城"。

1988年首尔第24届奥运会和2002年韩日世界杯在此举行，2010年主办了G-20首脑峰会。

서울 지도 首尔地图

(2) 부산(釜山, Busan) 釜山

부산은 한반도의 남동부에 자리 잡은 한국의 제2도시이며 최대 항구 도시이다. 한국 해운업의 중심지이며 세계적인 무역항으로 성장할 수 있었던 것은 노동력이 풍부하고 사방으로 연결된 교통로의 발달 때문이다. 2002년 아시안 게임을 개최했고 해마다 부산 국제 영화제를 열고 있는 문화도시이기도 하다. 자연경관이 빼어나 전국 제일의 해수욕장으로 알려진 해운대(海雲臺)와 울창한 숲과 기암(奇巖) 괴석(怪石)으로 유명한 태종대(太宗臺) 등이 있다.

釜山位于朝鲜半岛东南部，是韩国第二大城市，也是最大的港口城市。釜山作为韩国海运业的中心地，劳动力资源丰富，交通四通八达，所以迅速成长为了世界性的贸易港。2002年在此举办了亚运会，并且作为文化城市，每年会在此召开釜山电影节。此地自然景观优美出众，有全国第一海水浴场之称的海云台坐落于此，还有因奇山怪石，树林苍郁而著名的太宗台。

(3) 인천(仁川, Incheon) 仁川

서해안 최대 항구 도시로 서울의 관문이다. 한반도 서부 중앙부인 경기도의 중심도시이다. 인천 국제공항과 인천항만이 자리 잡아 한국의 교통중심지를 이루는 국제도시이기도 하다. 여기에 서울과 가까운 지리적 이점을 더하여 첨단 산업 도시로 거듭나고 있다. 문화재와 역사적 유적이 많이 남아 있는데 그중 강화도가 있다.

仁川作为西海岸最大的港口城市，是首尔的关口，也是朝鲜半岛西部中心——京畿道的中心城市。仁川国际机场和仁川港位于此处，是构建韩国交通中心的国际城市。与首尔在地理位置上相近的优势使其跃升为高端产业城市。它拥有许多文化遗产和历史遗址，其中包括江华岛。

(4) 대구(大邱, Daegu) 大邱

한국의 동남부에 위치한 영남 대륙의 중심도시이다. 역사가 오래 된 공업지역으로 풍부한 노동력을 바탕으로 섬유, 기계, 전자 공업 등이 발달하였다. 한국 제3의 도시로 섬유산업이 발달하여 세계적 섬유패션 도시로 도약하고 있다. 2003년에 세계유니버시아드 대회 를, 2010년에 세계육상대회를 개최하기도 했다.

大邱位于韩国东南部，是岭南地区的中心城市。作为历史悠久的工业 区，此地有着丰富的劳动力、纤维、机械、电子工业发达。大邱是韩国 第三大城市，纤维产业的繁荣发展，使将其成为世界纤维·时装产业城 市。2003年此地主办了世界大学生运动会， 2010年又主办了世界田径 锦标赛。

(5) 광주(光州, Gwangju) 光州

한국의 서남부에 있는 호남지방은 평야가 넓고 기후와 강수량이 좋아 일찍부터 농업이 발달하였다. 광주는 그 호남지방의 중심지로 물자가 풍부하여, 인재가 많이 모이고 예술이 발달하여 예로부터 예향(藝鄉)으로 불렸다. 넓고 기름진 평야와 가까운 바다에서 나오는 재료를 바탕으로 한 음식들은 음식문화의 백미(白眉)를 이루어 멋과 맛의 도시로 불린다. 매년 광주김치축제가 열리고, 지구촌 미술축 전인 비엔날레(biennale, 双年展)를 개최하는 세계적 문화, 예술의 도시 이다.

光州位于韩国西南部的湖南地区，平原广阔，气候适宜，降水量丰富， 因此农业发达。光州作为湖南地区的中心地，物资丰富，人才齐聚，艺 术发达，自古以来就被称为"艺乡"。因肥沃的土壤，广阔的平原，临近

的大海，使得各类原料富足，饮食文化足以成为翘楚，称得上"兼备美与味的城市"。每年在此召开光州泡菜节， 主办全球性美术庆典——双年展。其是具备世界性文化与艺术的城市。

(6) 대전(大田, Daejeon) 大田

경부선 철도와 경부고속국도의 중심지이며, 호남선 철도와 호남고속국도로 확장되는 분기점(分岐點)을 이루어 교통의 요충지라 불린다. 이러한 교통의 발달로 수도권과 가까워져 정부의 여러 기관이 옮겨가기도 한 행정 도시이며 한국의 주요 연구소들이 자리하고 있는 과학 기술의 도시이기도 하다. 대덕연구단지는 첨단 과학기술 정보의 원활한 교류를 이루어 연구의 생산성을 높이고 있으며 1993년에는 엑스포(世博會)가 열리기도 하였다.

大田是京釜线和京釜高速国道的中心地， 也是位于湖南线铁路和湖南高速国道交叉点上的交通要塞。正因为交通发达，靠近首都圈，也有些政府的机关迁到这里，使其成为行政城市；韩国的主要研究所也集中于此，所以也是科学技术城市。大德科技园区积极进行尖端科学技术信息交流，以此提高了研究的生产效益，于1993年举办了世博会。

(7) 울산(蔚山, Ulsan) 蔚山

남동 해안 지방은 항구가 발달한 유리한 조건을 갖추고 있기에 대부분의 원료를 수입하고 제품을 수출하는 중화학(重化學) 공업이 발달하였다. 이는 수도권과 연결되는 철도, 고속도로 등 육상교통이 편리하고 노동력도 풍부하기 때문이다. 1960년대 이후 경제 개발 계획에 의해 정책적으로 여러 산업 단지가 조성되었는데 울산은 그 대표적인 도시이다. 정유, 자동차, 조선, 화학 등 중공업이 활발한 한국 최대의 공업 도시이다.

东南海岸地区具备港口发达的有利条件，因此进口大部分原材料，出口产品，重化工业发达。主要优势在于与首都圈相接的铁路、高速公路等陆上交通便利，劳动力资源丰富。1960年后根据经济开发计划，政策要求建造起诸多产业园区，蔚山便是其代表城市，炼油、汽车、造船、化学等重工业迅猛发展，使蔚山成为韩国最大的工业城市。

(8) 제주도(濟州島, Jeju) 济州岛

제주도는 한국의 남쪽 바다에 있는 여러 차례의 화산 활동으로 형성된 섬이다. 섬의 중앙에는 한라산이 높이 솟아 있고 그 꼭대기에는 화구호수(火丘湖水)인 백록담(白鹿潭)이 있다. 섬의 곳곳에는 작은 화산체인 '오름(岳)'과 용암 동굴이 있으며 바닷가에는 절벽과 폭포가 많아 아름다운 경치를 자랑한다. 특히 한국의 최남단에 위치하여 해양성 기후의 영향으로 난대성 식물이 많아 이국적인 정취를 느낄 수 있어서 '동양의 하와이(夏威夷)'로 불리는 천혜(天惠)의 휴양, 관광지이다.

济州岛位于韩国南边，环海而坐，是经多次火山活动而形成的岛屿。岛的中央屹立着较高的山——汉拿山，汉拿山顶有个火山湖——白鹿潭。岛各处有小火山体 "岳(济州方言'오름'，山峰的意思)"和溶洞，海边景色宜人，飞檐绝壁，瀑布涌流，以此美景著称。因其位于韩国最南边，海洋性气候影响大，亚热带植物茂盛，给人带来异国氛围，被称为"东方夏威夷"，是天赐的休养观光之地。

3. 지역 특산물 地区特产

-특별시, 광역시 特别市, 广域市

지역地区	특산물/명소特产/名胜	지역地区	특산물/명소特产/名胜
서울특별시 首尔特别市	인사동, 남산 한옥마을, 창덕궁 仁寺洞、南山韩屋村、昌德宫	광주광역시 光州广域市	녹차, 붓, 수박 绿茶、毛笔、西瓜
인천광역시 仁川广域市	인천젓갈, 강화도 화문석, 순무 仁川虾酱、江华岛花纹石、芜菁	울산광역시 蔚山广域市	딸기, 토마토 草莓、西红柿
대전광역시 大田广域市	유성온천, 대청호 儒城温泉、大清湖	부산광역시 釜山广域市	기장, 미역 黍、海带
대구광역시 大邱广域市	대구, 염직물, 한약재 鳕鱼、染布、韩药材		

-도 道

지역地区	특산물/명소 特产/名胜
강원도 江原道	태백-고랭지 채소 / 봉평-메밀 太白—高寒地蔬菜 / 蓬坪—荞麦
경기도 京畿道	이천-쌀, 도자기 / 포천-막걸리 利川—大米、陶瓷 / 抱川—米酒
경상북도 庆尚北道	안동-삼베-간고등어 / 울릉도-오징어 / 상주-곶감 경주-법주, 빵 / 영덕-대게 安东—麻布, 烤青花鱼 / 郁陵岛—鱿鱼 / 尚州—柿饼 庆州—法酒, 面包 / 盈德—皇后蟹
경상남도 庆尚南道	거창-사과 / 통영-나전칠기 居昌—苹果 / 统营—螺钿漆器
충청북도 忠清北道	법주사, 월악산국립공원, 충주호 法住寺, 月岳山国立公园, 忠州湖
충청남도 忠清南道	금산-인삼, 홍삼 /서산-마늘 / 천안-호두과자 / 한산-모시 / 강경-젓갈 锦山—人参, 红参 / 瑞山—蒜 / 天安—核桃饼 / 闲山—苎麻 / 江景—虾酱
전라북도 全罗北道	전주-비빔밥, 한지, 부채 / 남원-목기 / 순창-고추장 全州—拌饭, 韩纸, 扇子 / 南原—木器 / 淳昌—辣椒酱
전라남도 全罗南道	완도-김 / 여수-갓김치 / 나주-배 / 익산-귀금속 / 영광-굴비 莞岛—海苔 / 丽水—芥菜泡菜 / 罗州—梨 / 益山—贵金属 / 灵光—黄鱼干
제주특별 자치도 济州特别 自治道	제주-참돔, 귤, 갈치 济州—真鲷, 橘子, 带鱼

제2절 한국의 산과 강, 섬과 해안
第二节 韩国的山和江, 岛和海岸

1. 한국의 산 韩国的山

한국에는 산이 많다. 국토의 2/3를 차지하고 있다. 그러나 대부분이 그리 높지는 않다. 제일 높은 산은 조선에 있는 백두산(白頭山)으로 높이가 2,744m이다. 한국에서는 제주도에 있는 한라산이 1,950m로 가장 높다. 그 다음은 지리산(智異山), 설악산(雪岳山) 등이다.

한국의 큰 산들은 대부분 북쪽과 동쪽에 있는데, 이는 한반도의 지형이 북쪽과 동쪽이 높기 때문이며, 이 산줄기를 한반도의 등뼈를 이루는 백두대간(白頭大幹)이라 한다. 이는 백두산이 머리가 되고 남쪽으로 길게 뻗은 태백산맥을 지나 지리산까지 이르는 줄기를 이른다. 백두대간에서 서쪽으로 10여 개의 작은 산맥이 뻗어 있고 이들 산맥 사이사이를 대동강, 한강, 금강, 영산강 등이 서쪽과 남쪽으로 완만하게 흐르고 있다. 이 강들의 하류를 중심으로 한국의 평야 지대가 서, 남부에 비교적 넓게 발달해 있다. 이와 같이 백두대간은 한반도의 골간을 이루는 중심이 된다.

韩国山地众多, 占国土面积的三分之二。山的海拔均不高, 最高的山是朝鲜境内的白头山, 海拔2,744米。在韩国, 最高的山是位于济州岛的汉拿山, 海拔1,950米。还有智异山、雪岳山等其他山。

因朝鲜半岛北部、东部地势高, 韩国的高山大部分位于北边和东边, 连绵起伏的山脉形成朝鲜半岛的屋脊, 被称为 "白头大干"。其始于白头山, 向南延伸, 经过太白山脉, 直至智异山。白头大干西部分布有10

多个小山脉，这些山脉之间夹杂着向西、向南流的大同江、汉江、锦江和荣山江。以这些江河的下流为中心，韩国西、南部的平原地带比较发达。与此同时，白头大干形成朝鲜半岛的骨架，成为朝鲜半岛的中心。

-산이 많아서 국토의 2/3를 차지

-한(조선)반도 제일 높은 산: **백두산(白頭山) 2,744m**

-한국: 한라산(漢拏山) 1,947m > 지리산(智異山) 1,915m > 설악산(雪岳山) 1,708m

-山地众多，占国土面积的**2/3**

-朝鲜半岛最高的山: 白头山**2,744m.**

-韩国: 汉拿山 **1,947m** > 智异山 **1,915m** > 雪岳山 **1,708m**

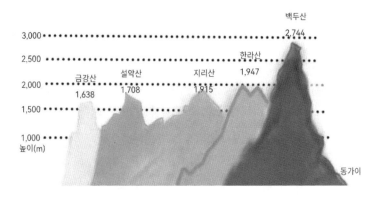

(1) 한라산(漢拏山) 汉拿山

한라산은 제주특별자치도 제주시·서귀포시에 있으며 높이 1,947m로 한국에서 가장 높은 산이다. 정상에는 둘레 약 3㎞, 지름

500m의 화구호인 백록담(白鹿潭)이 있다. 민간 신앙에서는 금강산・지리산과 함께 삼신산(三神山) 가운데 하나로 치기도 한다. 한라산은 1970년 국립공원으로 지정되었고, 해마다 1월 마지막 주에는 눈꽃축제가 열린다. 동북쪽 기슭에 대한불교조계종 관음사가 있다.

汉拿山位于济州特别自治道济州市・西归浦市，海拔高度为1,947米，是韩国最高的山。山顶有个火山口湖——白鹿潭，其周长约3千米，直径500米。在民俗信仰中，　也把汉拿山、金刚山和智异山统称为三神山。汉拿山于1970年被定为国立公园，每年1月最后一周都会举办雾凇庆典，东北方向山脚坐落着大韩佛教曹溪宗观音寺。

(2) 지리산 智异山

지리산은 전라북도 남원시, 전라남도 구례군, 경상남도 산청군・함양군・하동군에 걸쳐 있는 산이며 높이는 1,915m이다. 지리산의 산세는 유순하나 산역(山域)의 둘레가 800여 리에 달한다.

지리산에는 이칭(異稱)과 별칭(別稱)이 많다. 한자로는 지이산(智異山)이라 쓰지만 읽기는 지리산이라고 한다. 실제로 지리산을 그 음대로 지리산(地理山)이라 쓴 기록도 많다. 원래 '智異'는 지리라는 한국어의 음사(音寫)일 뿐이며 지리는 산을 뜻하는 '두래'에서 나온 이름이다. 두래는 imagefont(달)의 분음(分音)으로서 '두리'・'두류' 등으로 변음하여 '頭流'・'豆流'・'頭留'・'斗星'・'斗流' 등으로 한자를 붙여 지명이 된 것이 많다. 이 중 두류(頭流)는 백두산의 맥세(脈勢)가 흘러내려서 이루어진 산이라는 설명도 있다. 이러한 지리산(地理山)・두류산(頭流山) 등이 지리산의 이칭이다.

智异山经过全罗北道南原市、全罗南道求礼郡、庆尚南道山清郡、

咸阳郡、河东郡，海拔高为1915米。智异山山势绵延，占地800多里。智异山有众多异称和别称。汉字标识为"지이산(智異山)"，读作"지리산"。实际上，智异山按照音译也常写作"地理山"。原来"智异"的意思只是按照韩语字音标识成"지리"，是从"두래"中衍生出来的名字。"두래"作为(달)的分音，又可读成"두리"，"두류"等，汉字标识成"头流"，"豆流"，"头留"，"斗星"，"斗流"等等。其中，"头流"解释为顺着白头山山脉形势流淌而成的山。地理山、头流山都是智异山的异称。

(3) 설악산 雪岳山

설악산은 높이 1,708m로, 한국에서는 한라산(1,947m), 지리산(1,915m)에 이어 세 번째로 높은 산이다. 신성하고 숭고한 산이라는 뜻에서 예로부터 설산(雪山), 설봉산(雪峰山), 설화산(雪華山) 등 여러 이름으로 불렸고, 금강산(1,638m)을 '서리뫼'라고 한 것과 관련해 한국말로 '설뫼'라고도 하였다.

雪岳山海拔高1,708米，仅次于韩国的汉拿山(1,947米)，智异山(1,915米)，位居第三。雪岳山蕴含神圣高尚之意，自古以来就有雪山、雪峰山、雪华山等多种名称。与韩语名为'서리뫼'的金刚山相联系，雪岳山的韩语名也称为"설뫼"。

(4) 서울에 있는 산 位于首尔的山

관악산(冠岳山), 도봉산(道峯山), 북한산(北漢山), 청계산(淸溪山), 인왕산(仁王山)

冠岳山，道峰山，北汉山，清溪山，仁王山

2. 한국의 강 韩国的江

한국에는 크고 작은 강들이 많이 흐른다. 강만 그려놓은 지도를 보면 강들이 마치 실핏줄처럼 이어졌다. 압록강, 대동강, 한강, 금강 등 이름있는 강들은 대부분 황해로 흐른다. 한국지형의 특징이 동쪽이 높고 서쪽은 낮기 때문이다.

한국은 비가 여름에 집중적으로 내리기에 여름과 겨울에 강물의 양이 차이가 난다. 한강이나 낙동강은 여름과 겨울에 물의 양이 약 400배 가까이 차이가 난다.

韩国有大大小小无数的江流，要是绘制一幅水系图的话，看起来便会像是纵横交错的毛细血管一般复杂。鸭绿江、大同江、汉江、锦江等有名的江大部分流入黄海，那是因为韩国的地形特征——"东高西低"。韩国夏季雨势集中，夏冬季江河水量落差较大，像汉江或洛东江，夏冬季水量落差能达到近400倍左右。

(1) 압록강 鸭绿江

압록강은 조선반도에서 가장 긴 강이다. 백두산에서 흐르기 시작한 압록강은 조선과 중국의 국경을 이루며 황해로 흘러간다. 압록강이라는 이름은 '강물 빛이 오리의 머리 빛깔처럼 새파랗다.'라는 뜻에서 나왔다.

鸭绿江是朝鲜半岛最长的江。鸭绿江发源于白头山，　为中国和朝鲜的界河，流入黄海。鸭绿江因 "江水颜色似鸭头之青色"而得名。

(2) 두만강(圖們江, 豆滿江) 图们江

두만강은 백두산에서 시작되어 조선, 중국, 러시아 세 나라의 국경으로 흘러든다. 두만강은 다른 강과는 달리 일본해(동해)로 흘러든다. 두만강 상류는 경사가 급해 여울과 폭포가 많고, 하류에는 흙이 쌓여 만들어진 섬이 많다.

图们江始于白头山， 流经朝鲜、中国、俄罗斯三个国家。与其他江不同，它注入日本海（韩国称东海），图们江上游地势险峻，多瀑布险滩；下游泥沙聚集，形成众多岛屿。

(3) 대동강 大同江

대동강은 낭림산맥의 높은 곳에서 시작되어 평양을 지나 황해로 흘러든다. 대동강에는 나뭇가지처럼 이어진 크고 작은 지류가 620개나 있다.

大同江发源于狼林山脉地势高处，经平壤流入黄海，大同江大小支流众多，如树枝盘踞交错，总计620个。

(4) 낙동강 洛东江

낙동강은 한국에서 가장 긴 강이다. 경상남도·경상북도 영남지방 전역을 지나 남류하여 남해로 흘러드는 하천이다. 하천연장 400.7㎞, 유로연장 510.36㎞, 유역면적 2만 3,384.21㎢이다.

洛东江是韩国最长的江。经过庆尚北道、庆尚南道岭南地区向南流去，流入南海的河流。河流全长400.7千米，河流水系全长510.36千米，流域面积23,384.21平方千米。

(5) 한강 汉江

태백산맥에서 발원해 강원도·충청북도·경기도·서울특별시를 거쳐 흐르는 한반도 중부지역의 강이다. 한강이라는 명칭의 유래는 한국어에서 '큰 물줄기'를 의미하는 '한가람'에서 비롯하였다. '한' 이란 "큰, 정확한, 한창인, 같은"을 뜻하는 접두사이며, 가람은 강의 옛말이다. 즉 "큰 강"이라는 뜻이다.

汉江发源于太白山脉, 流经江原道、忠清北道、京畿道、首尔特别市, 是位于朝鲜半岛中部地区的江。"한강(汉江)"名称源于 "한가람", 韩语是 "큰 물줄기(大水柱)"的意思。韩语 "한"是指"大的、正确的、正在、同样的"等意思的词头, 而 "가람galam"是 "江"的古话, 即 "大江"的意思。

(6) 금강 锦江

전라북도 동부지역과 충청북도 남서지역에서 시작하여 충청남도 남동지역을 지나 황해로 흘러드는 강이다. **한국에서 낙동강, 한강에 이어 3번째로 긴 강이다.**

锦江发源于全罗北道东部地区和忠清北道西南地区, 流经忠清南道东南地区, 最终注入黄海, 是继洛东江、汉江之后韩国的第三大江。

(7) 영산강 荣山江

광주광역시와 전라남도의 젖줄로서 담양군을 지나 광주광역시, 나주시, 함평군, 영암군, 목포시를 지나 황해로 흐른다. **한강, 낙동강, 금강과 함께 한국 4대강 중의 하나로 손꼽힌다.**

荣山江作为光州广域市和全罗南道的母亲河, 经潭阳郡、光州广域市、罗州市、咸平郡、灵岩郡、木浦市流入黄海，与汉江、洛东江、锦江并称为韩国四大江，并闻名于世。

-조선반도 6대 하천: **압록강**(鴨綠江) **803.0km** > 두만강(도문강) 547.8km > 낙동강(洛東江) 513km > 한강(漢江) 497km > 대동강 450.3km > 금강(錦江) 394.79km

朝鲜半岛六大江: 鸭绿江 **803.0km** > 图们江 **547.8km** > 洛东江 513km > 汉江 **497km** > 大同江 450.3km > 锦江 **394.79km**

-한국 4대강: 한강, 금강, 영산강, 낙동강

韩国四大江: 汉江、锦江、荣山江、洛东江

-섬: 제주도-한라산(호수-백록담)

岛: 济州岛-汉拿山(湖水—白鹿潭)

3. 섬과 해안 岛和海岸

한국은 반도국이라 삼면이 일본해(동해), 서해(황해), 남해로 일컬어지는 바다로 둘러싸여 있다. 지형상의 특징으로 인하여 수산업이 발달하였고 외국과의 교역이 대부분 바다를 통해 이루어졌다. 동해의 해안선은 비교적 단순하지만 서해안과 남해안은 극히 복잡하고 그 연안에는 3000여 개의 섬이 분포되어 있다.

동쪽의 대표적인 섬 — 울릉도 / 독도

서쪽의 대표적인 섬 — 백령도 / 강화도
남쪽의 대표적인 섬 — 제주도 / 거제도

제주도는 화산 활동으로 생겨난 섬이다. 화산이 폭발하면서 용암이 흘러내려 굳어진 한라산이 섬 가운데 자리하고 있으며 산꼭대기에는 화산 폭발로 생긴 구멍에 물이 고인 백록담이라는 호수가 있다. 한라산은 한국에서 가장 높은 산이며 현재 휴화산(休火山)이다. 만장굴, 김녕 사굴과 한림 협재굴과 같은 용암 동굴도 많이 형성되어 있다. 제주도는 이와 같이 화산으로 이루어진 산과 동굴 등 육지에서 볼 수 없는 볼거리와 해양성 기후의 따뜻한 날씨를 자원으로 하여 관광산업이 발달하였다.

울릉도는 깊은 바다에서부터 화산이 폭발하여 만들어진 거대한 화산 지형의 일부가 바다 위로 드러난 섬이다. 중앙부에는 최고봉인 성인봉이 있고 그 북쪽 비탈면에는 화구가 무너져 내려 생긴 나리분지, 알봉분지가 있다. 섬 전체가 하나의 화산체이므로 평지는 거의 없고 해안은 대부분 절벽으로 이루어져 있다.

독도는 울릉도에서 뱃길로 3시간여 소요되는 곳에 있으며 2개의 섬과 주변의 30여 개 암초로 이루어져 있다. 화산작용으로 형성된 해저산(海底山)으로 아름다운 경관을 이루고 있다. 조그마한 바위에 지나지 않지만 풍부한 수산자원과 지리적 중요성을 지니고 있다.

동해안은 두만강 하구에서 부산 송도에 이르는 해안을 말한다. 해안선이 비교적 단조롭고 경사가 가파르며 조수간만(潮水干滿)의 차가 작은 특징이 있어서 수산업이 매우 활발하다. 물이 맑고 풍광이 빼어나며 고운 모래사장 등이 있어 한국의 대표적인 관광지가 많이 있다.

남해안은 부산 송도에서 전남 해남에 이르는 해안을 말한다. 해안선은 극도의 리아스식 해안을 이루며 수온이 알맞아 김이나 굴을 기르는 양식업이 발달하였으며 주위에는 많은 섬들이 분포하여 세계에서 보기 드문 아름다운 경관을 자랑한다.

서해안은 압록강 하구에서 전남 해남에 이르는 해안을 말한다. 해안선의 드나듦이 복잡하고 조수간만의 차가 크며 연안의 해저 지형이 비교적 평탄하고 넓은 간석지(干潟地)가 발달하여 예로부터 간척의 대상이 되었다. 계화도, 인천지역 등에 대규모 간척 사업이 이루어졌다. 인공에 의한 해안선의 형태변화가 세계에서 가장 많은 지역으로 알려져 있다. 모래 해안이 형성되어 있어 해수욕장으로 이용되기도 한다.

韩国是半岛国，三面临海，东临日本海(东海)，西临黄海(韩称西海)，南临南海。因地形特色，水产业发达，与外国间的贸易大部分通过大海进行，东部海岸线相对平缓，但西海岸和南海岸地形复杂，沿岸有3000多个岛屿。

东部具有代表性的岛 — 郁陵岛/利扬库尔岩、独岛(日本称"竹岛")

西部具有代表性的岛 — 白翎岛/ 江华岛

南部具有代表性的岛 — 济州岛/ 巨济岛

济州岛是火山活动形成的岛屿。火山爆发，熔岩流淌，冷却凝固成汉拿山，汉拿山坐落在岛屿中央，山顶因火山爆发形成的积水湖，便是白鹿潭。汉拿山既是韩国最高的山，又是一个休眠火山，此处形成了许多熔岩洞窟，如万丈窟、金宁蛇窟和翰林挟才窟。济州岛上火山形成的山和洞窟等景观在内陆是看不到的，受海洋性气候影响，气候温暖，旅游业发达。

郁陵岛是深海底部火山喷发而成的岛，巨大的火山地形露出水面一部分。中央部分最高峰为圣人峰，其北面的山坡上有火山口塌陷后形成的罗里盆地、卵形盆地。岛屿整体呈火山体样貌，几乎没有平地，海岸大部分也是由峭壁构成。

利扬库尔岩(韩国称独岛)，从郁陵岛出发需航行三个多小时到达，其由2个岛和30多块岩礁构成。因火山活动形成海底山，使得其景色绝妙迷人。面积虽小，但水产资源丰富，地埋位置重要。

东海岸是指从图们江河口至釜山松岛的海岸，海岸线相对比较单调，地势险峻，因涨落潮水位差小，水产业非常发达。水流清澈，风景优美，有美丽的沙滩等，韩国代表性的旅游圣地众多。

南海岸是指从釜山松岛至全罗南道海南的海岸，海岸线形成了极端的里亚式海岸，水温适宜，养殖海苔或牡蛎的养殖业繁荣，周围分布着众多岛屿，人们以世界罕见的绝美景观而自豪。

西海岸是指鸭绿江河口至全罗南道海南的海岸，海岸线进出复杂，涨落潮水位差大，沿岸海底地形比较平坦，滩涂宽阔发达，自古以来就是围湖造田的对象。界火岛、仁川地区等地进行了大规模的围湖造田规划，西海岸作为世界上人工海岸线形态变化最多的地方而闻名。形成的沙岸也被用作海水浴场。

제3절 사통팔달 교통지리
第三节 四通八达的交通地理

1. 고속도로 高速公路

고속도로는 대도시·산업도시·항만·공항 등 정치·경제·문화 상으로 특히 중요한 지역을 연결하는 간선도로 중에서, 자동차가 고속으로 안전하고 쾌적하게 주행할 수 있게 법률적·구조적으로 마련된 도로를 말한다. 경인고속도로는 1968년 12월에 한국 최초로 건설되었다. 가장 긴 고속도로는 1970년에 건설된 경부고속도로이다.

高速公路，是在大城市、产业城市、港湾、航空等政治、经济、文化要地起到连接作用的主干路，为了方便汽车高速安全畅快行驶，这种道路具备法律制度保障。京仁高速公路于1968年12月在韩国最早建成，京釜高速公路是最长的公路，于1970年建成。

한국 고속도로 韩国高速公路

고속도로명 高速公路名称	완공시간 竣工时间	운행구간/길이 运行区间/距离	고속도로명 高速公路名称	완공시간 竣工时间	운행구간 运行区间
경인고속도로 京仁高速公路	1968	서 울 - 인 천 /24km 首尔-仁川	중부고속도로 中部高速公路	1987	하 남 - 통 영 /286km 河南-统营
경부고속도로 京釜高速公路	1970	서 울 - 부 산 /417km 首尔-釜山	중앙고속도로 中央高速公路	---	춘 천 - 부 산 /295km 春川-釜山
서해안고속도로 西海岸高速公路	---	서울-목포 /336.09km 首尔-木浦	영동고속도로 岭东高速公路	---	인천-강릉 仁川-江陵
서울춘천	---	서울-춘천	호남고속도로	1973	천 안 - 순 천

고속도로명 高速公路名称	완공시간 竣工时间	운행구간/길이 运行区间/距离	고속도로명 高速公路名称	완공시간 竣工时间	운행구간 运行区间
고속도로 首尔-春川 高速公路		首尔-春川	湖南高速公路		/195km 天安-春川
서울외곽순환 고속도로 首尔外环高速公路	---	고양-부천-안양 성남-하남-구리 의정부-고양 高阳-富川-安阳 -城南-河南-九 里-议政府-高阳	남해고속도로 南海高速公路	---	영암-부산 灵岩-釜山
			88올림픽고속 도로 88奥林匹克高 速公路	---	무 안 - 대 구 /41.4km 务安-大

1. 한국의 대교 韩国的大桥

(1) 인천대교 仁川大桥

인천대교는 한국에서 가장 크고 긴 다리로서 총 길이는 18.38km
이다. 2005년 6월에 착공하여 2009년 10월에 완공된 인천대교는
인천국제공항이 있는 영종도(永宗島)와 인천경제자유구역인 송도(松
島) 신도시를 연결한다. 6차로이며 바다를 가로지르는 다양한 형식
의 특수교량으로 구성되어 있다.

仁川大桥作为韩国最大最长的桥，全长为18.38千米。于2005年6月
动工兴建，至2009年10月竣工通车，仁川大桥连接仁川国际机场的永宗
岛和仁川经济自由贸易区的松岛，往返六个车道，横跨大海，由形状多
样的特殊桥梁构成。

(2) 서해대교 西海大桥

인천대교에 이어 두 번째로 긴 다리는 서해대교이다. 경기도 평

택시 포승읍 내기리에서 시작하여 충청남도 당진시 송악읍 복운리
를 연결하는 다리로 총 길이가 7,310m이다. 1993년 11월 착공하여
2000년 11월 개통되었다.

　西海大桥是继仁川大桥后第二长的桥。大桥始于京畿道平泽市浦升
邑内基里，至忠清南道唐津市松岳邑伏云里，总长为7310米。1993年
11月动工，于2000年11月完工通车。

(3) 한강을 지나는 대교(30개) 横跨汉江的大桥(30个)

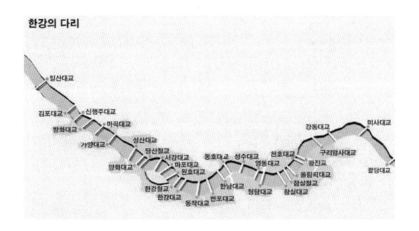

일산대교一山大桥	당산철교堂山铁桥	한남대교汉南大桥	올림픽대교奥林匹克大桥
김포대교金浦大桥	서강대교西江大桥	동호대교东湖大桥	천호대교千户大桥
신행주대교新幸州大桥	마포대교麻浦大桥	성수대교圣水大桥	광진교广津桥
방화대교傍花大桥	원효대교元晓大桥	영동대교永东大桥	구리암사대교九里岩寺大桥
마곡대교麻谷大桥	한강철교汉江铁桥	청담대교清潭大桥	강동대교江东大桥
가양대교加阳大桥	한강대교汉江大桥	잠실대교蚕室大桥	미사대교渼沙大桥
성산대교城南大桥	동작대교铜雀大桥	잠실철교蚕室铁桥	팔당대교八堂大桥
양화대교杨花大桥	반포대교盘浦大桥		

3. 지하철 地铁

한국은 1970년대에 들어서면서 늘어난 교통 수요를 처리하기 위하여 지하철도를 건설하기 시작하였다. 특히 1990년대에는 도시 교통이 국가적인 문제로 대두되면서 서울과 부산을 비롯하여 인천·대구·대전·광주 등의 6대 도시에서 지하철도 건설이 활발하게 추진되었다. 1971년 4월에 서울특별시에서 지하철 1호선이 착공되어 1974년 8월 15일에 개통된 것을 시작으로 부산, 대구, 인천, 대전, 광주 등의 도시에서 지하철이 운행되고 있다.

수도권 전철은 서울특별시, 인천광역시, 경기도, 충청남도 천안시, 아산시, 강원도 춘천시에서 운행하는 서울 지하철, 인천 지하철, 한국철도공사에서 운영하는 광역철도 및 인천국제공항철도, 신분당선, 서해선 등을 아울러 이르는 말로 한국에서 가장 복잡한 체계를 가진 광역전철 체계이다. 서울특별시의 서울 지하철을 중심으로 인천광역시의 인천 도시철도와 이들 도시에서 뻗어나가는 경기도의 대부분과 충청남도 일부, 강원도의 일부에 위치한 광역철도 등이 통합된 체계이다.

韩国自1970年后, 为满足民众日益增长的交通需求, 开始修建地铁。到了1990年, 城市交通成为国家问题, 以首尔和釜山为首, 仁川、大邱、大田、光州等六大城市积极推进地铁建设。1971年4月在首尔特别市动工建设的地铁一号线, 于1974年8月15日通车, 之后在釜山、大邱、仁川、大田、光州等城市也开始运行地铁。

首都圈地铁包括在首尔特别市、仁川广域市、京畿道、忠清南道天安市和牙山市、江原道春川市运行的首尔地铁、仁川地铁、由韩国铁路集团运营的广域铁路, 以及仁川国际机场地铁、新盆唐线、西海线等,它们交错分布，是韩国最复杂的广域地铁系统。是以首尔特别市的首尔地铁为中心，包括仁川广域市的仁川城市铁路，延伸至大部分京畿道地区和一部分忠清南道地区、一部分江原道地区的广域铁路整合而成的系统。

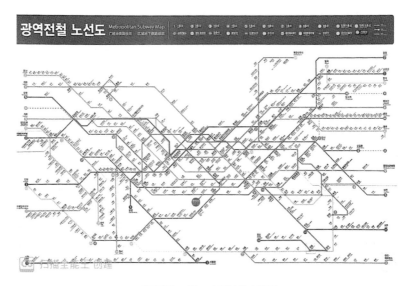

광역전철 노선도 广域地铁路线图

4. 철도(鐵路) 铁路

한국 최초의 철도는 1899년에 건설된 경인선이다. 서울과 인천을 운행하는 철도이다. 열차의 종류로 KTX(한국고속철도), 새마을호, 무궁화 등이 있다. KTX는 시속 300km로 경부선, 호남선, 경전선, 전라선에서 운행한다.

韩国最初的铁路是建于1899年的京仁线。此线路在首尔和仁川区间运行，按列车的种类，包括KTX(韩国高速铁路)、新村号、无穷花号等。KTX时速达300千米/小时，现运行京釜线、湖南线、庆全线、全罗线路线。

主요철도 主要铁路

철도명/铁路名称	구간/区间	개통시간/开通时间
경인선/京仁线	서울-인천/首尔-仁川	1899
경부선/京釜线	서울-부산/首尔-釜山	1905
경원선/京元线	서울-원산/首尔-元山	1914
경춘선/京春线	서울-춘천/首尔-春川	1999
영동선/岭东线	서울-강릉/首尔-江陵	1940
호남선/湖南线	서울-목포/首尔-木浦	2015
전라선/全罗线	익산-여수/益山-丽水	1914

5. 항공 航空

한국에서 가장 큰 공항은 인천국제공항으로 2001년 3월 29일에 개항되었다. 기존에 김포공항에서 운행하던 대부분 국제공항을 인천국제공항으로 이항하였다. 인천국제공항은 2018년에 제2여객터미널을 개항하였고 2029년까지 제3여객터미널을 신축할 예정이다.

인천국제공항에는 제1·제2여객터미널과 탑승동, 활주로 3본, 제1·제2 교통센터, 여객계류장과 화물계류장, 화물터미널, 관제탑 등이 있다. 제1여객터미널은 지하 1층, 지상 4층 규모로 44개의 탑승구가 있으며, 아시아나항공을 비롯한 42개 항공사가 배치되어 있다. 제2여객터미널은 지하 2층, 지상 5층 규모로 대한항공이 실질적인 전용으로 사용하는 가운데 에어프랑스·KLM항공·델타항공이 함께 배치되어 있다. 제2여객터미널은 첨단 에너지기술과 태양광·지열 등의 신재생에너지를 적극 도입하여 저탄소 친환경 터미널로 건설되었다. 탑승동은 여객 처리를 원활히 하기 위하여 건설된 곳으로 30개의 탑승구가 있으며, 제주항공·진에어 등 저가항공사(LCC) 중심으로 배치되었다. 교통센터는 주차장과 철도역 등 다양한 교통시설을 겸한다.

2016년 실제 운항 횟수는 총 33만 9673회, 이용 여객은 총 5776만 5397명, 화물 운송량은 총 354만 2643t이다. 개항 이후 비약적인 발전을 거듭하여 세계적인 공항으로 자리 잡았으며, 국제공항협의회(ACI)가 주관하는 '세계 공항서비스평가(ASQ)'에서 2005년부터 2017년까지 12년간 연속하여 1위를 차지하였다.

仁川国际机场作为韩国最大的机场，于2001年3月29日正式启用。在金浦机场运行的大部分国际机场迁到仁川国际机场，仁川国际机场于2018年开放运营第2航站楼，计划于2029年新建第3航站楼。

现有第1,2旅客航站楼和候机室、第三条跑道、第1·第2交通中心、旅客停机场和货物系留场、货运场站、管制塔等等。第1旅客航站楼从地下一层至地上四层，共有44个登机口，以韩亚航空公司为首，共设立42个航空公司。第2旅客航站楼从地下二层至地上五层，基本为大韩航空专用，其中也设有法国航空、荷兰航空、达美航空。第2旅客航站楼积极引入尖端能源技术和太阳能·地热等新再生能源，建设成了低碳环保航站楼。为能够及时有序处理旅客问题而建设的候机室总计30处，以济州航空、真航空等低成本航空(LCC)为中心。交通中心兼具停车场和铁路站等多种交通设施。

仁川国际机场2016年为止实际运行次数总计33.9673万次，旅客吞吐量达5776.5397万人次，货物吞吐量共计354.2643万吨。正式运行之后取得了飞跃式的发展，成为了国际性机场，在国际机场协会(ACI)主办的"全球机场服务品质评比(ASQ)"中，从2005年至2017年间，连续12年荣获第一名。

· 한국 내의 주요 공항 **韩国主要的机场**

인천국제공항, 김포국제공항, 제주국제공항, 김해국제공항, 청주국제공항, 대구국제공항, 양양국제공항, 무안국제공항, 광주국제공항

仁川国际机场，金浦国际机场，济州国际机场，金海国际机场，清州国际机场，大邱国际机场，襄阳国际机场，务安国际机场，光州国际机场

· 항공사 **航空公司**

한국에는 대한항공과 아시아나항공 2개의 국제항공사가 있다.

在韩国，有大韩航空和韩亚航空两个国际航空公司。

KOREAN AIR

대한항공	아시아나항공
大韩航空	韩亚航空

제4절 기후와 환경
第四节 气候和环境

1. 사계절 四季

한국은 국토가 작은 데 비해 기후가 다양하고 사계절의 구분이 뚜렷하다.

3월부터 5월까지 봄, 6월부터 8월까지 여름, 9월부터 11월까지 가을, 12월부터 다음 해 2월까지 겨울이다. 봄은 따뜻하고 여름에는 덥고 비가 많이 내린다. 가을에는 화창하고 겨울에는 춥고 건조하며 눈이 자주 내린다.

지형이나 기후 등 자연적 조건은 지역 구분의 경계가 되기도 하지만 인구분포 및 농경활동을 비롯한 경제활동에도 반영되어 나타난다. 북동부 지역은 험준한 산지가 분포하고 한랭기후의 영향으로 밭농사 중심의 농업이 이루어진다. 남서부지역은 논농사 중심의 농업이 이루어지며 여름철의 남서 계절풍은 고온, 다습하여 벼농사의 발달에 유리한 조건이 되었다. 또한 남부 지방은 따뜻한 기후의 영향으로 이모작도 가능하다. 이러한 지형적, 기후적 차이로 인하여 남서부 지역은 인구의 분포도 높고 물자교류도 비교적 원활하였다.

韩国虽然国土面积较小，但其气候多样，四季分明。韩国3月初至5月底为春季，6月初至8月底为夏季，9月初至11月底为秋季，12月初至第二年2月底为冬季。春季温暖、夏季酷热，降雨量大、秋季凉爽；冬季严寒干燥，降雪频繁。

地形或气候等自然条件成为地区区分的界线，也影响了人口分布及农耕活动为首的经济活动。东北部地区地势险峻，在寒冷气候的影响下, 形成了以旱田耕作为中心的农业活动特点。西南部地区受夏季西南季风的影响, 高温多湿, 为种植水稻提供了有利的条件, 形成了以水田耕作为中心的农业活动。南部地区受温暖气候影响, 也能实现两茬复种。因此类地形、气候差异, 西南部地区人口分布多, 物资交流也比较活跃。

2. 지구온난화(地球溫暖化) 全球变暖

온실효과 때문에 대기의 온도가 점점 높아지는 현상이다. 온실효과는 지구의 대기가 마치 온실의 유리나 비닐 역할을 해 태양으로부터 온 빛 에너지가 우주로 빠져나가는 것을 막는 것이다. 산업화 이후 대기에 이산화탄소와 같은 온실가스의 양이 늘어나면서 온실효과가 심해지고 있다. 최근 들어 강력한 태풍, 폭염, 홍수로 인한 재해가 자주 발생하고 있는데 기상학자들은 이런 이상 기후의 원인으로 지구온난화를 꼽는다.

全球变暖是指温室效应使大气温度逐渐升高的现象。温室效应是指地球的大气就像温室的玻璃或塑料一样, 阻止从太阳发出的光能进入宇宙。产业化之后, 大气中二氧化碳等温室气体逐渐增加, 温室效应也变得更加严重了。近来经常发生飓风、高温、洪水等自然灾害, 气象学家们将这些气候异常的原因归结于全球变暖。

3. 자연재해 自然灾害

자연재해에는 가뭄, 폭설, 폭염, 우박, 호우, 홍수, 태풍, 지진 등이 있다.

自然灾害包括干旱、暴雪、高温、冰雹、暴雨、洪水、台风、地震等。

4. 기상청 气象厅

환경부 산하 중앙 행정기관이다. 재해 예방, 산업 진흥 등 공공의 복리 증진을 위하여 기상·지상·수상에 대한 정보를 발표하고 이에 필요한 연구개발과 기상에 관한 국제적 협력을 수행한다.

气象厅是指环境部门辖下的中央行政机关。其为促进灾害预防、产业振兴，兴建公共福利设施，及时发布水陆空信息做出了重要贡献，并且具有实行研究开发工作，推进与气象相关的国际合作等职能。

5. 녹색성장 绿色经济

온실가스와 환경오염을 줄이고 환경보전과 경제성장을 동시에 이루려는 것이다. 지금까지의 산업발전과 경제성장은 에너지 고갈과 환경 파괴의 부작용이 적잖았다. 그러나 녹색성장은 석유, 석탄 대신 태양, 풍력, 조력, 수소와 같은 청정에너지와 녹색기술을 통해 환경을 지키고 새로운 산업과 일자리를 만들어 경제성장을 이루는 국가발전의 새로운 원동력이다.

绿色经济是指在减少温室气体和环境污染的同时，　实现环境保护和经济发展的经济模式。现今的产业发展和经济增长伴随着能源枯竭和环境破坏等副作用，而绿色经济通过取代石油、煤炭，采取太阳能、风力、潮汐力、氢气等清洁能源和绿色技术保护环境，这一经济模式创造了新型产业，增加了众多工作岗位，实现了经济增长，成为国家发展的新动力。

6. 환경보호　环境保护

자동차 매연 줄이기, 온실가스 줄이기, 쓰레기 줄이기, 나무 심기
减少汽车尾气，减少温室气体的排放，减少垃圾，多植树

7. 에너지 절약을 위한 올바른 생활습관
　　节约能源，养成正确的生活习惯

겨울에 내복 입어 실내온도를 적당히 유지하기
자가용 사용을 줄이고 대중교통 이용하기
플러그를 전원에서 격리하기
에어컨 표준 온도 맞추기
冬季穿好保暖衣，室内维持适宜的温度
减少私家车出行，使用大众交通
插座隔离电源
调节空调至标准温度

☞ ❶ OX 퀴즈

1. 한국의 4대강은 한강, 금강, 북한강, 낙동강을 이르는 말이다. ( )
2. 한국 최초의 고속도로는 경부고속도로이다. (　　)
3. 1993년에 세계박람회를 개최한 도시는 서울이다. (　　)
4. 한국에 대표적인 공업도시로 조선(造船)산업이 유명한 곳은 울산이다. (　　)
5. 한국은 사계절이 뚜렷하여 여름에는 덥고 겨울에는 춥고 건조하다. (　　)

☞ ❷ 선택문제

1. 현재 한국의 행정구역은 8개 도, 1개 특별자치도, 1개 특별시 그리고 몇 개의 광역시로 나뉘어 있는가?*
   ① 4개　　　　② 6개　　　　③ 8개　　　　④ 10개

2. 한국의 행정구역상 특별자치도는 어느 것인가?*
   ① 제주도　　② 강원도　　③ 경기도　　④ 전라도

3. 다음 지방자치단체들의 행정 단위는 무엇인가?

   대구, 광주, 부산, 인천, 울산, 대전

   ① 특별시   ② 직할시   ③ 자치시   ④ 광역시

4. 다음 중 광역시가 아닌 곳은 어느 것인가?

   ① 대구   ② 강릉   ③ 인천   ④ 광주

5. 경기도의 도청 소재지는 어디인가?

   ① 부천   ② 의정부   ③ 안산   ④ 수원

6. 강원도의 도청 소재지는 어디인가?

   ① 원주   ② 춘천   ③ 강릉   ④ 동해

7. 경상남도에 속하지 않는 시, 군은 무엇인가?

   ① 합천군   ② 진주시   ③ 목포시   ④ 창원시

8. 한국에는 비슷한 지명이 많다. 지명과 관할 행정구역을 올바르게
   연결한 것은 어느 것인가?

   ① 나주 — 경상남도   ② 원주 — 경기도
   ③ 양주 — 강원도   ④ 상주 — 경상북도

9. 충청도는 어느 고장의 이름을 따서 붙인 것인가?

   ① 충주와 청주   ② 전주와 나주
   ③ 경주와 상주   ④ 서울과 인천

10. 경상도는 어느 고장의 이름을 따서 붙인 것인가?

① 경주와 산청   ② 경주와 상주

③ 경주와 마산   ④ 부산과 마산

11. 전라도는 어느 고장의 이름을 따서 붙인 것인가?

① 충주와 청주   ② 전주와 나주

③ 경주와 광주   ④ 목포와 여수

12. 한국은 삼면이 바다이다 보니 섬이 많다. 한국에서 가장 큰 섬으로 해녀, 돌 그리고 바람으로 유명한 이 섬의 이름은 무엇인가?

① 울릉도   ② 독도   ③ 안면도   ④ 제주도

13. 다음 중 항구가 없는 도시는 어느 것인가?

① 광주시   ② 인천시   ③ 부산시   ④ 목포시

14. 한국 제2의 도시이며 해운대와 태종대가 있는 가장 큰 항구도시의 이름은 무엇인가?

① 인천   ② 부산   ③ 목포   ④ 포항

15. 보기를 설명하는 지명은 어디인가?

> 2012년 세계박람회를 개최한 도시이다. 한국의 남쪽에 자리 잡고 있으며 지역특산물로 돌산갓김치가 유명하다.

① 인천   ② 여수   ③ 서울   ④ 광주

16. 사과의 재배와 생산으로 유명한 도시는 어디인가?

  ① 대구   ② 대전   ③ 마산   ④ 제주

17. 고추장으로 유명한 고장은 어디인가?

  ① 광주   ② 목포   ③ 순창   ④ 부안

18. 현재 도시 중 지하철이 개통되지 않은 지역은 어디인가?

  ① 인천   ② 대구   ③ 부산   ④ 경주

19. 충청남도 금산, 경상북도 풍기 등에서 유명한 약초로 한약재의
    재료로 널리 쓰이는 것은 무엇인가?

  ① 오가피   ② 인삼   ③ 감초   ④ 당귀

20. 예부터 유기(놋그릇)의 제조와 포도의 산지로 유명한 경기도의
    고장은 어디인가?

  ① 의정부   ② 안성   ③ 군포   ④ 안양

21. 경기도에 있으며 화문석(花紋石)과 인삼, 꽃게 등이 유명한 곳은
    어디인가?

  ① 강화   ② 영광   ③ 이천   ④ 나주

22. 보기에서 지역과 특산물을 알맞게 이어 놓은 것은 어느 것인가?

> ㉠ 부산 기장-굴비   ㉡ 제주도-갈치
> ㉢ 강원도 속초-오징어   ㉣ 충청도 금산-사과
> ㉤ 전라도 전주-비빔밥

① ㉠, ㉡   ② ㉡, ㉤   ③ ㉢, ㉣   ④ ㉣, ㉤

23. 지역과 설명을 알맞게 이어 놓은 것은 어느 것인가?

> ㉠ 한국의 중심부로 서울의 관문은 서울이다.
> ㉡ 한국의 중부지방으로 옛 백제의 수도가 있는 곳은 충청남도 공주(옛 웅진)이다.
> ㉢ 강원도는 바다와 닿지 않은 단 하나의 도이다.
> ㉣ 전라도는 서해와 남해, 곡창지대까지 갖춘 맛과 멋의 고장이다.
> ㉤ 부산은 내륙은 섬유와 전자공업이, 바닷가 쪽은 조선, 정유 등 중화학공업이 발달하였다.

① ㉠, ㉢   ② ㉡, ㉣   ③ ㉢, ㉤   ④ ㉣, ㉤

24. 다음 설명에서 올바르지 않은 것은 어느 것인가?

① 경상북도는 산세가 험하고 동해안과 맞닿아 있다.

② 전라도는 넓은 평야의 곡창지대에 자리하고 있다.

③ 울산은 남해안을 끼고 해안도시들이 발달하였다.

④ 제주도는 한국에서 가장 큰 섬인데 관광지로 이름 높다.

25. 굴, 조개 등의 양식업과 고기잡이를 주로 하는 생활모습은 다음 중 어느 지역에서 볼 수 있는가?

① 도시지역   ② 산간지역

③ 해안지역   ④ 평야지역

26. 대도시 주변에 위치하며 대도시와 밀접한 관계를 갖고 그 기능의 일부를 담당하는 도시를 무엇이라 하는가? (예를 들면 서울의 주변 부천, 의정부, 안양 등)

    ① 주변도시   ② 위성도시[5]   ③ 전원도시   ④ 배후도시

27. 국가가 특별히 지정하여 보호하고 발전시키는 공원을 무엇이라 하는가?

    ① 중앙공원   ② 국립공원
    ③ 도립공원   ④ 시립공원

28. 한국의 국립공원 제1호는 어디인가?

    ① 한라산 국립공원   ② 오대산 국립공원
    ③ 설악산 국립공원   ④ 지리산 국립공원

29. 조선반도에서 가장 높은 산의 이름은 무엇인가?

    ① 백두산   ② 설악산   ③ 한라산   ④ 지리산

30. 조선반도 남반부에서 제일 높은 산의 이름은 무엇인가?*

    ① 설악산   ② 한라산   ③ 지리산   ④ 태백산

---

5) 위성도시: 유기적인 종속관계를 가지는 중도시, 기능에 따라 위성주택도시, 위성공업도시 등으로 나뉘는데 서울 주위에 있는 성남시, 과천시, 안양시 등이다.

31. 한국은 산이 많다. 아래 산 이름 중 서울에 없는 것은 어느 것
    인가?

> ㉠ 관악산 ㉡ 설악산 ㉢ 북한산 ㉣ 지리산 ㉤ 인왕산

① ㉠, ㉤   ② ㉢, ㉤   ③ ㉡, ㉣   ④ ㉠, ㉢

32. 서울의 중심부에 있으며 전망대와 케이블카가 있는 산의 이름은
    무엇인가?
    ① 남산   ② 북한산   ③ 도봉산   ④ 금강산

33. 금강산을 계절에 따라 부르는 명칭이 올바르지 않은 것은 어느
    것인가?
    ① 봄-춘미산   ② 여름-봉래산
    ③ 가을-풍악산   ④ 겨울-개골산

34. 조선반도에서 제일 긴 강의 이름은 무엇인가?*
    ① 한강   ② 압록강   ③ 두만강   ④ 낙동강

35. 조선반도 남부에서 제일 긴 강은 무엇인가?
    ① 한강   ② 압록강   ③ 대동강   ④ 낙동강

36. 한국 서부에서 제일 큰 항구는 어느 것인가?*
    ① 목포항   ② 군산항   ③ 인천항   ④ 제주항

37. 한국의 중부, 강원도・충청북도・경기도・서울특별시를 거쳐 서해로 흐른다. 서울의 대표적인 강이며 유람선을 탈 수 있는 강은 어느 것인가?
① 낙동강　　② 한강　　③ 북한강　　④ 금강

38. 서울의 중앙을 관통하며 소양강댐, 청평댐, 팔당댐 등이 건설되어 있는 강의 이름은 무엇인가?
① 금강　　② 소양강　　③ 한강　　④ 금오강

39. 서울의 도심을 흐르는 하천으로 장통교, 수표교 등의 다리가 있으며 복개천이었다가 복원되었다. 이 하천의 이름은 무엇인가?
① 중랑천　　② 양재천　　③ 청계천　　④ 안양천

40. 제주도 한라산의 꼭대기에 있는 호수의 이름은 무엇인가?
① 천지　　② 백록담　　③ 의암호　　④ 연지

41. 한국의 울릉도와 독도가 있는 바다는 어느 것인가?
① 동해　　② 서해　　③ 남해　　④ 서남해

42. 한국과 일본 사이에 영토 분쟁이 계속되는 동해에 있는 섬은 어느 것인가?
① 울릉도　　② 독도　　③ 제주도　　④ 흑산도

43. 인천국제공항이 있는 섬의 이름은 무엇인가?

  ① 용유도   ② 백령도   ③ 영종도   ④ 선유도

44. 1899년 개통된 한국 최초의 철도는 어느 것인가?

  ① 경부선철도   ② 경인선철도

  ③ 중앙선철도   ④ 호남선철도

45. 서울, 부산, 대구 등 대도시를 연결하는 교통수단 중에서 현재
    가장 빠른 교통수단은 어느 것인가?

  ① 관광버스   ② KTX

  ③ 고속버스   ④ 새마을호

46. 한국에서 최초로 완공된 고속도로는 어느 것인가?

  ① 호남고속도로   ② 경부고속도로

  ③ 경인고속도로   ④ 중부고속도로

47. 한국에서 가장 긴 고속도로는 어느 것인가?

  ① 호남고속도로   ② 경부고속도로

  ③ 경인고속도로   ④ 중부고속도로

48. 한국에서 가장 서쪽에 있는 인천광역시와 동쪽 끝에 있는 강원
    도 강릉시를 잇는 고속도로 이름은 무엇인가?

  ① 경인고속도로   ② 중부고속도로

  ③ 중앙고속도로   ④ 영동고속도로

49. 경부고속도로의 구간이 바르게 연결된 것은 어느 것인가?
  ① 서울-부산　　　　　　② 부산-광주
  ③ 서울-목포　　　　　　④ 대구-광주

50. 많은 사람들이 함께 이용할 수 있는 교통수단을 무엇이라 하는가?
  ① 다중교통수단　　　　② 일반운송수단
  ③ 대중교통수단　　　　④ 지하철

51. 지하철이나 버스 등을 사용하거나 갈아탈 수 있는 카드로 사용 금액을 충전하기도 하는 이것을 무엇이라 하는가?
  ① 버스표　　② 환승카드　　③ 교통카드　　④ 회수권

52. 지하철과 버스 요금을 연계하여 교통카드로 자유롭게 갈아탈 수 있도록 하고 있는 제도를 무엇이라 하는가?
  ① 연결승차　　　　　　② 환승제도
  ③ 교통제도　　　　　　④ 카드승차

53. 한국의 가장 대표적인 항공사는 대한항공과 어느 항공사인가?*
  ① 제주항공　　　　　　② 남방항공
  ③ 동방항공　　　　　　④ 아시아나항공

54. 다음의 단어들과 관련이 없는 계절은 어느 것인가?
  아지랑이, 장마, 햇과일, 코스모스, 해수욕장

① 봄   ② 여름   ③ 가을   ④ 겨울

55. 아래 한국 기후와 관련된 문장에서 올바르지 않은 것은 어느 것
    인가?
    ① 최근 자연재해가 자주 발생하고 있는 것은 이상 기후의 원인
       으로 지구 온난화를 꼽을 수 있다.
    ② 자연재해 중 여름철에 자주 발생하는 것은 홍수이다.
    ③ 자연재해에는 가뭄, 폭설, 폭염, 우박, 홍수, 태풍, 지진, 봄비
       등이 있다.
    ④ 겨울철과 관련 있는 기후적인 특징은 춥고 건조함이다.

56. 보기에서 한국의 봄철에 주로 나타나는 현상으로 올바른 것은
    어느 것인가?

    ┌──┐
    │ ㉠장마, ㉡황사, ㉢우박, ㉣꽃샘추위, ㉤토네이도, ㉥해일, ㉦함박눈 │
    └──┘

    ① ㉠, ㉡   ② ㉡, ㉣   ③ ㉤, ㉥   ④ ㉦, ㉢
    토네이도(tornado): 미국 중남부 지역에서 일어나는 강렬한 회오
    리바람, 특히 봄에서 여름에 걸쳐 많이 발생하며 파괴력이 크다.

57. 자연재해의 원인으로 적절하지 않은 것은 무엇인가?
    ① 부정확한 일기예보   ② 향락산업(享樂産業)의 발달
    ③ 방재시설 미비   ④ 재해에 대한 관심 부족
    향락산업: 관능적인 쾌락을 제공하기 위해 운영되는 산업. 주로
    매춘이나 주점이 관련된다.

58. 기상청에 관한 설명으로 올바르지 않은 것은 어느 것인가?

  ① 기상관측을 하고 결과를 사람들에게 알려준다.

  ② 일기예보, 주의보 및 경보를 발표한다.

  ③ 일기예보를 하여 재해를 방지하도록 주의를 준다.

  ④ 기상청에서 발표하는 일기예보는 텔레비전에서만 볼 수 있다.

59. 석유나, 석탄, 천연가스 등으로 동력공급의 원료가 되는 물질을
    일컫는 말은 무엇인가?

  ① 지하자원   ② 식량자원

  ③ 해양자원   ④ 에너지 자원

60. 환경보호에 관해 올바르지 않은 것은 어느 것인가?

  ① 승용차 요일제에 참여하여 자동차 매연을 줄인다.

  ② 집안 온도를 적정 온도에 맞춰 놓고 겨울에는 내복을 입는다.

  ③ 나무를 많이 심는다.

  ④ 재활용을 하지 않는다.

제3장
第三章

한국의 정치
韩国的政治

제1절 한국의 국가형태

第一节 韩国的国家形态

1. 한국의 국가구성- 삼권분립(三權分立, Separation of Powers) 韩国的国家构成—三权分立

한국은 **삼권분립**의 정치제도이다. 즉 **행정부, 입법부, 사법부**가 국민을 대표하여 국가의 일을 처리하고 있다. **행정부**는 대통령을 중심으로 한 정부 행정기구이고 **입법부**는 국회이며 **사법부**는 각급 법원과 헌법기구이다. 이는 국가의 권력을 복수의 기관에 분산하여 그들 기관을 상호 독립시킴으로써 권력의 균형과 견제를 확보하려는 제도이다.

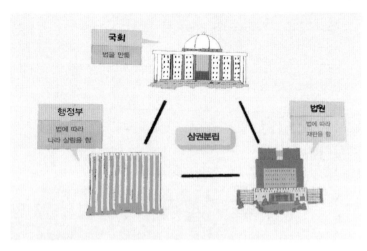

삼권분립 三权分立

韩国是三权分立的政治制度，即行政部、立法部、司法部代表国民处理国家事务。行政部是以总统为中心的政府行政机关；立法部指国会；司法部是各级法院和宪法机关。其将国家权力分散到多个机关，这些机关相互独立，以保持权力均衡和互相制约。

2. 행정부 行政部

한국의 행정부는 국가와 국민들에게 필요한 일을 직접 수행하는 곳이다. 예를 들면 행정부는 군대를 통해 나라를 지키고 경찰을 통해 질서를 유지한다. 그뿐만 아니라 경제, 문화, 환경 등의 영역에서 국민들이 풍요롭고 쾌적한 삶을 살 수 있도록 한다.

대통령은 행정부의 최고책임자이며 국가를 대표한다. 대통령 아래에는 국무총리가 있다. 국무총리는 대통령을 도와 행정 각 부처를 통괄하는 행정부의 제2인자이다. 장관은 대통령과 국무총리의 지휘와 감독을 받는 행정부 각 부처의 책임자이다.

韩国的行政部是直接执行国家和国民必要事务的地方。例如，行政部通过军队保卫国家，通过警察维持秩序。不仅如此，其也在经济、文化、环境等领域使国民生活更加丰富多彩、舒适安逸。

总统代表国家，是行政部的最高负责人(最高行政长官)。总统之下是国务总理，国务总理协助总统统管各行政部门，是行政部的二把手。行政长官受总统和国务总理的指挥监督，是行政部门的负责人。

행정부의 부처 行政部的部门

기획재정부 企划财政部	국민경제와 관련된 일 国民经济相关事务	교육과학 기술부 教育科学 技术部	교육, 과학기술 관련된 일 教育、科学技术相关事务	행정안전부 行政安全部	국민 안전, 편의와 관련된 일 国民安全、便利相关事务
법무부 法务部	법질서와 관련된 일 法律秩序相关事务	국방부 国防部	국방 및 안보와 관련된 일 国防及安全保障相关事务	보건복지부 保健福祉部	국민의 건강 및 복지와 관련된 일 国民健康及福利相关事务
농림수산 식품부 农林水产 食品部	농어업 정책 관련된 일 农渔业政策相关事务	지식 경제부 知识经济部	산업 정책과 관련된 일 产业政策相关事务	국토해양부 国土海洋部	국토 개발과 관련된 일 国土开发相关事务
고용 노동부 雇佣劳动部	일자리와 관련된 일 工作岗位相关事务	여성 가족부 女性家族部	여성 및 가족 등과 관련된 일 女性及家庭相关事务	문화체육 관광부 文化体育 观光部	문화, 체육, 종교 등과 관련된 일 文化、体育、宗教等相关事务
외교 통상부 外交通商部	국가 간 외교와 관련된 일 与各国间的外交相关事务	통일부 统一部	통일과 관련된 일 朝鲜半岛统一相关事务	환경부 环境部	환경보호와 관련된 일 环境保护相关事务

1) 대통령(大統領) 总统

1987년 개정된 한국 현행 헌법의 규정에 따라 대통령은 국가원수이고 대외적으로 나라를 대표하며 정부 행정 수뇌이고 해군, 육군, 공군 삼군의 원수이다. 의사결정에 있어 국무총리, 장관 등과 국무회의를 열어 나라의 중요한 일을 결정한다.

根据1987年韩国现行宪法修订规定，总统作为国家元首，对外是代表国家的政府行政首脑，是海军、陆军、空军三军的元首。在政策决议上，总统与国务总理、行政部长等一起召开国务会议，决定国家重大事宜。

한국 대통령은 국민의 **직접선거를 통해 선출**되며 **임기는 5년**이고 연임을 불허한다. **18세 이상의 국민은 대통령 선거권**이 있으며 대통령으로 선출될 수 있는 자는 국회의원의 피선거권이 있고 선거일 현재 40세에 달하여야 한다.

대통령의 의무로는 직무에 대한 의무와 겸직 금지의 의무 등이 있다. 직무에 관한 의무로는 헌법을 준수할 의무, 국가를 보위할 의무, 조국 평화통일에 대한 의무, 국민의 자유·복리를 증진할 의무, 민족 문화를 창달할 의무 등이 있다.

대통령의 부속 기구에는 대통령비서실, 대통령경호실, 국가안보실, 감사원, 국가정보원, 방송통신위원회, 국가인권위원회 등 기구들이 있다.

韩国总统通过国民直接投票选举产生，任期为5年，不得连任。18岁以上的国民具有总统选举权。被选举为总统的人，具有国会议员的被选举权，截止至选举日必须满40岁。

总统的义务包括职务义务和禁止兼任多职的义务等。职务相关义务包括遵守宪法的义务，保卫国家的义务，促进祖国和平统一的义务，增进国民自由·福利的义务，繁荣民族文化的义务等。

总统的附属机关有总统秘书室、总统警卫室、国家安保室、监察院、国家情报院、广播通信委员会、国家人权委员会等机关。

· 역대 대통령(임기) 历任总统(任期)

제1~3대 이승만 (李承晚) (1948~1960)	제4대 윤보선 (尹潽善) (1960~1962)	제5~9대 박정희 (朴正熙) (1963~1979)	제10대 최규하 (崔圭夏) (1979~1980)	제11~12대 전두환 (全斗煥) (1980~1988)	제13대 노태우 (盧泰愚) (1988~1993)
제14대 김영삼 (金泳三) (1993~1998)	제15대 김대중 (金大中) (1998~2003)	제16대 노무현 (盧武鉉) (2003~2008)	제17대 이명박 (李明博) (2008~2013)	제18대 박근혜 (朴槿惠) (2013~2017)	제19대 문재인 (文在寅) (2017~2022)
제20대 윤석열 (尹錫悅) (2022-)					

■청와대 青瓦台

서울특별시 종로구에는 한국의 대통령이 머물던 청와대가 있다.

청와대는 푸른색 지붕을 가진 집이라는 뜻이다. 이곳은 과거부터 왕이 있던 궁궐이 위치했던 곳으로 대한민국이 세워진 이래 2022 년 5월 9일까지 대통령이 나랏일을 보는 곳으로 사용되었었다. 청와대는 대통령이 일을 보던 곳 본관, 퇴근 후 쉬던 곳 대통령부, 대통령을 돕는 비서들이 있던 곳 비서실, 손님이나 기자들이 머무르던 곳 춘추관 등으로 이루어졌다.

青瓦台曾经是韩国总统府邸，位于首尔特别市钟路区。青瓦台有 "带有青瓦屋顶的房子"的意思，这里过去作为国王居住的宫殿，大韩民国成立以来至2022年5月9日是总统处理国家事务的地方。青瓦台由曾经是总统处理事务的地方——本馆，下班后居住的地方——总统府，协助总统办公的地方——秘书室，招待贵宾和记者的地方——春秋馆等地构成。

청와대 본관 青瓦台 本馆

■대통령실 总统室

대한민국 대통령실은 서울특별시 용산구 이태원로 22에 있는 대한민국 대통령의 집무실로 대통령 집무실 뿐만 아닌 대통령실 청사 그 자체 혹은 대통령실 청사 내 대통령 보좌기관들을 뜻하기도 한다. 즉 과거의 청와대에서 대통령 관저 기능을 제외한 역할에 정확하게 대응한다. 영빈관 등을 제외한 모든 청와대의 기능이 사실상 대부분 이관되었다.

2022년 5월 10일, 윤석열 정부의 대통령 집무실 용산 이전에 따라 청와대의 대통령 기관들을 용산구로 이전해 용산기지 소재 국방부 청사로 사용되던 본관 건물이 대통령 집무실로 재탄생했다. 이에 따라 용산구 용산동3가 소재의 새 대통령 집무실은 대통령을 포함한 행정기구로서의 대통령실을 새롭게 상징하게 됐다.

大韩民国总统室位于首尔特别市龙山区梨泰院路22号的大韩民国总统的办公室，不仅是总统办公室，还意味着总统室大楼本身或总统室大楼内的总统助理机关。也就是说，相当于过去青瓦台除总统官邸功能外的角色。除迎宾馆等外，青瓦台的大部分职能实际上都已移馆。

2022年5月10日，随着尹锡悦政府的总统办公室迁移到龙山，青瓦台的总统机关也迁移到了龙山区，原本用作龙山基地国防部大楼的主楼重新诞生为总统办公室。因此，位于龙山区龙山洞3街的新总统办公室，重新象征包括总统在内的行政机构的总统室。

2) 국무총리(國務總理) 国务总理

국무총리는 대통령의 명(命)을 받아 행정 각부를 통괄하는 대통령의 제1위 보좌기관으로 각 부처를 지휘하고 조정하는 일을 맡는다. 국무총리는 대통령이 국회의 동의를 받아 임명한다. 국무총리는 대통령의 동의를 받아 행정 각부 장관을 임면(任免)하며 국무회의의 부의장으로서 정부 권한에 속하는 주요정책을 심의(審議)하며 행정 각부를 직접 지휘하고 대통령에게 책임을 진다.

국무총리 부속기구에는 국무총리실, 국무조정실, 공정거래위원회, 금융위원회, 국민권익위원회, 원자력안전위원회, 국민안전처, 인사혁신처, 법제처, 국가보훈처, 식품의약품안전처 등이 있다.

国务总理听从总统的命令统管各行政部门，作为总统的首席助理，负责指挥各部门和调整工作。国务总理经国会表决同意后由总统任命，国务总理经总统同意后任免行政部长，作为国务会议的副议长，有权审议政府部门的主要政策，统管各行政部门，辅佐总统。

国务总理的附属机关包括国务总理室、国务调整室、公平交易委员会、金融委员会、国民权益委员会、核能安全委员会、国民安全处、人事革新处、法制处、国家报勋处、食品医药品安全厅等。

3. 입법부-국회(國會, National Assembly) 立法部—— 国会

국가에서 행정부가 국가의 일을 처리하려면 법을 따라야 하는데 법을 만드는 역할은 매우 중요하다. 이 일을 담당하는 곳을 입법부라 한다. 한국에서는 국회가 입법부의 역할을 담당하고 있다. **국회는 입법기관으로 국가의 법률을 제정하고 예산을 심의하며 중요한 정책을 결정하는 최고 의사결정을 한다.**

국민의 대표자로서 국회의원은 전체 **국민의 선거**로 선출되는데 임기는 **4년**이다. 국회의원 총수는 **299명**인데 그중 3분의 2의 의원은 전체 국민의 선거를 통해 생겨나고 그 나머지 의원은 일정한 비례에 따라 직접선거에서 5개 또는 그 이상 자리를 확보한 정당들에 배분하게 되며 각 정당에서는 특정 지역의 이익이 아니라 국가의 이익을 대변할 수 있는 후보자를 추천하게 되어있다. 따라서 이 부분의 의원들을 전국구 의원이라 부른다.

국회의 권한은 주로 **입법에 관한 권한**과 **재정에 관한 권한, 국정에 관한 권한**이다. 입법에 관한 권한에는 헌법 개정 제안, 의결권, 법률 제정·개정권 및 조약체결, 비준 동의권이 있다. 재정에 관한 권한에는 예산안 심의·확정권, 결산심사권, 기금심사권, 재정입법권 및 기타 권한이 있다. 국정에 관한 권한에는 주로 국정감사·조사권, 국가기관 구성권, 탄핵소추권 및 기타 권한이 있다.

一个国家的行政部必须要依法处理国家事务，所以制定法律非常重要。负责此类事务的便是立法部。在韩国，国会担任立法部的角色，国会作为立法机构，制定国家法律，审核预算，决议重要政策，作出最高决策。

国会议员作为国民的代表，经全体国民选举产生，任期4年。国会议员总人数达299名，其中三分之二的议员是通过全体国民选举产生，其余的议员是按照一定的比例，在直接选举中占5名或更多席位的政党分配产生，各政党推荐不是特定地区利益的而是代表国家利益的候补。因此，这一部分的议员也被称为全国选区的议员。

国会的权力主要包括立法权、财政权和国政相关权力。立法权包括宪法修订提案、决议权、法律制定、修订权、条约签订及批准同意权；财政权包括预算案审议·决定权、结算审查权、基金审查权、财政立法权及其他权力；国政相关权力主要包括国政监察·调查权、国家机构构成权、弹劾诉讼权及其他权力。

국회 国会

촬영 하연

1) 정당(政黨, party politics) 政党

정당은 정치에 대한 이념이나 정책이 일치한 사람들이 정권을 얻고 정치적 목표를 실현하기 위하여 만든 단체이다. 한국에서는 헌법상 정당 설립의 자유 및 복수정당제가 보장된다. 한국에서는 대통령을 배출한 정당을 '여당' 또는 '집권여당'이라 부르고 그 외의 정당을 '야당'이라고 한다. 2023년 현재 여당은 '국민의 힘'(한나라당, 새누리당, 자유한국당, 미래통합당)이며 야당으로는 '더불어민주당', '정의당', '바른미래당', '한국당', '민주평화당' 등이 있다.

政党是指政治理念或政策一致的人获得政权，为实现政治目标而组成的团体。在韩国，宪法保障政党设立的自由及多党制。以总统为首的政党被称为"在朝党"或"执政党"，其他政党被称为"在野党"。2023年现执政党是"国民力量"（原名大国家党、新世界党、自由韩国党、未来统合党），在野党有"共同民主党"（原民主党和新政治联合合并），"正义党"，"正未来党"，"韩国党"，"民主和平党"等。

국민의 힘(현 집권당)	더불어민주당(현 제1야당)	정의당(현 야당)
국민의힘	더불어민주당	정의당

4. 사법부 司法部

국회에서 만들어진 법이 잘 지켜지기 위해서는 사람들이 법을 지켰는지 어겼는지 판단하는 기관이 필요하다. 사법부는 법을 해석하여 법에 따라 분쟁을 해결하는 곳이다. 한국에서 사법부의 역할을 담당하는 곳은 법원이다. 법원에서는 전문성을 갖춘 판사(법관)들이 재판을 담당하고 판결을 내린다. 판사는 법과 양심에 따라 공정한 판결을 내리기 위해 노력한다.

为维护国会制定的法律，需要有一个机关来判断国民是否能够遵守。司法部便是解析法律，根据法律解决纷争的地方。在韩国，担任司法部角色的是法院，法院里由具备专业知识的审判官(法官)担任审判裁决权力，审判官按照法律和情理，力求作出最公正的判决。

1) 법원(法院, Court) 法院

법원은 재판을 통해 법을 적용하고 분쟁을 해결하는 국가기관이다. 사람들 사이에 다툼이 있거나 법을 어긴 경우, 법에 따라 판결을 내려 피해를 본 사람의 권리를 보호하고 다툼을 해결하여 사회질서를 유지한다. 한국에는 최고 법원인 대법원과 그 아래로 고등법원, 또 그 아래로 지방법원이 있다. 고등법원 하부기관으로 가정문제를 전문으로 다루는 가정법원도 있다.

法院是通过审判利用法律解决纠纷的国家机构。在人们产生纠纷或违背法律时，根据法律作出判决，维护受侵害的人们的权利，解决纠纷，维持社会秩序。韩国最高法院——大法院，其下有高等法院，再其下是地方法院。家庭法院作为高等法院的下级机构，专门处理家庭问题。

2) 대법원 大法院

대법원은 한국의 최고 법원이다. 대법원은 대법원장과 12명의 대법관으로 구성된다. 대법원장은 국회의 동의를 얻어 대통령이 임명하며 임기가 6년이고 연임할 수 없다.

대법원은 한국의 최고 법원으로서 소송에 관한 절차, 법원의 내부 규율과 사무처리에 관한 규칙을 제정할 수 있으며 민사, 형사, 행정, 특허 및 가사사건의 판결에 대한 상고사건, 결정, 명령에 대한 재항고 사건을 중심으로 재판하고 선거소송("대통령선거법"과 "국회의원선거법"에 의하여 제출한 소송과 같은 것)에 대해서는 1심 겸 종심으로 재판한다.

大法院是韩国最高法院，由大法院院长和12名大法官组成。大法院院长由韩国总统任命并由韩国国会批准，任期6年，不得连任。

大法院作为韩国的最高法院， 可以制定诉讼相关程序、法院内部规定、处理事务相关规定，对民事、刑事、行政、专利及家庭纠纷的判决类似的上诉案件和决定、命令相关的再上诉案件， 以此为中心进行判决，对于选举诉讼(根据"总统选举法"和"国会议员选举法"提出的诉讼)进行一审兼终审。

1) 헌법재판소 宪法裁判所

헌법은 국가를 다스리는 기본원칙을 담고 있는 최고의 법으로 모든 법은 헌법을 따라야 한다. 대한민국 헌법에도 국민들의 기본적인 권리 및 국가기관 구성과 같은 핵심적인 내용들이 담겨 있다. 이와 같은 헌법의 중요성 때문에 여러 가지 법률이나 정책 등이 헌법에 어긋나지 않도록 헌법을 해석하고 판단하는 기관이 필요하다.

헌법재판소는 헌법재판을 담당하는 기구로서 헌법의 해석과 관련된 최고심판기관이다. 즉 헌법을 구체적으로 실현하여 공권력 행사가 남용되는 것을 방지하고, 공권력 행사에 의하여 침해된 국민의 기본권을 보장하며, 정치세력 간의 극한투쟁을 평화적으로 유지하는 역할을 수행하는 사법기구이다.

헌법재판소는 헌법재판소장, 재판부, 재판관 회의와 다른 기구로 구성된다. 헌법재판소장은 국회의 동의를 거쳐 재판관 중에서 대통령이 임명하고 임기는 6년이다. 헌법재판소는 9명의 재판관으로 구성된다. 이들의 결정은 최고의 권위를 가진다.

헌법재판소는 국회에서 제정한 법률이 헌법에 위반되었는지를 법원의 제청에 의하여 심판하고 국회의 탄핵소추를 받은 공무원에 대한 파면 여부를 결정한다.

宪法作为拥有管理国家基本原则职能的最高法， 所有的法律都要以宪法为准绳。韩国宪法也包含国民基本权利及国家构成等核心内容，因宪法的重要性，为保证各类法律及政策等遵守宪法，需要一个能够解析宪法并作出判断的机构。

宪法裁判所作为担任宪法审判的机关， 是宪法解释相关的最高审判机构。其作为司法机关，具体职能为保证宪法施行，防止滥用公权，保障因滥用公权而受侵害的国民的基本权利，和平维持政治势力间的极限斗争等。

宪法裁判所由宪法裁判所所长、审判部、审判官会议和其他机构构成。宪法裁判所所长经国会同意， 由总统在审判官中任命， 任期6年。宪法裁判所由9名审判官组成，他们的决定具有最高权威。

宪法裁判所根据法院提请，审判国会制定的法律是否违宪，决定是否罢免受国会弹劾诉讼的公职人员。

한국 국민의 4대 의무 韩国国民四大义务

·납세의 의무 纳税义务

국가의 활동에 필요한 경비를 충당하기 위해 국민이 조세를 납부해야 하는 의무이다. 외국인의 경우 조세의 과세대상이 되는 활동을 하거나 재산을 소유하는 경우에 납세의 의무를 진다.

纳税义务是指国民须为国家的活动进行必需的费用补贴。开展相关活动成为征税对象或持有资产的外国人也有纳税义务。

· 국방의 의무 国防义务

국방의 의무란 침략자나 적대 세력으로부터 국가와 국민을 보호하기 위해 국가가 요청하는 행동을 해야 한다는 것을 뜻한다. 국방의 의무 중 가장 중요한 것은 병역 의무다. 신체가 건강한 남성은 만 19세부터 병역에 신청할 수 있다.

国防义务是指面对侵略者或敌对势力时，为保卫国家和保护国民，而开展的国家要求的相应行动。国防义务中最重要的是服兵役义务。身体健康的男性国民满19岁便可以申请服兵役。

· 교육의 의무 教育义务

대한민국의 모든 국민은 자녀에게 법률이 정하는 교육을 받게 할 의무가 있다. 현재는 초등학교 6년과 중학교 3년, 총 9년의 교육을 의무로 한다.

韩国所有国民有义务让子女接受法律规定的教育活动， 现今分为小学教育6年，初中教育3年，共9年义务教育。

· 근로의 의무 劳动义务

국민에게는 근로의 의무가 있다. 이는 근로할 능력이 있는 사람이 일하지 않을 경우 국가가 그 사람에 대해 책임을 지지 않는다. 국가가 강제로 노동을 시킨다든가 일하지 않는다고 해서 벌을 줄 수 있는 것은 아니다.

国民有劳动的义务。国家对那些有劳动能力却不劳动者不负责， 但国家不能强制劳动或因人们不劳动而采取处罚措施。

제2절 한국의 민주주의 정치
第二节 韩国的民主主义政治

1. 한국 정치의 형태 韩国的政治形态

대한민국 헌법 제1조는 대한민국의 주권은 국민에게 있고 민주주의 제도에 바탕을 둔 공화국임을 밝히고 있다. 민주주의란 국민을 위해 국민의 뜻에 따라 정치가 이루어지는 제도를 말하며 공화국 또한 주인으로서의 권리가 국민에게 있다는 것을 뜻한다.

민주공화국인 한국에서는 국민이 주인이고 인간존중의 정신과 자유, 그리고 평등을 중요하게 여긴다. 또한 모든 사람이 평등하고 자유롭게 정치에 참여하며 국민의 뜻에 따라 나라를 다스리는 민주 정치가 이루어진다.

민주정치는 크게 모든 국민이 직접 참여하여 결정하는 직접민주주의와 국민의 대표를 뽑아 그 사람들로 하여금 국가의 일을 결정하도록 하는 간접민주주의로 나뉜다. 한국에서는 간접민주주의를 채택하고 있으며 예외적으로 직접민주주의적인 요소가 적용된다.

韩国宪法第一条中明确规定：大韩民国的主权属于国民，是民主主义制度下的共和国。民主主义是指政治是为了国民，按照国民的意愿，制度才得以实现，共和国也是指国民行使主人权利。

作为民主共和国，所施行的是以韩国国民为主人，重视尊重人的精神和自由以及平等，所有国民平等自由参与政治，按照国民意愿管理国家的民主政治。

民主政治广义上分为所有国民直接参与决策的直接民主主义和选出国民代表，由代表决定国家事务的间接民主主义。在韩国采取间接民主主义，如有例外，则采用具有直接民主主义因素的行动。

2. 한국 민주정치 발전에 영향을 미친 주요 사건 影响韩国民主政治发展的主要事件

한국 민주정치 발전에 영향을 미친 주요 사건으로는 대한민국 헌법의 제정과 대한민국 정부수립, 그리고 4·19혁명(1960), 5·18민주화운동(1980), 1987년 6월 항쟁 등을 들 수 있다.

1945년 8월 15일 광복을 맞이한 한국은 1948년 5월 10일 총선거를 실시하여 제헌국회를 만들었다. 제헌국회는 1948년 7월 17일(제헌절)에 대한민국 헌법을 제정하였다. 초대 대통령으로 이승만이 선출되고 1948년 8월 15일에 대한민국 정부가 수립되었다.

4·19혁명은 당시 여당인 자유당 정권이 장기집권을 위해 1960년 3월 15일 선거에서 개표를 조작한 것에 반발하여 부정선거 무효와 재선거를 주장한 학생과 시민들의 시위에서 시작되었다. 결국 초대 대통령 이승만은 대통령직에서 물러났으며 4·19혁명은 민주주의 회복을 위한 한국 국민들의 적극적인 노력을 보여주었다는 점에서 역사적 의의를 지닌다.

5·18민주화운동은 조속한 민주정부 수립 및 군부 세력의 퇴진과 계엄령 철폐 등을 요구하며 1980년 5월 18일부터 광주시민과 전라남도민이 중심이 되어 전개한 민주화운동이다. 하지만 계엄군은 민주주의 회복을 요구하는 시민들을 무력으로 진압하여 많은 시민들이 희생되었다.

1981년에는 국민의 직접선거가 아닌 대통령 선거인단의 간접선거를 통해 대통령을 선출하였다. 그러나 당시 정부는 언론을 통제하고 민주화를 요구하는 시민들을 탄압하는 등 비민주적인 행위를 하였다. 1987년 6월 민주화에 대한 시민들의 요구가 전국적인 시위로 확산되었고 그 결과 5년 단임의 대통령 직선제 개헌이 이루어졌다. 또한 국정감사권 등이 부활하면서 대통령 또는 정부의 권한을 견제할 수 있는 제도가 마련되어 행정부의 권력과 국회의 권력이 균형과 조화를 이루게 되었다.

影响韩国民主主义发展的主要事件包括大韩民国宪法的修订和大韩民国政府的成立，以及4·19革命(1960年)，5·18民主化运动(1980年)，1987年六月抗争(六月民主运动)等。

1945年8月15日韩国迎来光复，1948年5月10日实行总选，成立了制宪国会。制宪国会于1948年7月17日(制宪节)制定了大韩民国宪法。李承晚担任第一届总统，1948年8月15日成立大韩民国政府。

4·19革命是指当时执政党——自由党为长期掌握政权，于1960年3月15日选举时伪造选票，那些反对无效选票和要求重新选举的学生、市民们开展的示威运动。最终，第一任总统李承晚被迫下台。4·19革命是韩国民众为恢复民主主义作出的巨大努力，具有历史性的意义。

5·18民主化运动于1980年5月18日开始，由光州市民和全罗南道民众为首展开的要求早日成立民主政府，以及撤退军队势力和撤销戒严令的民主化运动。戒严军采取武力镇压那些要求恢复民主主义的市民，许多市民因此牺牲。

1981年，不是通过国民的直接选举，而是通过总统的选举团进行间接选举选出了总统，当时政府采取压制舆论等系列非民主行为，镇压那些要求民主化的市民。1987年6月，要求民主化的市民示威运动逐渐扩散到全国各地，最终导致制定了5年总统任期(不得连任)的直接选举制宪法。随着国政监察权等的复兴，又制定了牵制总统或政府权限的制度，行政机关和国会的权力相互制约，互为平衡。

제3절 한국의 정치제도
第三节 韩国的政治制度

1. 선거제도 选举制度

한국에서 선거는 정치에 참여하는 기본적인 방법으로 국민들이 자신들을 대표할 사람을 뽑는다. 한국에서 투표할 수 있는 권리인 선거권은 만 19세 이상의 대한민국 국민에게 주어진다. **선거는 보통, 평등, 직접, 비밀선거라는 4대 선거원칙**에 따라 치러진다. 여기에 자유선거 원칙이 추가되기도 한다.

보통선거는 국민으로서 만 19세가 되면 성별, 재산, 학력, 권력, 종교 등과 관계없이 누구나 선거에 참여할 수 있다는 것이다.

평등선거는 성별, 재산, 학력, 권력, 종교 등 조건과 관계없이 누구나 똑같이 공평하게 한 표씩 투표한다는 것이다.

직접선거는 선거권을 가진 국민들이 직접 자신들이 뽑는다는 것이다.

비밀선거는 투표한 사람이 어느 사람을 선택했는지 다른 사람이 알지 못하게 한다는 것이다.

韩国的选举以政治参与为基本方法，国民选出能代表自己的人选。

在韩国， 满19岁以上的大韩民国国民才能拥有可以投票的权利——选举权, 选举实行普遍、平等、直接、秘密选举四大原则, 在此添加一条自由选举原则。

普遍选举, 凡满19岁的国民, 不论性别、资产、学历、权力、宗教均可参与选举。

平等选举, 不论性别、资产、学历、权力、宗教等条件, 选民均可平等投出一票。

直接选举, 具有选举权的国民民众自己直接选出。

秘密选举, 投票的民众无论选出哪个候选人, 其他人都无从得知, 绝对保密。

대선(大選)은 **대통령 선거**를 말한다. 현행 선거제도에 따라 대통령 임기는 5년이고 연임할 수 없다.

총선(總選)은 **총선거**라고도 하는데 국가 단위에서 유권자의 대부분 혹은 모두가 투표권을 갖는 선거를 말한다. **국회의원 전부를 한꺼번에 선출**하는 선거는 총선이다. 국회의원 임기는 4년으로 2020년 4월 15일에 총선을 하였다.

지방선거(地方選擧)는 『지방자치법』에 따라 지방의회의원 및 지방자치단체장을 선출하는 선거를 말한다. 지방자치단체장과 지방의회의원의 임기는 모두 4년씩이지만 지방자치단체장의 계속 재임을 3기로 제한하고 있으며 지방의회의원의 재임은 제한이 없다.

외국인의 선거권(外國人選擧權)은 일정한 요건을 갖춘 영주자격 소지자는 『공직선거법』, 『주민투표법』, 『주민소환에 관한 법률』 등을 통해 주민으로서의 자치권을 가진다. 투표일을 기준으로 **영주권을**

얻은 뒤 **3년**이 지난 **19세 이상**의 **외국인**은 주민으로서 자치권을 가진다. 즉 지방선거 투표권, 주민투표권 그리고 주민소환권을 가진다. 다만 대통령 선거권과 국회의원 선거에는 권한이 없다.

大选，是指对总统的选举。根据现行选举制度，总统任期5年，不得连任。

总选，也称为总选举，是指国家层面大部分选民或全部选民具有投票权的选举。总选是一次性选出全国全部国会议员的选举，国会议员任期4年，2020年4月15日已进行总选。

地方选举，是指根据《地方自治法》，选出地方议会议员及地方自治团体长官的选举。地方自治团体长官和地方议会议员的任期均为4年，但地方自治团体长最多可连任三期，而地方议会议员没有连任限制。

外国人的选举权，是指具备一定条件的获得永久居住权的人，通过《公职选举法》，《居民投票法》，《居民召回相关法律》等享有居民自治权。以投票日为基准，获得永住权三年以上年满19岁以上的外国居民享有自治权，即享有地方选举投票权、居民投票权和居民召回权。但没有总统选举权和国会议员选举权。

2. 한국의 지방자치제 韩国的地方自治制度

한국의 지방자치제는 지역 주민이 스스로 자기 지역의 주민 대표자를 뽑아서 지역의 정치와 행정 등의 일을 처리하도록 하는 제도이다. 일반적으로 지역마다 처한 상황과 문제점이 다르기 때문에 중앙정부에서는 각 지역의 요구 사항을 일일이 처리하기가 어렵다. 그래서 해당 지역의 주민과 자치단체가 필요한 것이다. 한편 지방자치제는 중앙정부가 권력을 남용하는 것을 막을 수 있고 지역 주민이 정책을 만들고 실행하는 데에 직접 참여할 수 있다는 장점이 있다.

한국의 지방자치제에서는 각 지방자치단체마다 헌법과 지방자치법에 따라 지방의회를 둔다. 지방의회에서 지역의 일을 어떻게 처리할 것인지를 결정하면 지방자치단체에서는 계획을 세우고 실행을 하게 된다. 임기 4년의 지방의회의원과 지방자치단체장(도지사, 시장, 군수) 등은 해당 지역 주민들의 투표를 통해 선출된다.

한편 한국의 지방자치단체는 크게 '광역자치단체'와 '기조자치난체'로 구분되는데 이 중 광역자치단체로는 1개의 특별시, 6개의 광역시, 1개의 특별자치시, 8개의 도, 그리고 1개의 특별자치도가 있다. 기초자치단체는 시/군/구로 구분된다.

韩国的地方自治制度，是指地区居民自己选出所在区的居民代表，处理地区的政治和行政等事务的制度。一方面，每个地区面临的情况和问题不同，中央政府难以一一处理各地区的要求事项，所以需要所在地区的居民和自治团体。另一方面，地方自治制有诸多优势，如能够阻止中央政府权力滥用，地区居民能够直接参与政策的制定和实行等。

在韩国的地方自治制度中， 每个地方自治团体根据宪法和地方自治法召开地方会议。在地方会议上，决定地区事务的处理方法，地方自治团体以此制定计划并实行。任期4年的地方会议议员和地方自治团体长官(道知事、市长、郡守)等通过该地区居民的投票选出。

另外，韩国的地方自治团体广义上分为"广域自治团体"和"基础自治团体"，其中"广域自治团体"包括1个特别市、6个广域市、1个特别自治市、8个道和1个特别自治道；"基础自治团体"分为市、郡、区的政府机关。

연습문제

☞ **❶** OX 퀴즈

1. 한국에서는 현재 대통령제를 채택하고 있다. (   )
2. 한국에서는 인간존중의 정신과 자유, 그리고 평등을 중요하게 여긴다. (   )
3. 민주정치는 권력을 가진 한 사람의 통치자를 위해 정치가 이루어지는 제도이다. (   )
4. 선거의 4가지 원칙 중 성별, 재산, 학력, 권력 등의 조건과 관계없이 누구나 똑같이 한 표씩 선거권을 주는 것을 '보통선거'라고 한다. (   )
5. 한국 국민의 4대 의무는 납세의 의무, 국방의 의무, 교육의 의무, 환경의 의무가 있다. (   )

☞ **❷** 선택문제

1. 한국은 삼권분립이 명확히 헌법에 보장되어있다. 삼부에 해당되지 않는 것은 어느 것인가?
   ① 사법부   ② 입법부   ③ 행정부   ④ 정보부

2. 한국에 필요한 법을 만들거나 고치는 사람은 누구인가?

　① 대통령　　　　　　　　② 장관

　③ 대법관　　　　　　　　④ 국회의원

3. 한국에서 법을 집행하는 기관은 어디인가?

　① 입법부　　② 사법부　　③ 행정부　　④ 감사원

4. 한국의 대통령은 국민의 어떠한 투표에 의해 선출되는가?*

　① 무기명 투표　　　　　　② 실명 투표

　③ 위탁 투표　　　　　　　④ 부재자 투표

5. 한국에서 대통령은 대외적으로 무엇을 대표하는가?*

　① 국회　　② 국가　　③ 국민　　④ 여당

6. 한국 대통령의 임기는 몇 년인가?*

　① 4년　　② 5년　　③ 3년　　④ 6년

7. 한국의 초대 대통령은 누구인가?

　① 이승만　　② 김구　　③ 박정희　　④ 윤보선

8. 윤석열 대통령은 한국의 몇 대 대통령인가?

　① 제17대　　② 제18대　　③ 제19대　　④ 제20대

9. 한국 대통령이 외국에 나갔을 때 나라 안에서 임시로 대통령의
   일을 대신 처리하는 사람은 누구인가?
   ① 부통령　　　　　　　　② 비서실장
   ③ 국무총리　　　　　　　　④ 내무부장관

10. 19대 대통령까지 생활하고 집무하던 곳은 어디인가?
   ① 백악관　　　　　　　　② 청와대
   ③ 백록담　　　　　　　　④ 종합청사

11. 현직 대통령의 부인을 높여서 부르는 호칭은 무엇인가?
   ① 사모님　　② 마누라　　③ 영부인　　④ 소통령

12. 1970년대 농촌을 잘 살게 하려는 목적에서 박정희 대통령의 주
   도로 시작한 운동의 명칭은 무엇인가?
   ① 국민운동　　　　　　　　② 새마을운동
   ③ 녹색운동　　　　　　　　④ 환경운동

13. 대통령이 하는 일로 가장 적절하지 않은 것은 어느 것인가?
   ① 대통령은 국무총리, 장관 등과 국무회의를 열어 나라의 중요
   한 일을 결정한다.
   ② 대통령은 외국에서 오는 손님을 모두 맞이한다.
   ③ 대통령은 나라에 어려운 일이 생겼을 때 직접 국민들의 생활
   을 살피기도 한다.
   ④ 대통령은 신문, 방송사와 인터뷰를 한다.

14. 대통령과 관련된 설명으로 올바르지 않은 것은 어느 것인가?

① 예전 대통령은 청와대에서 집무를 보면서 가족들과 함께 생활하였다.

② 청와대의 기와는 푸른색이다.

③ 대통령은 4년마다 선출하며 임기는 국회의원 임기와 같다.

④ 김대중 전 대통령은 노벨 평화상을 수상하였다.

15. 한국의 국회의원은 어떠한 선거로 선출되는가?*

① 대통령의 임명　　　　② 국민의 직접 선거

③ 국민 대표의 선거　　　④ 국회 의장의 임명

16. 한국 국회의원의 임기는 몇 년인가?

① 3년　　　② 4년　　　③ 5년　　　④ 6년

17. 다당제를 실행하고 있는 한국에서 2023년 여당(执政党)은 어느 당인가?

① 더불어민주당　　　　② 바른미래당

③ 국민의 힘　　　　　④ 정의당

18. 입법부인 국회에서 하는 일은 무엇인가?

① 민족문화의 보호 및 육성　　② 법을 어긴 사람의 처벌

③ 외국과의 수출입 상담　　　④ 헌법의 제정 및 개정

19. 국회에서 하는 일과 거리가 먼 것은 어느 것인가?

① 국군을 통솔한다. ② 국정 조사를 실시한다.

③ 국민을 위한 법을 만든다. ④ 청문회[6]를 실시한다.

20. 한국 국회에서 하는 일이 아닌 것은 어느 것인가?

① 헌법을 만들거나 고친다. ② 국가 예산안에 대한 심의를 한다.

③ 국정 감사나 조사를 행한다. ④ 국군과 정부를 직접 통솔한다.

21. 국회의원에 대한 설명 중 올바르지 않은 것은 어느 것인가?

① 국회의원은 국민의 간접선거를 통해 선출한다.

② 국회의원은 소속 정당에 따라 서로 의견이 다를 수 있다.

③ 다수결의 원칙에 따라 표를 많이 얻은 후보자가 국회의원으로 당선된다.

④ 국회의원은 4년마다 선출하며 재임할 수 있다.

22. 한국 국회의원들의 사무실이 있으며 국회가 열리는 곳은 어디인가?

① 정부종합청사 ② 국회의사당

③ 국회회관 ④ 세종문화회관

---

6) 청문회: 听证会

23. 한국 국회의사당의 소재지(위치)는 어디인가?

① 서울 강남　　　　　② 경기도 과천

③ 서울 여의도　　　　④ 세종시

24. 한국은 4년마다 지방선거를 실시한다. 지방선거에서 선거하는
공직이 아닌 것은 어느 것인가?

① 시장　　　　　　　② 도지사

③ 시의원　　　　　　④ 국회의원

25. 다음 한국의 지방자치단체 중 광역시에 해당되지 않는 곳은 어
디인가?

① 대구　　　② 대전　　　③ 광주　　　④ 서울

26. 자치단체 의원이나 단체장을 투표할 때 결정적인 기준이 되는
것은 무엇인가?

① 학력이 가장 높은 사람　　② 가장 잘생긴 사람

③ 필요한 일을 잘 할 사람　　④ 나이가 제일 많은 사람

27. 지방의회의원에 출마하려는 경우 피선거권자(입후보)의 연령은
몇 세부터인가?

① 30세　　② 20세　　③ 25세　　④ 40세

28. 다음 중 기초자치단체에 해당하는 것은 어느 것인가?

① 구의회　　② 동의회　　③ 도의회　　④ 국회

29. 정부 기관에 대한 설명으로 옳지 않은 것은 어느 것인가?

① 삼권분립 원칙에 따라 사법부, 행정부, 입법부로 나눈다.

② 법무부는 외국인 출입국업무만 관장한다.

③ 국회는 입법기관이다.

④ 감사원은 사법기관이다.

30. 한국의 행정부는 18개 부처로 나누어졌다. 아래 한국의 행정부
    에 속하지 않는 것은 어느 것인가?

① 남성부　　② 노동부　　③ 행정안전부　　④ 통일부

31. 행정부의 각 부와 소속 기관을 잘 연결한 것은 어느 것인가?

① 기획재정부 – 중소기업청　　② 노동부 – 방위사업청

③ 행정안전부 – 검찰청　　④ 문화체육관광부 – 문화재청

32. 보기에서 설명하는 정부 기관은 무엇인가?

예술, 체육에 관한 정책을 집행한다.
전통문화를 보존하고 관리한다.
관광산업을 육성하는 사업을 관장한다.

① 문화체육관광부　　　② 지식경제부

③ 행정안전부　　　④ 외교통상부

33. 외국인의 출입국 업무를 관장하는 곳은 어디인가?

① 법무부　　　② 외교통상부

③ 문화체육부　　　④ 사법부

34. 국가에서 서민들을 위해 하는 일이 아닌 것은 어느 것인가?
　　① 무료 진료　　　　　　　② 일자리 제공
　　③ 복지시설 제공　　　　　④ 종교 활동

35. 다음 중 시민단체에 대한 설명으로 올바르지 않은 것은 어느 것
　　인가?
　　① 뜻을 함께하는 사람들이 스스로 만든 단체이다.
　　② 개인이나 집단의 이익만을 추구하지 않는다.
　　③ 정치, 환경, 인권 등 여러 분야에서 활동한다.
　　④ 일단 집회(데모)를 하기 위해 회원들을 모은다.

36. 한국의 최고 법원은 어느 것인가?
　　① 대법원　　　　　　　　② 고등법원
　　③ 가정법원　　　　　　　④ 지방법원

37. 지방의회에서 정하는 법안은 무엇인가?
　　① 헌법　　　② 입법　　　③ 사법　　　④ 조례

38. 재판이 이루어지는 곳은 어디인가?
　　① 경찰서　　② 소방서　　③ 청와대　　④ 대법원

39. 법원에서의 잘못된 판결을 줄이기 위해 같은 사건에 대해 3번까
　　지 재판을 받을 수 있는 제도는 무엇인가?
　　① 3심제도　　　　　　　　② 변호제도

③ 3변제도   ④ 대법원제도

40. 다음 재판의 종류 중 개인 간의 분쟁이나 문제를 해결하기 위한
    재판은 어디에 해당하는가?
    ① 형사재판   ② 민사재판
    ③ 행정재판   ④ 가사재판

41. 보기에서 민사재판할 때 꼭 참여하여야 하는 사람이 아닌 것은
    어느 것인가?

    ┌───┐
    │ ㉠ 변호사 ㉡ 판사 ㉢ 검사 ㉣ 원고 ㉤ 피고   │
    └───┘

    ① ㉠   ② ㉡   ③ ㉢   ④ ㉣

42. 민사재판에서 재판을 요구하는 사람을 '원고'라고 한다. 다음 글
    을 읽고 '원고'인 사람으로 짝지어진 것을 고르시오.

    ┌───┐
    │ ㉠ 이상민 씨는 박동준 씨에게 100만 원을 빌려주었지만, 박동준 씨가 정해진 날짜에 │
    │ 갚지 않자 재판을 청구하게 되었다.   │
    │ ㉡ 김소영 씨는 집주인 오영달 씨가 전세금(傳貰金)⁷⁾을 돌려주지 않자 재판을 청구하게 │
    │ 되었다.   │
    └───┘

              ㉠   ㉡
    ① 이상민 ― 김소영
    ② 오영달 ― 이상민
    ③ 김소영 ― 박동준
    ④ 박동준 ― 오영달

───────────────

7) 전세금: 전세를 얻을 때 그 부동산의 소유주에게 맡기는 돈, 傳貰押金(韓國特有的一种租借方式)

43. 한국의 국민임을 나타내는 개인 신분 증명서를 무엇이라 하는
    가?
    ① 주민등록증   ② 여권
    ③ 호패   ④ 신분증

44. 한국에서 주민등록등본을 발급받으려면 어디로 가야 하는가?
    ① 동사무소   ② 보건소   ③ 경찰서   ④ 세무서

45. 나라에 중요한 일이 있을 때 국민의 의사를 통해 결정하기 위해
    실시하는 투표를 무엇이라 하는가?
    ① 일반투표   ② 여론조사
    ③ 출구조사   ④ 국민투표

46. 민주 선거의 4대 원칙이 아닌 것은 어느 것인가?
    ① 보통선거   ② 직접선거
    ③ 평등선거   ④ 정책선거

47. 민주 선거의 4대 원칙 중 모든 피선거권자에게 평등하게 한 표
    씩 선거권을 주는 선거원칙은 무엇인가?
    ① 보통선거   ② 평등선거
    ③ 직접선거   ④ 비밀선거

48. 아래 보기에서 설명하는 선거방법을 고르시오.

> 누가 누구에게 투표했는지 알 수 없다.
> 투표의 내용을 투표자 이외에는 알지 못한다.

① 보통선거   ② 직접선거

③ 비밀선거   ④ 평등선거

49. 다음이 설명하는 '이 방법'은 무엇인가?

> 이 방법은 모든 사람이 찬성하는 의견을 따르는 것이다. 즉 한 사람이라도 반대하면
> 결정을 내릴 수 없다.

① 주인의식   ② 비판정신

③ 관용정신   ④ 만장일치

50. 다수결 원칙에 대한 설명으로 올바르지 않은 것은 어느 것인가?

① 다수의 의견으로 결정하는 방식이다.

② 결정에 앞서 충분한 대화와 토론이 필요하다.

③ 소수의 의견에도 귀를 기울여야 한다.

④ 한 명이라도 반대하면 결정할 수 없다.

51. 다음 설명 중 민주주의와 관련이 없는 내용은 어느 것인가?

① 국민의 의견을 중요시한다.

② 다수의 의견을 존중한다.

③ 사상과 이념의 자유를 보장한다.

④ 지도자의 결정에만 의지한다.

52. 민주주의 국가에서 나라의 주인은 누구인가?

① 대통령　　　② 국민　　　③ 변호사　　　④ 국회의원

53. 다음 인권에 대한 설명 중 올바른 것은 어느 것인가?

① 인종과 피부색에 따라 권리가 다르다.

② 사람은 태어날 때부터 똑같은 권리를 갖는다.

③ 사람은 성별에 따라 차별을 두어야 한다.

④ 지위가 높은 사람의 권리가 더 소중하다.

54. 민주주의 정치에 대한 설명으로 올바르지 않은 것은 어느 것인가?

① 한국은 민주주의 국가이다.

② 민주주의 국가의 주인은 대통령이다.

③ 헌법을 개정할 때 다수결의 원칙에 따라 결정한다.

④ 정부는 입법, 행정, 사법으로 나누어 삼권분립제도를 통해 권력의 집중과 남용을 방지한다.

55. 1992년 중한 수교 이후 중국과 한국은 현재 어떠한 관계로 발전하였는가?*

① 우호　　　　　　　　② 동맹

③ 합작　　　　　　　　④ 전략적 동반자

제4장
第四章

한국의 경제
韩国的经济

제1절 한국의 산업화와 경제성장

第一节 韩国的产业化和经济增长

1. 농업 국가에서 산업화, 그리고 시장경제로 从农业

  国向产业化、市场经济发展

한국 사회는 불과 60여 년 전까지만 해도 전통적인 농업 국가였다. 조선 시대 말기부터 시작된 일본의 수탈과 1950년의 6·25전쟁으로 20세기 초반까지 한국은 산업의 근대화를 시도할 겨를도 없이 전쟁의 상처와 가난만이 남은 폐허 상태였다. 1960년 박정희 정권이 출범하면서 본격적인 산업화가 시작되었다. 1962년 제1차 경제개발 5개년 계획(1962-1966)을 시작으로 1967년부터 제2차 경제개발 5개년 계획이 추진되었다. 이 과정에서 국가가 시장경제에 적극 개입하는 한국식 발전 모델이 출현하였다.

  韩国在60多年前还是传统的农业国家。朝鲜时期末开始遭到日本的掠夺，1950年又经受了6·25战争，直到20世纪初韩国还未开始产业近

代化进程，只存留着战争带来的伤痛和苦难的颓废状态。1960年朴正熙掌握政权，正式开始进行产业化。1962年开始进行第一次经济开发五年计划(1962-1966)，之后继续推进第二次经济开发五年计划。在这一过程中，韩国出现了国家积极干预市场经济的韩国式发展模式。

2. 한강의 기적 汉江奇迹

한국은 연평균 높은 경제 성장률[8]을 기록하면서 불과 30여 년 만에 '한강의 기적'이라고 불리는 눈부신 경제발전을 이룩하여 한국인의 우수성과 근면성을 세계로부터 인정받았다. 1977년에는 수출 100억 불을 달성하였다. 그 이후에도 경제성장에서 수출이 차지하는 비중이 점차 증가하여 2010년대에는 전체 경제 규모에서 수출이 차지하는 비중이 43%에 이른다. 이는 G20국가들 가운데 가장 높은 수치로서 2위를 차지한 독일의 33%보다 월등하게 높다. 그러나 '한강의 기적'은 당시 정부의 노력만이 아니라 바로 생산 현장에서 묵묵히 땀방울을 흘렸던 '산업역군(産業役軍)'[9]들의 희생의 열매이기도 하다.

韩国保持年均高经济增长率，仅30余年就取得了被称为"汉江奇迹"的辉煌的经济发展成就，韩国人的勤劳和优秀得到世界的认可。1977年韩国出口额达100亿美元，之后出口在经济增长中占据比重逐渐增大，

---

8) 경제성장률: 일정기간 동안의 국민 총생산 또는 국민 소득의 실질적인 증가율, 일반적으로 실질 국민 총생산의 연간 증가율을 기준으로 산출한다. **经济增长率**: 一定时期内的国民总生产或国民收入所得实际增长率, 一般来说, 是以实际国民总生产的年增长率为标准。

9) 산업역군: 산업을 일으키는 데 중요한 역할을 하는 일꾼 产业骨干, 产业主力军: 产业发展过程中起重要作用的工人。

2010年整体经济规模中出口占比43%。在G20国中首屈一指，遥遥领先占据第二位的德国(33%)。 "汉江奇迹"不仅有赖于当时政府的支持，而且也与那些在生产现场默默无闻、挥洒汗水的产业主力军们的牺牲密切相关。

3. 한국 경제성장의 특징 韩国经济增长的特征

한국 경제성장의 특징으로 무엇보다도 '초고속 성장'을 들 수 있다. 이는 정부가 주도하여 수출 위주의 정책을 추진했기 때문이다. 한국은 부존자원(賦存資源)[10]이 부족한 데 비해 풍부한 인적 노동력을 갖고 있어서 해외에서 자본이나 원자재를 도입하여 가공해서 수출하는 가공무역(加工貿易)[11]의 전략을 추진했다. 투자를 확대하고 저임금의 풍부한 노동력을 기반으로 하여 고도성장을 이루었다. 교육열이 높고 자기 역사에 대한 자부심이 큰 한국인들은 열심히 일하였고 자신들의 세대에 이전과는 달라진 나라를 만들 수 있었다. 그러나 산업화가 이룩한 고도성장은 빈부격차나 노동자의 인권 탄압 같은 심각한 후유증을 낳았다.

韩国经济增长的特征中最重要的便是 "超高速发展"，这是因为实行了在政府主导下的以出口为主的政策。韩国自然资源缺乏，但具备丰富的劳动力资源，因此推行在海外引进资本或原材料，再进行加工出口的加工贸易策略。韩国以扩大投资，丰富的低薪劳动力为基础，实现了经

---

10) 부존자원: 경제적 목적에 이용할 수 있는 지질학적 자원 自然资源: 为达成经济目的，可以利用的地质学资源

11) 가공무역: 외국에서 원자재나 반제품을 수입하여 완제품으로 만든 뒤 다시 수출하는 방식의 무역 加工贸易: 从国外进口原材料或半成品，完成成品后，再次出口的一种贸易

济的高速增长。同时，教育热潮高涨，拥有本国历史自豪感的韩国人工作努力，创造出了一个与自己生长的时代时有所不同的国家。但是实现产业化的高速增长也导致了如贫富差距和侵犯劳动者人权的严重后遗症。

■ 시대별 주요 수출품목 不同年份主要出口货品清单

1960년대에는 옷, 신발, 가발 등 주로 경공업[12]제품을 수출하였고 1970년대, 1980년대를 거치면서 철강, 자동차, 선박 등 중화학 공업[13]제품을 주로 수출하였다. 2000년대에 한국이 가장 많이 수출한 상품은 반도체, 선박, 자동차 휴대폰, 석유 제품 등이다.

1964년에 겨우 1억 달러를 수출했던 한국은 2011년에는 수출액 5,552억 달러, 수입액도 5,244억 달러에 이르러 무역 규모 1조 달러를 돌파하면서 세계에서 9번째로 큰 무역 대국이 되었다. 2022년에는 약 6,000억 달러를 수출하여 세계 6위를 차지했다. 한국과 무역을 많이 하는 나라는 중국, 미국, 일본 등이며 이들 3개국이 한국 수출에서 차지하는 비중은 40%에 이른다.

20世纪60年代主要出口衣服、鞋子、假发等轻工业；20世纪70、80年代主要出口钢铁、汽车、船舶等重化学工业；21世纪初韩国出口最多的商品是半导体、船舶、车载电话、石油制品等等。

1964年韩国出口额仅1亿美元，到2011年，韩国出口额达5,552亿美元。进口额也达到5,244亿美元，贸易规模突破10,000亿美元，成为了

---

12) 경공업: 옷, 신발처럼 주로 일상 생활용품을 만드는 산업 轻工业: 制造像衣服、鞋子等主要日常生活用品的产业

13) 중화학 공업: 석유 화학, 조선, 제철 등 생산방법이 복잡하고 기술이 필요한 산업 重化学工业: 石油化学、造船、制铁等生产方法复杂, 需要技術水平的产业

世界第九大贸易大国。2022年出口额约6000亿美元，位居世界第六。韩国和中国、美国、日本三国贸易往来密切，这三大国在韩国出口中占比达40%。

4. 새마을운동 新村运动

한국농업의 특징은 경지면적의 협소에 따른 영농(營農)규모의 영세성(零細性)[14]으로 규모의 경제를 이룰 수 없다는 데 있다. 그리고 60년대 말까지 국내물가안정과 도시노동자의 생활안정목적을 위해 저곡가정책을 지속하여 다른 산업에 비해 상대적으로 피폐하였다.

농업은 국제적 비교우위에 맡길 수만은 없는 국가 전략적 산업이기 때문에 그 기반을 강화시킬 필요가 있었다. 이를 위해 1972년부터 정부 주도형(主導型) 지역개발 운동으로서 새마을운동이 시작되었다. 새마을운동은 농민의 자립과 협동 정신을 고취시키는 농민계몽을 통하여 농민의 의식구조와 생활양식을 개혁하고자 하는 사회운동이며 동시에 농촌 하부구조 확충과 농가소득향상을 위한 대규모 투자 사업이기도 하였다. 새마을운동은 농촌에서 시작되었지만 공장새마을운동, 도시새마을운동, 학교새마을운동 등으로 확산되어 전국적인 규모의 지역사회운동으로 발전하였다.

韩国农业的特征是：耕地面积狭小，务农规模小，无法实现规模经济。60年代末，为稳定国内物价，为进城民工提供稳定生活保障而施行的低谷价政策使农业与其他产业相比有所衰退。

---

14) 영세성: 규모가 작고 보잘것없는 성질이나 상태

因为农业是无法依靠国际优势的国家战略性产业，所以有必要强化农业基础。为此，从1972年起，政府主导型的地区开发运动——新村运动开始了。新村运动通过提倡农民自立和协作精神进行农民启蒙，是一场改善农民衣食住行和生活方式的社会运动，同时也是为奠定农村经济基础和提高农民收入的大规模投资事业。新村运动虽始于农村，但也出现了工厂新村运动、城市新村运动、学校新村运动等，逐渐发展成为全国性、大规模的地区社会运动。

5. 1980년대 이후 경제 20世纪80年代之后的经济

1980년대 이후 한국경제는 반도체, 컴퓨터, 생명과학 등 첨단산업과 기계, 전기, 자동차 등 고기술, 고부가가치 산업에 중점을 두고 발전하였다. 특히 1986년부터 본격화된 산업구조 조정정책으로 인하여 한국경제는 획기적인 수출 확대를 이루었다. 그 결과 한국은 세계 10위권의 무역 규모를 가지게 되었고 1995년에는 경제협력개발기구(OECD)[15]에 가입하게 되었다.

20世纪80年代以后，韩国经济的重心转移到半导体、计算机、生命科学等高端产业和器械、电子、汽车等高技术高附加值的产业，尤其是从1986年开始正式进行产业结构调整政策，韩国经济划时代的扩大出口实现。使韩国获得世界前10位的贸易规模，并于1995年加入经济合作与发展组织(OECD)。

---

15) 경제협력개발기구(OECD): 경제 성장, 어려운 나라 원조, 무역 확대를 목적으로 하는 선진국들의 모임으로서 2019년 1월 기준으로 회원국은 36개이다. 经济合作与发展组织(OECD): 以经济增长、援助苦难国家、扩大贸易为目的的先进国家组成的经济组织，截止2019年1月有36个会员国。

6. 1990년대 이후 20世纪90年代以后

1990년대 이후 신자유주의라 불리는 전 세계적인 차원의 자유방임적인 시장경제의 강화와 수입자유화가 확대되면서 한국경제는 생존을 위한 무한경쟁 시대에 들어갔다. 더욱이 한국경제의 구조적 모순의 핵심인 재벌(財閥)[16] 중심의 정경유착(政經癒着)[17]은 1990년대 한국경제를 위기로 몰아갔다. 이러한 위기는 아시아의 금융위기와 맞물려 1997년 국제통화기금(IMF)의 구제금융을 요청하는 사태로 이어졌다. 그러나 정부와 기업 그리고 국민이 힘을 합쳐 이러한 위기를 극복한 결과 한국경제는 2000년 이후 활력을 되찾았다. 특히 철강, 자동차, 반도체, 가전제품, 휴대폰, 조선 등은 세계 시장에서 뛰어난 경쟁력을 갖추게 되었다. 정보통신 분야의 발전이 두드러져 한국은 세계에서도 손꼽히는 IT(Information Technology) 강국으로 부상하였다.

20世纪90年代以后，被称为新自由主义的全世界自由放任的市场经济得到强化，进口自由化逐渐扩大，韩国经济因面临生存挑战，而进入无限竞争时代。同时，韩国经济结构矛盾的核心----以财阀为中心的政经合一，使1990年代的韩国经济遇到了危机。在这样的危机下，正遇亚洲金融危机爆发，于是1997年韩国向国际货币基金组织(IMF)请求金融救助。在政府、企业和国民的共同努力下，韩国克服了危机，经济于2000年后再次复苏。在世界市场上，韩国的钢铁、汽车、半导体、家电产品、手机、造船等技术具备优越的竞争力，韩国的信息通信领域发展强劲，在

---

16) 재벌: 재계(財界)에서 여러 개의 기업을 거느리며 막강한 재력과 거대한 자본을 가지고 있는 자본가나 기업가. 财阀: 在财界管理多个企业，拥有强大的财力和雄厚资本的资本家或企业家

17) 정경유착: 정치와 경제의 끈끈한 연관 政经合一: 政治和经济密切相关

世界上也成为了数一数二的信息技术(Information Technology)强国。

제2절 한중 자유무역협정

第二节 中韩自由贸易协定

1. 한중 자유무역협정이란? 中韩自由贸易是什么?

한국과 중국 간 자유무역협정(FTA: Free Trade Agreement, **韓中自由貿易協定**)으로 2015년 12월 20일 공식 발효되었다. 자유무역협정은 특정 국가 사이에서 이루어지는 무역에 있어서 배타적으로 특혜를 부여한 것으로 가장 느슨하게 지역의 경제를 통합한 형태를 말한다. 발효된 후 고주파 의료기기, 항공 등유 등 958개 품목에 대해 관세가 즉시 철폐되었다.

中国和韩国之间的自由贸易协定(FTA: Free Trade Agreement)于2015年12月20日正式生效。自由贸易协定是在特定国家间形成的贸易协定，通过给予排他性的优惠来达到整合发展最缓慢地区的经济形态的目的。生效后，高频医疗器械、航空煤油等958种货物即刻取消了关税。

2. 한중 FTA 발효 과정 中韩自贸协定生效过程

한중 양국은 2012년 협상을 개시하여 2014년 11월 실질적 합의를 이뤄냈고 협상이 개시된 지 3년 만인 2015년 6월 협정문에 정식 서명하였다. 같은 해 11월 30일 한국 정부는 "한중 FTA 비준 동의안"이 국회 통과 이후 이행법령 국무회의 의결 등 국내 절차를 완료하였고 중국 측도 12월 초 국무원 승인 등 비준 절차를 마무리 하였다. 같은 달 9일에는 한국과 중국 당국이 중국 베이징에서 FTA 발효를 확정하는 외교 공식서한을 교환하면서 20일 공식 발효되었다.

中韩两国自2012年开始协商，2014年11月达成实质协议，于协商三年后，即2015年6月正式签署协定文书，同年11月30日，国会通过"中韩自贸协定批准同意书"后，韩国政府完成了履行法令国务议会决议等国内程序，中国也于12月初结束了国务院批准等程序。12月9日，中国和韩国在北京共同确认FTA，交换了外交官方公函，协定于2015年12月20日正式生效。

3. 한중 FTA 주요 내용 中韩自贸协定的主要内容

한중 FTA가 발효되는 2015년 12월 20일을 기준으로 고주파 의료기기, 변압기, 항공 등유 등 958개 품목(연간 87억 달러 규모)에 대한 관세가 즉시 철폐되었다. 2016년 1월 1일에는 5,779개 품목에 대한 2년 차 관세 인하가 이뤄졌다. 또 해마다 단계적으로 관세가 내려가며 10년 내에 5,846개의 품목(LCD패널, 스테인리스냉연강판, 에어컨, 전기밥솥 등)에 대한 중국 측 관세가 철폐된다. 발효 20년 차인 2034년까지 품목 수 기준으로 중국은 전체 90.7%인 7,428개, 한국은 전체 92.2%인 1만 1,272개 제품의 상대국에 대한 관세를 없앤다. 수입액 기준으로는 발효 20년 후 중국은 대한국 수입액의 85.0%(1,417억 달러), 한국은 대중국 수입액의 91.2%(736

억 달러)에 대해 관세를 부과하지 않는다.

中韩自贸协定以2015年12月20日生效起，高频医疗器械、变压器、航空煤油等958种货物(年规模达87亿美元)即刻取消了关税。于2016年1月1日5,779种货物实现了第二次降税，每年阶段性的降低关税，10年之内5,846种货物(LCD贴片、不锈钢冷轧钢板、空调、电饭锅等)中国方也取消关税。到生效20年后——2034年为止，以产品数为基准，中国7,428种即全体的90.7%，韩国的11,272种产品即全体的92.2%，相对实施零关税。以进口额为基准，生效20年后中国对韩国进口额的85.0%(1,417亿美元)，韩国对中国进口额的91.2%(36亿美元)不再征收关税。

한편, 농수산물을 포함한 초민감 품목은 관세 양허[18] 제외 30%, 자율관세할당 16%, 관세감축 14% 수준으로 조정되었다. 한중 FTA의 양허 제외 대상 농수산물은 총 548개로 한·미 FTA(16개), 한·EU FTA(41개), 한·호주 FTA(158개), 한·캐나다 FTA(211개)보다 많다. 쌀을 비롯해 고추, 마늘, 양파, 사과, 조기, 갈치, 쇠고기, 돼지고기 등 주요 농수산물은 관세 양허 대상에서 빠졌다.

另一方面，包括农水产品在内的超敏感产品调整为30%的例外处理, 16%的关税配额管理, 14%的关税削减。中韩自贸协定的例外处理对象——农水产品共548种，比韩美自贸协定(16种)，韩欧自贸协定(41种)，韩澳自贸协定(158种)，韩加自贸协定(211种)多。以大米为首，辣椒、蒜、洋葱、苹果、黄鱼、带鱼、牛肉、猪肉等主要农水产品不参与降税安排。

참고: 네이버 지식백과 : 한중 자유무역협정

---

18) 관세 양허: 관세협정을 맺은 나라끼리 최혜국 대우를 하여 관세를 인하하는 일

제3절 한국의 금융기관
第三节 韩国的金融机构

1. 시중은행과 지방은행 普通银行和地方银行

시중은행은 개인이 돈을 맡기고 빌릴 수 있는 대표적인 금융기관이다. 시중은행은 전국 곳곳에 지점이 설치되어 있어 개인이 이용하기에 매우 편리하다. 국민은행, 신한은행, 하나은행, 우리은행, 스탠다드차타드은행 등이 여기에 해당된다.

지방은행은 지역 경제의 발전에 필요한 자금을 공급하는 것을 주된 목적으로 광역시나 도에 설립된 은행이다. 경남은행, 광주은행, 대구은행, 부산은행, 제주은행, 전북은행 등이 여기에 해당한다.

그냥 은행이라 할 때는 시중은행이나 지방은행을 뜻한다. 이들 은행은 상대적으로 규모가 크고 안전하여 개인이 안심하고 돈을 맡길 수 있다. 그렇지만 이곳에 예금하면 금리(이자율)가 상대적으로 낮다.

普通银行是代表性的金融机构，个人可以把钱存进银行或向银行借钱。普通银行在全国各地均有据点, 个人使用非常便利。此类机构包括国民银行、新韩银行、韩亚银行、友利银行和渣打银行等。

地方银行是以供给地方经济发展所必需的资金为主，在广域市或道等地设立的银行。此类机构包括庆南银行、光州银行、大邱银行、釜山银行、济州银行、全北银行等。

只称 "银行"时，是指普通银行或地方银行。这些银行相对规模较大，比较安全，个人可以放心把钱储存在这里。但存款利息(利率)相对也较低。

2. 대표적인 저축상품 代表性储蓄产品

대표적인 저축 싱품으로 보통예금, 정기적금, 정기예금이 있다.

보통예금은 거래 금액, 기간, 입금과 출금 횟수 등에 아무런 제한 없이 자유롭게 거래할 수 있는 상품이다. 상품이 편리한 대신 금리가 0.1% 정도로 매우 낮다.

정기적금은 일정한 금액을 정기적으로 입금하고 만기일에 원금과 이자를 한꺼번에 받는 상품이다. 큰돈을 모으려고 할 때 주로 사용하는 상품이며 예금 금액에 제한은 없지만 최소한 6개월 이상 꾸준히 입금해야 한다.

정기예금은 기간과 금액을 미리 결정하고 비교적 큰 금액을 한꺼번에 예금하는 상품이다. 대체로 6개월 이상 맡겨두고 그에 따른 이자를 받는 경우가 많다.

代表性储蓄产品包括一般储蓄、定期积金、定期存款。

一般储蓄是指交易额、期限、存取款次数等没有限制，可以自由交易的一种储蓄方式。储蓄方式便利的同时利息近0.1%，非常低。

定期积金是指一定金额的定期存款满期后，将本金和利息一起取出的一种储蓄方式。主要是巨额存取时使用的一种储蓄方式，存款金额虽没有限制，但至少要存6个月以上才可以取出。

定期存款是指预先指定机构和金额，把巨大的金额全部储存的一种储蓄方式。一般要存6个月以上，根据存款时间长短收取利息，这种情况很多。

제4절 한국의 주요 재벌 그룹
第四节 韩国的主要财阀集团

1. 현대그룹 现代集团

현대의 이름은 정주영(鄭周英) 창
업주의 정비소 '현대자동차공업사'
에서 시작되었다.

현대그룹은 현대건설(주)을 모기업으로 하는 대규모 기업집단이
다. 사업영역은 건설, 조선, 자동차, 철도차량, 제철, 해운, 무역, 금
융, 중전기, 엔진류 등의 각 분야를 망라한다. 이 그룹은 창업 반세
기라는 오랜 역사가 말해주듯이 한국 경제사의 한 장을 기록하면서
오늘에 이르렀다. 산하기업군, 종업원 수, 외형거래액, 자본 규모,
재무구조 면에서나 국가 경제에 미치는 영향 면에서나 한국을 대표
하는 기업 중 하나이다.

현대그룹의 계열사로는 현대아산(주), 현대상선(주), 현대엘리베
이터(주), 현대증권(주), 현대택배(주), 현대경제연구원(주) 등이 있
다. 본사는 서울 종로구 계동 140번지 2호이다.

"现代"名称始于创始人郑周永开办的汽车修配厂"现代汽车修理所"。

现代集团是以现代建设股份有限公司(株)为总公司的大规模企业集
团。经营领域包括建筑、造船、汽车、铁路车辆、钢铁、海运、贸易、金融、重型电机、发动机等，现代集团创业半世纪以来，历经漫长的岁月，在韩国的经济史上留下浓墨重彩的一笔，至今影响深远。无论是从旗下企业、从业人数、对外贸易额、资本规模、财务结构方面来看，还是从对国家经济的影响来看，现代集团都是韩国代表企业之一。

现代集团的旗下子公司有：现代峨山(株)、现代商船(株)、现代升降机(株)、现代证券(株)、现代快递(株)、现代经济研究院(株)等。总公司位于韩国首尔钟路区桂洞140番地2号。

2. 삼성그룹 三星集团

삼성이란 이름은 1938년에 지어졌다. 이병철 삼성 창업주는 대구에 '삼성상회'를 세웠다. 『호암자전(湖巖自傳)』에 따르면 한국인이 가장 좋아하는 숫자 '3'과 밝고 높고 영원한 것을 의미하는 별 '성'을 조합해 만들었다고 한다.

삼성그룹은 삼성물산(주)을 모기업으로 하는 대규모 기업집단이다. 무역, 기계, 조선, 건설, 전자, 화학, 섬유, 제지, 유통, 호텔, 광고대행 등 모든 분야에 걸쳐 영업기반을 구축하고 있다. 2020년 3월 기준으로 계열사로는 모기업인 삼성물산(주)을 비롯하여 삼성전자, 삼성중공업, 삼성석유화학, 삼성생명 등 64개이다. 그 밖에 임직원의 교육을 담당하는 삼성인력개발원, 기술연구기관인 삼성종합기술원, 디자인연구소인 삼성패션연구소 등이 있다. 본사는 서울 중구 태평로 2가 250번지에 있다.

三星集团成立于1938年，三星创始人李秉哲在韩国大邱成立了"三星商会"。据《湖岩自传》，其名称是由韩国人最喜欢的数字"3"和象征明亮永远的"星(성)"组合而成。

三星集团是以三星物产股份有限公司(株)为总公司的大规模企业集团。在贸易、器械、造船、建筑、电子、化学、纤维、造纸、流通、酒店、广告代理等众多领域奠定了企业基础。截止2009年3月，三星集团以总公司三星物产(株)为首，系列子公司包括三星电子、三星重工业、三星石油化学、三星人寿保险等38个企业。除此之外，还有负责任职员工培训教育的三星人才开发院，技术研究机关——三星综合技术院，设计研究所——三星服装研究所等。三星总公司位于韩国首尔中区太平路二街250号。

3. LG그룹 乐金(LG集团)

LG의 사명은 '럭키 금성'이 바뀐 것이고 최초 사명은 '락희'였다. 행운을 의미하는 영어 'lucky'에서 유래했지만 즐겁고 기쁘다는 뜻의 '락희(樂喜)'를 뜻하기도 했다.

구인회(具仁會) 창업주가 1947년 '락희화학공업사'를 설립했고 1958년에는 국내 최초의 전자공업회사 '금성(金星)사'를 설립했다. 1984년 럭키금성그룹에서 1995년에 지금의 LG가 된 것이다. 럭키금성을 영어 약자로 한 것이다. 주요 사업 분야는 화학, 전자, 통신, 서비스 분야 등이다.

LG的公司名称是"乐喜金星(Lucky Goldstars)"的音译，最初的名称是"乐喜"。公司名词是从英语单词"lucky"一词中引申而来，象征着幸运，也蕴含着代表享受开心的"乐喜"一词。创始人具仁会于1947年创建了"乐喜化学工业社"，于1958年成立了国内最初的电子工业公司"金星社"。从1948年的乐喜金星集团至1995年发展成现今的LG集团，乐喜金星英译缩略便是LG的由来。主要涉及领域包括化学、电子、通信、服务等。

4. SK그룹 SK集团

SK그룹은 (주)선경(鮮京)을 주축으로 성장, 발전한 기업체군이다. 주요 사업 분야는 무역, 석유, 섬유, 정보통신, 건설, 금융, 물류, 호텔 등이며 창업자는 최종건이다.

SK集团是由鲜京织物发展起来的企业集团。主要涉及领域包括贸易、石油、纤维、信息通信、建筑、金融、物流、酒店等，创始人是崔忠建。

제5절 취업
第五节 就业

1. 취직난 就业难

　사람들은 직업을 통해 기본적인 생활을 유지하고 자신의 꿈을 실현한다. 국가적으로도 많은 사람들이 안정적인 일자리를 가지고 생산 활동에 참여할 때 사회가 발전할 수 있다. 하지만 오늘날 많은 나라에서 사람들이 일자리를 구하는 데 어려움을 겪고 있다.

　한국에서의 실업률은 미국이나 유럽 등 다른 선진국에 비해서는 낮은 편이다. 그러나 한국은 다른 선진국들에 비해 여성이 경제 활동에 참가하는 비율이 낮고 자영업을 하는 사람들이 많기에 상대적으로 실업률이 낮다. 한편 한국에서는 실업에 대한 사회 보장 제도가 선진국에 비해 아직 부족한 점이 많기에 실업의 고통은 더욱 클 수 있다.

　최근에는 한국에도 실업자가 늘어나면서 직업을 구하기 위한 경쟁이 치열해졌다. 그뿐만 아니라 전체 노동자에서 비정규직 노동자가 차지하는 비중이 높아지면서 임금이나 근로조건 등이 더 악화되는 경향도 나타나고 있다. 정부는 실업자의 취직을 돕기 위해 여러 가지 교육프로그램을 제공하거나 실업자나 노동자의 기본적인 삶의 수준을 보장하기 위한 사회보장제도를 마련하는 등 노력을 기울이고 있다.

　人们通过就业来维持基本的生活和实现自己的梦想，从国家层面上看，人们有稳定的职业参与生产活动时，社会才能发展进步，但是现今，在很多国家人们正面临着就业难的问题。

与美国或欧盟等其他先进国家或地区相比，　韩国的失业率较低。因为韩国与其他先进国家相比较，女性参与经济活动比率低，自营业业主居多，所以相对来说失业率低。但另一方面，与其他先进国家相比，在韩国，失业的社会保障制度还存在不足，失业所带来的痛苦也会更大。

最近，随着韩国失业者的增加，求职的竞争变得更加激烈了。不仅如此，全体劳动者中非正规职劳动者占比增大，工资和劳动条件等也呈现出恶化的倾向。政府为帮助失业者就职，提供了各种教育培训节目，为保障失业者或劳动者的基本生活水平，制定了社会保障制度等，倾注了诸多心血。

2. 한국 사회에서 불고 있는 스펙(Spec) 열풍 韩国社会上兴起的spec(学历、学位、资格证等)热

스펙이란 영어 'Specification'의 줄임말로 취업을 준비하는 청년들이나 구직자들이 취직하기 위해 갖추어야 하는 여러 가지 요소를 뜻하는 말이다.

최근 한국에서도 취직 경쟁이 치열해지면서 스펙을 갖추는 것이 중요해졌다. 흔히 취업 준비생들은 직장을 구할 때 학벌, 학점, 영어 점수, 실무 경험 등을 갖춤으로써 다른 사람들보다 더 나은 인력으로 인정받으려고 한다. 스펙 자체가 능력은 아니기 때문에 지나치게 스펙에 집중하는데 이에 대한 부정적 의견도 있지만 취직할 때 자신의 능력을 보여주는 객관적인 지표라는 점에서 완전히 무시할 수는 없다.

Spec是英语单词 "Specification"的缩略语，是指那些准备就业的青年或求职者求职时所具备的各种要素条件。

近来，随着韩国求职竞争日益激烈，具备各种要素条件的Spec变得更加重要。准备就业的人求职时，如果具备学历、学分、英语分数、工作经验等条件，会被认为是比其他人更优秀的人才。Spec本身不是能力，人们对过分重视spec的社会现象持有反对的意见，但我们不能忽视的是，就职时这反而是证明自身能力的一种客观指标。

참고자료: 법무부 출입국 외국인정책본부, 『사회통합프로그램을 위한 한국 사회 이해』, 2012.

参考文献：法务部出入境外国人政策本部，≪为社会统合项目的韩国社会理解≫，2012年

연습문제

☞ ❶ OX 퀴즈

1. 1960년 박정희 정권이 출범하면서 본격적인 산업화가 시작되었다. (   )
2. 한국의 주요 재벌그룹은 4곳 현대그룹, 대우그룹, LG그룹, SK그룹이다. (   )
3. 한국과 중국 간 자유무역협정은 2015년 12월 20일 공식 발효되었다. (   )
4. 정기예금은 거래 금액, 기간, 입금과 출금 횟수 등에 아무런 제한 없이 자유롭게 거래할 수 있는 상품이다. (   )
5. 한국에서 취업을 할 때 스펙은 중요하지 않다. (   )

☞ ❷ 선택문제

1. 널리 알려진 한국의 경제성장을 무엇이라 하는가?*
   ① 한강의 기적   ② 서울의 기적
   ③ 한국의 기적   ④ 강남의 기적

2. 한국의 IT산업 중 대표적인 기업은 어느 것인가?*
   ① 삼성   ② 기아   ③ 대우   ④ 현대

3. 한국의 저명한 전자제품회사로는 어떠한 회사들이 있는가?*

　　① 현대, 삼성　　　　　　　② 현대, 기아

　　③ 현대, 대우　　　　　　　④ 삼성, LG

4. 2022년 한국의 1인당 국민 총소득(GNI)은 얼마인가?

　　① 1만 달러 정도　　　　　② 2만 7천 달러 정도

　　③ 3만 2천 달러 정도　　　④ 4만 달러 정도

5. 컴퓨터를 이용하여 여러 정보를 다른 이와 공유할 수 있는 연결 망을 무엇이라 하는가?

　　① 인터넷　　　　　　　　② 국제전화

　　③ 하드디스크　　　　　　④ 모니터

6. 한국에서 정보화 사회가 빠르게 진행되었던 이유는 무엇인가?

　　① 풍부한 자원　　　　　　② 수입과 수출을 통한 무역

　　③ 노동력과 생산력　　　　④ 컴퓨터와 통신망

7. 한국의 주요 수출품은 무엇인가?

　　① 포도주　　　　　　　　② 전자제품

　　③ 옥수수　　　　　　　　④ 석유

8. 한국의 주요 수출품이 아닌 것은 어느 것인가?

　　① 선박　　　② 반도체　　　③ 휴대전화　　　④ 원유

9. 원자력 발전의 주 연료는 무엇인가?

① 석탄 　　② 석유 　　③ 우라늄 　　④ 수소

10. 선박(배)은 한국 주요 수출품 중의 하나인데 배 만드는 기술을 무슨 산업이라 하는가?

① 임업 　　② 조선업 　　③ 운송업 　　④ 금융업

11. 생산자가 만든 제품을 사용자인 일반 소비자에게 이동시키는 역할을 하는 것은 무슨 산업인가?

① 관광산업[19] 　　　　　　② 서비스업[20]

③ 해외무역 　　　　　　　④ 유통산업

12. 무역을 중시해야 하는 의미와 관련이 없는 것은 어느 것인가?

① 경제 발전 　　　　　　② 산업 발전

③ 국가 분쟁 　　　　　　④ 외화 획득

13. 서비스업에 포함되는 것은 어느 것인가?

① 농업 　　② 건설업 　　③ 관광업 　　④ 수산업

14. 1997년 말 외화가 부족하여 경제적 시련을 겪을 때, 한국에서 외화를 빌린 곳은 어디인가?

① IMF 　　② WHO 　　③ FIFA 　　④ UN[21]

---

19) 관광산업: 관광객에게 관광에 수반되는 재화나 서비스 제공하는 여러 가지 영업총체

20) 서비스업: 물자의 생산 대신에 서비스 제공하는 산업

21) ① IMF(국제통화기구) ② WHO(세계보건기구) ③ FIFA(국제축구연맹) ④ UN(국제연합)

15. 자국 경제발전을 위해 노력해야 할 태도로 바른 것은 어느 것인가?

  ① 물 낭비하기　　　　　② 외제 사용하기

  ③ 남은 음식 버리기　　　④ 국산품 애용하기

16. 어촌에서 하는 생산 활동은 무엇인가?

  ① 어류 양식업　　　　　② 벼 재배

  ③ 돼지 기르기　　　　　④ 버섯 재배

17. 다음 중 첨단 기술 제품이 아닌 것은 어느 것인가?

  ① 위성 DMB폰　　　　　② 디지털 카메라

  ③ 선풍기　　　　　　　④ 무인 경비 시스템

18. 자국 연안으로부터 200해리까지의 모든 자원에 대해 독점적 권리를 행사할 수 있는 유엔 국제해양법상의 수역을 무엇이라 하는가?

  ① WTO　　② WHO　　③ EEZ　　④ APEC[22]

19. 아래 문장에서 맞는 것은 어느 것인가?

  ① 2012년 한국에서는 농업의 비중이 가장 높다.

  ② 한국은 중화학 공업부터 시작하여 경공업의 발전을 이루었다.

  ③ 한국과 무역을 많이 하는 나라로는 중국, 미국, 일본, 러시아

---

22) ① WTO (세계무역기구) ② WHO (세계보건기구) ③ EEZ (배타적경제수역) ④ APEC (아시아태평양경제협력기구)

등을 꼽을 수 있다.

④ 2000년대 한국은 휴대폰, 자동차, 반도체 등을 많이 수출하고 있다.

20. 한국의 미래 산업구조의 변화를 잘못 설명한 것은 무엇인가?

① 의료, 스포츠 산업이 늘어날 것이다.

② 인구의 노령화가 빠르게 진행되면서 생명 공학이 발달할 것이다.

③ 1차 산업에 종사하는 사람이 늘어날 것이다.

④ 생활수준이 향상되어 서비스 산업이 성장할 것이다.

21. 빈칸에 공통으로 들어갈 단어는 어느 것인가?

( )정상회의는 세계 주요국이 경제 문제에 공동으로 대처하고 상호 협력을 도모하기 위해 만들어졌다. 2010년의 ( )정상회의는 서울에서 개최되었다.

① G7   ② G20   ③ OECD   ④ ASEAN

22. 취직과정에서 직업에 필요한 개인이 경력이나 능력을 기록하여 취직하려는 사업체에 제출하는 문서를 무엇이라 하는가?

① 스펙   ② 이력서   ③ 경력서   ④ 졸업장

23. 다음 글에서 올바르지 않은 것은 어느 것입니까?

① 한국 경제성장의 특징은 초고속 성장이다.

② 산업화가 이룩한 고도성장은 빈부격차 같은 심각한 후유증을

낳았다.

③ 한국은 경제협력개발기구(OECD)에 가입하지 않았다.

④ 중국과 한국은 2015년에 자유무역협정(FTA)을 체결하였다.

24. 금융거래에서 실제 명의를 확인하는 제도로 불법적이거나 떳떳
하지 못한 돈의 감시 및 경제 질서를 확립하는 데 목적이 있는
제도는 어느 것인가?

① 금융확인제　　　　　　② 안심거래제

③ 거래확인제　　　　　　④ 금융실명제

25. 다음의 금융 상품의 특성을 틀리게 설명한 것은 어느 것인가?

① 보통예금은 조금씩 꾸준히 예금하고 만기일에 한꺼번에 찾는
것이다.

② 정기적금은 조금씩 꾸준히 예금하고 만기일에 한꺼번에 찾는
것이다.

③ 정기예금은 기간과 금액을 미리 결정하고 큰 금액을 한꺼번에
예금하는 것이다.

④ 은행예금의 이자보다 더 많은 이익을 얻고자 한다면 주식이나
채권에 투자할 수 있다.

제5장

한국의 역사
韩国的历史

제1절 고조선
第一节 古朝鲜

1. 고조선 古朝鲜

삼국유사에는 하느님 환인의 아들 환웅이 태백산에 내려와 신시
(神市)를 열고 곰의 변신인 웅녀(熊女)와 결혼하여 태어난 단군왕검이
B.C. 2333년에 고조선을 세웠다고 하였다. 고조선은 철기문화를 바
탕으로 국가체제를 갖추었다.

据 《三国遗事》记载，上帝桓仁的儿子桓熊下凡到太白山，开神市，
并与原本是熊的熊女结婚生下檀君王俭， 王俭在公元前2333年建立了
古朝鲜。古朝鲜以铁器文化为基础，具备了基本的国家体制。

단군왕검 檀君王儉
그림 동가이

단군왕검 신화 檀君王儉神话

하느님(환인)의 아들 환웅은 널리 인간을 유익하게 하기 위해 바람, 구름, 비를 다스리는 신하들을 거느리고 태백산에 내려왔다. 환웅은 이곳을 신시라 이름 짓고 스스로 천왕이라 하면서 사람들을 다스렸다.

그러던 중, 호랑이와 곰이 찾아와 사람이 되기를 원하므로 환웅은 이들에게 마늘과 쑥을 주며 "너희들이 이것을 먹고 백일 동안 햇빛을 보지 않으면 사람으로 변할 수 있을 것이다."라고 하였다. 호랑이는 이를 이겨 내지 못했으나 곰은 잘 참아내어 마침내 여인이 되었다. 환웅은 이 여인을 아내로 맞이하여 아들을 낳았는데 이 사람이 바로 단군왕검이다. 단군왕검은 아사달(阿司達, 평양 근처)에 도읍을 정하고 나라를 세워 조선이라 하였다. 나중에 이성계가 세운 조선과 구별하여 고조선(古朝鮮, 기원전 2333년)으로 부르게 되었다.

上帝桓仁的儿子桓雄为普济人间，率主管风、云、雨的部下，下凡来到了太白山，桓雄开神市，自称天王，管理人类。一只老虎和一只熊想变成人类，于是桓雄给他们蒜和艾草，并说："你们把这些东西吃掉，并且在百日之内不得见阳光，就可以变成人类了。"老虎没有忍住，熊坚持了下去最终变成了女人。桓雄娶了熊女为妻，生下的儿子便是檀君王儉。檀君王儉以阿斯达(平壤附近)为都邑，建立了国家，称之为朝鲜，后来为与李成桂建立的朝鲜相区分，称之为古朝鲜(公元前2333年)。

■ **홍익인간**(弘益人間) *弘益人间*

한국 최초의 나라로 여기는 고조선의 건국이념이다. 널리 인간 세상을 이롭게 한다는 뜻이다.

韩国最初国家形态古朝鲜的建国理念，寓意着让人间广泛得到利益。

제2절 삼국시대

第二节 三国时代

1. 삼국의 성립 三国的成立

삼국시대는 고구려, 백제, 신라가 경쟁적으로 발전된 한국 최초의 고대국가시대이다. 한국 최초의 역사책인 『삼국사기』에는 기원전 57년에 신라, 기원전 37년에 고구려, 그리고 기원전 18년에 백제가 성립된 것으로 기록하고 있다. 고구려의 시조는 동명왕 주몽이고 백조의 시조는 온조왕이며 신라의 시조는 박혁거세이다. 고구려는 일찍 태조왕(太祖王, 53~146) 때에 국가기반을 마련하였고, 백제는 한강 유역의 유리한 지리적 환경을 바탕으로 마한을 흡수 통합하면서 고이왕(古爾王, 234~286) 때 나라를 크게 발전시켰다. 그리고 지리적으로 격리된 신라는 진한의 전통을 이어받아 내물왕(奈勿王, 356~402) 때 강력한 국가로 발전하여 제려(濟麗: 백제와 고구려)와 교섭과 충돌을 거치면서 발전하였다.

韩国最早是由高句丽、百济、新罗三国鼎立的国家形态。韩国最初的史书《三国史记》上记载，公元前57年新罗建立，公元前37年高句丽建立，公元前18年百济建立。高句丽始祖是东明王朱蒙，百济始祖是温祚，新罗始祖是朴居赫世。高句丽在太祖王时期(53~146)奠定了国家的基础。百济以汉江流域有利的地理环境为基础，吸收合并马韩，在古儿王时期(234~286)国家有了很大的发展。从地理上被"孤立"的新罗继承了辰韩的传统，在奈勿王时期(356~402)发展成为强大的国家，并在百济与高句丽的交涉和冲突当中进一步发展。

2. 백제(百濟)의 융성과 쇠퇴 百济的繁荣和衰退

백제의 **시조는 온조왕**(溫祚王)이다. 백제는 한강 유역의 유리한 환경을 바탕으로 하였다. 백제는 서해를 건너 요서 지역에 백제세력권을 형성하여 백제의 전성기를 맞았다. 백제는 서울을 웅진(熊津, 현재 충청남도 공주公州)으로 옮긴 후 무령왕(武寧王, 501~523)은 외교를 통해 중흥을 꾀하였다. 이어 성왕(523~554)은 다시 사비(泗沘: 현재 충청남도 부여)로 옮기며 국가를 재건시켰으나 신라에 패사함으로써 백제 부흥의 꿈은 사라졌다.

百济的始祖是温祚王。百济以汉江流域有利的环境为基础，跨越西海，在辽西地区形成了百济势力圈，迎来了百济的全盛期。百济把首都迁到熊津(现在的忠清南道公州)后，武宁王(501～523)试图通过外交实现中兴。成王时期(523～554)重新把首都迁到泗比(现在的忠清南道扶余)，重建了国家，但最终还是被新罗击败，百济的复兴梦也破灭。

3. 신라(新羅)의 발전 新罗的发展

신라의 시조는 박혁거세(朴赫居世)이다. 삼국 중에서 지리적 고립으로 후진성을 면치 못했던 신라는 전성기도 삼국 중에서 가장 늦게 맞이하였다. 신라는 4세기경 내물왕(奈勿王, 356~402) 시기에 국가 체제를 갖춘 후, 6세기 법흥왕(法興王, 514~540) 대에는 불교를 받아들여 국교로 인정하고 불교를 통해 왕권을 크게 강화하였으며 더불어 정치제도를 개혁하는 등 국가적 성장에 바탕을 마련하였다. 진흥왕(眞興王, 540~576) 대에는 한강 하류 지역을 확보하고, 낙동강 유역에서 세력을 펴고 있던 가야를 정복하였으며, 북쪽으로는 함경도 지역까지 진출하여 그 기념으로 4곳에 순수비를 세워 삼국 통일의 기반을 마련하였다. 이러한 신라의 성장에는 국가와 민족에 충성하는 **화랑도 정신**이 큰 힘이 되었다. 사다함(斯多含), 관창(官昌), 김유신(金庾信) 등 대표적인 화랑은 신라가 삼국을 통일하는 때에 중추 역할을 하였다. 진흥왕은 인재 양성을 위해 화랑제도를 정비하였으며 백제와 힘을 합쳐 고구려를 공격하여 한강 상류 지역을 차지하였다.

新罗的始祖是朴赫居世。由于地理原因，新罗发展缓慢，在三国中是最晚迎来全盛期的国家。在大约4世纪奈勿王时期(356～402)形成国家体制后，新罗到了6世纪法兴王时期(514～540)吸收了佛教并将之定为国教，通过佛教强化了王权，进行了政治制度的改革等，奠定了国家成长的基础。到了真兴王时期(540～576)，新罗划定了汉江下游地区，征服了洛同江流域保有势力的伽倻，向北进军到了咸镜道，并为纪念此事而在4个地方建了巡狩碑，为三国的统一奠定了基础。在新罗成长的过程中，忠诚于国家和民族的花郎道精神发挥了巨大作用。以斯多含、官昌、金庾信等为代表的花郎，在新罗统一三国过程中起到了中坚作用。真兴王为培养人才完善了花郎制度，与百济合力攻打高句丽，占据了汉江上游地区。

■ 신라인의 국가의식 新罗人的国家意识

화랑도로 대표되는 신라인의 국가의식은 신하는 나라에 충성을 다하는 것이고 자식은 부모에게 효도를 다 하는 것이다. 나라를 위해 목숨을 바치면 충과 효를 함께하는 것으로 믿었다.

以花郎道为代表的新罗人的国家意识是作为臣子，就要全身心忠诚于国家，做子女要全身心孝敬父母。为国家献出生命被看做是忠、孝两全。

4. 신라의 삼국통일(676~918) 新罗统一三国

7세기에 들어와 신라는 국력을 강화시켰다. 신라는 김춘추(金春秋, 太宗武烈王), 김유신을 중심으로 국력을 집중시킨 후 660년에 백제를, 668년에 고구려를 정복하였다. 신라는 최초의 민족 통일을 완성하였다.

到了7世纪，新罗增强了国力。以金春秋(太宗武烈王)、金庚信为代表的君主集中了军事力量，于660年降服了百济，于668年又征服了高句丽。新罗实现了最初的民族统一。

5. 통일신라의 융성 统一新罗的繁荣

신라는 676년에 전근대 민족의 통일을 실현하였다. 통일신라는 민족의 자주성과 정통성을 확립하였다. 신라의 통일을 완성한 문무왕(文武王, 661~681)은 강력한 왕권을 확립하였고, 그 뒤를 이은 신문왕(神文王, 681~692)은 새로운 관료 제도를 완비하여 최초로 전제 왕권을 이룩하였다. 이어 성덕왕(聖德王, 702~737)은 당나라와 긴밀한 외교정책으로 국력을 대외적으로 과시하였다. 이러한 정치적 안정을 이어받은 경덕왕(景德王, 742~765)은 신라의 독자적인 관료제를 통해 통일신라의 융성을 가져왔다. 이 시기에 나타난 불국사와 석굴

암은 바로 통일신라의 번영을 뒷받침하였다. 통일신라는 당나라의
문화뿐 아니라 서역 문화까지 수용하여 민족문화를 발전시켰으며
당나라에 유학생, 구법승(求法僧) 등을 파견하여 신라 문화의 폭을
넓혔다. 특히 신라는 안정된 왕권을 바탕으로 대외적으로 자주성과
주체성을 나타내었으며 장기간의 평화를 구가하면서 안정된 사회를
유지하였다.

　　新罗于676年实现了前近代的民族统一。统一新罗确立了民族自主性
和正统性。完成了新罗统一的文武王(661~681)确立了强有力的王权,
后继承王位的神文王(681~692)完备了新的官僚制度, 实现了最初的专
制王权。接着圣德王(702~737)通过与唐朝的紧密外交政策, 对外充分
体现了新罗的国力。承接了这种政治安定局面的景德王(742~765)通
过新罗独特的官僚体制实现了统一新罗的繁荣。这时出现的佛国寺、
石窟庵便是奠定了统一新罗繁荣发展的基石。统一新罗不仅吸收了唐
朝的文化, 而且还吸收了西域文化来促进民族文化的发展, 还向唐朝派
遣了留学生和求法僧等, 拓宽了新罗文化传播的范围。新罗以强大的王
权为基础, 对外显示了国家的自主性, 维持了长期的和平, 保障了社会
的稳定。

6. 해외무역의 발달과 장보고 海外贸易的发达与张保皋

　　통일신라와 당의 외교 관계가 활발해지자 외교 사절, 유학생, 구
법승뿐만 아니라 상인들도 왕래가 빈번해져 문물의 교류가 잇따랐
다. 당으로부터는 비단, 의복, 서적, 문방구 등이 수입되었고 신라
에서는 비단, 두발, 인삼, 불상, 금은 제품들을 수출하였다. 당나라

동쪽 산동반도에는 신라인들이 집단으로 거주하는 신라방이 설치되었다.

통일신라 말기 신라와 당의 정치가 혼란해짐에 따라 해적이 등장하여 노예무역이 번창하게 되자 장보고는 828년(흥덕왕 3년) **완도에 청해진**을 두고 해적을 소탕하고 나아가서 그는 **산동성 적산촌에 법화원**(法華院)을 세워 신라인의 해상 안전과 일본과 당과의 무역을 독점하여 동양 최대의 해상 왕국을 건설하였다. 그리하여 산동반도의 회하 일대에 신라방(新羅坊, 신라인들의 집단 거주지)이 나타났으며, 신라소(자치기관), 신라원(신라 사찰), 신라관(신라 숙박소)이 설치되어 신라인의 활발한 해상 ·및 해외 활동을 뒷받침하였다.

统一新罗和唐朝的外交关系活跃以后, 两国之间的使节、留学生、求法僧及商人的往来也频繁起来, 文化产物的交流也随之产生了发展。新罗从唐朝进口绸缎、衣服、书籍、文具等, 出口绸缎、头发、人参、佛像、金银制品等。在唐朝东边山东地区出现了新罗人集体居住的新罗坊。统一新罗末期, 因新罗和唐朝社会的混乱, 出现了海盗, 并进行了疯狂的奴隶贸易。张保皋于828年(兴德王3年)在莞岛建立清海镇, 扫荡了海盗, 在山东赤山村建了法华院, 保障了新罗人海上的安全, 垄断了日本、唐朝的贸易, 成立了东洋最大的海上王国。所以在山东半岛一带出现了新罗坊(新罗人的集体居住地)、新罗伺(自治机关)、新罗院(新罗寺刹)、新罗馆(新罗宿食所), 成为新罗人活跃海上及海上贸易活动的基础。

■ 골품제 骨品制度

신라 사회는 골품이라 불리는 특이한 신분 제도가 있었다. 골품제는 원래 왕족인 성골(聖骨)과 진골(眞骨), 그 밑의 6, 5, 4두품으로 구성되어 있었다. 그러나 진덕여왕 이후 성골이 소멸되고 진골이 왕이 되었다. 그 아래 6두품은 하층 귀족층으로 사회, 문화 활동을 주도하였으나 폐쇄적인 신분 제도의 한계 때문에 중국에 유학을 하거나 승려의 길을 택하였다.

这是新罗社会一种名为 "骨品"的身份等级制度，骨品制原来由王族的圣骨和真骨，以及六头品、五头品和四头品组成。但真德女王之后没有圣骨，真骨成为国王。其后的六头品属于下等级，虽然主导了社会和文化活动，但因身份制度的固化，他们选择去中国留学或去当僧侣。

7. 원효(元曉)와 의상(義湘) 元晓与义湘

신라의 불교는 통일신라에 이르러 번창하였다. 이때에 가장 큰 업적과 영향을 남긴 고승은 원효와 의상이었다. 원효는 불교의 대중화에 앞장서서 귀족으로부터 평민에 이르기까지 불교 교리를 전파하였으며 전쟁과 갈등을 극복하고 평화와 화해의 정신을 제시하면서 일체의 구속을 거부한 행동의 실천자로서 불교의 대중화에 기여하였다.

의상은 엄격한 수행과 철저한 수도자의 정신을 통한 인간의 내면을 강조하였다. 그는 하나와 전체를 상호 의존케 함으로써 전제 왕권과 백성을 하나의 테두리 속에 묶어 전제 왕권을 뒷받침하였다. 이와 같이 원효와 의상은 신라 불교를 한 차원 높게 발전시켜 융합과 조화의 정신을 보여주었다.

新罗佛教进入统一新罗后繁荣发展起来。这一时期最具有成就和影响力的高僧是元晓和义湘。元晓为了向大众传播佛教，不止向贵族，而且向平民传播了佛教理论，阐述了化解战争和调和矛盾，寻求和平和和解的精神，他作为脱离一切束缚行动的实践者，为佛教的大众化做出了重大贡献。

义湘通过严格修行和透彻的修道者精神强调了人的内在。他指出个体和总体是相互依存的，应将专制王权与百姓融为一体，做为专制王权的后盾。元晓和义湘将新罗佛教提高到一个新层次，展示了融合与调和的精神。

8. 통일신라와 당나라의 관계 统一新罗和唐朝的关系

통일신라는 당나라와 친선관계를 맺고 사신, 유학생, 승려, 상인들이 빈번하게 왕래하였다. 이로써 당과 서역 문화가 수용되었으며 숙위학생(宿衛學生)이라는 유학생이 당에서 공부하며 문화적으로 많은 교류가 있었다. 특히 성덕왕은 당현종(唐玄宗, 712~755)과 친선관계가 이룩되어 양국 간에는 많은 문화교류가 있었으며, 서역의 문화까지 받아들여 신라문화의 폭을 넓혔다. 신라 외교사절은 당나라 문화를 신라뿐 아니라 일본에까지 전달하여 동아시아 문화 형성에 가교 역할을 하였다. 무엇보다도 설중업(薛仲業, 원효의 손자)은 일본에 건너가 원효의 불교와 설총(薛聰, 설중업의 아버지)의 유학을 보급시켰다.

统一新罗与唐朝缔结为友好的邻邦， 还相互派遣使节、留学生、僧侣、商人，这样一来，那些被称为宿卫学生的留学生留唐学习，接受了唐朝和西域文化，并进行了多次文化交流。特别是圣德王与唐玄宗(712

~755)时期建立了亲善关系，两国进行了多次文化交流，而且统一新罗接受了西域文化，拓宽了新罗文化的范围。新罗使节不仅将唐朝文化引入新罗，还传至日本，为东亚文化的形成起到了桥梁的作用。特别是薛仲业(元晓的孙子)东渡到日本，将元晓的佛教和薛聪(薛仲业之父)的儒教普及到了日本。

9. 통일신라의 쇠퇴 统一新罗的衰退

통일신라는 8세기 말 이후 왕위 쟁탈전이 계속되고 골품제가 붕괴되면서 중앙 질서가 무너졌다. 9세기에 이르러 중앙 정치의 혼란에 따라 지방세력(호족)이 등장하여 각기 광대한 농장과 많은 사병을 거느리면서 할거하였다. 각처에서 농민 반란이 일어나고 통일국가는 다시 분열되어 혼란을 맞게 되었다. 골품 제도의 붕괴에 따라 6두품에 속한 세력들은 중국 유학을 통해 중국 문화를 받아들였으며 일부 스님은 새로운 불교인 선종에 귀의하여 신라사회로부터 스스로 벗어나려는 운동에 앞장섰다. 최치원(崔致遠)을 비롯한 소수의 지식인 집단은 지방세력(호족)과 결탁하는 한편 불교, 유교, 풍수 사상의 결합을 통한 사상의 흐름을 주도하여 고려왕조로의 방향을 제시하였다. 따라서 고려왕조의 성립은 민족분열을 재통일한 역사적 사건이며 한국사에 있어서 중세사회의 시작이 된다.

统一新罗至8世纪末因争夺王位导致骨品制崩溃，中央秩序处于混乱状态。9世纪，因中央政治混乱，地方势力(豪族)登场，他们占据广阔的农庄，拥兵自重，割据一方。各地农民也纷纷暴动，统一的国家再次分裂，又形成了混乱割据的局面。骨品制度崩溃后，六头品的势力通过到中国留学引进了中国文化，部分高僧归从新的禅宗，率先脱离新罗社会的运动。以崔致远为首的少数知识分子团体， 一方面与地方豪族联合，另一方面主导将佛教、儒教与风俗相结合的思想潮流，揭示了走向高丽王朝的方向，因此，高丽王朝的成立是将分裂的民族再次统一的历史事件，韩国历史也开始进入中世纪社会。

제3절 고려 시대
第三节 高丽时代

1. 고려의 건립 高丽的建立

왕건(王建)은 918년에 통일 국가 고려를 건국하였다. 송악(松嶽, 지금의 개성)으로 도읍을 옮겼다. 고려는 935년에 신라의 투항으로 정통국가로서의 권위를 확보하였다. 후백제를 936년에 정벌하여 민족 재통일의 대업을 이룩하였다.

王建于918年建立了统一的高丽王国，迁都至松岳(现开城)。935年新罗投降，高丽确立了正统国家的地位。高丽于936年灭掉了后百济，完成了民族再次统一的大业。

2. 고려왕조의 발전 高丽王朝的发展

왕건(918~943)은 경순왕(慶順王)의 항복으로 정통국가로서의 권위를 갖게 되었고 서경(평양)을 설치하고 북진 정책을 실시하였으며 불교, 풍수 사상으로 사회를 안정시켰다. 왕건을 이은 광종(光宗,

949~975)은 불법적으로 노비가 된 사람을 해방시키고 958년에 과거 제도를 처음으로 실시하여 새 왕조의 기틀을 마련하였다. 성종(981 ~997)은 최승로(崔承老)의 도움으로 유교 정치를 통해 교육, 정치제 도를 제도화하였고 관료제도를 정비하여 중세 국가로서의 기틀을 마련하였다.

因新罗庆顺王的屈服，王建(918~943)树立了正统国的权威，设立了 西京(平壤)，实施了北进政策，以佛教、民俗、传统思想保持了社会的 稳定。继王建的光宗(949~975)解放了非法成为奴婢的百姓后，于958 年第一次实行了科举制度，构筑了新王朝的体制。成宗(981~997)在崔 承老的帮助下，通过儒教政治建立了教育和政治制度，健全了官僚制度， 奠定了中世纪国家的基础。

3. 통치 체제의 완비 统治制度的完善

고려는 신라와는 다른 통치 체제를 통해 중세사회의 기틀을 완비 하였다. 고려는 북방진출의 거점으로 평양(平壤)에 서경(西京)을 설치 하였고 북방 국경지대와 동북 행정 방면에는 계(界)라는 군사적 행 정구역을 두고 그 이남 지방에는 5도라는 일반 행정구역으로 통치 하였다.

高丽通过与新罗不同的统治制度完善了中世纪社会机能。高丽以北 进为据点，在平壤设立了西京，还在国境北方地区和东北行政地区设立 了名为"界"的军事行政区，其以南地区设5个道作为一般行政区来进行 统治。

4. 귀족 문화의 융성 贵族文化的繁盛

고려는 불교를 국가 지도이념의 기초로 삼아 호국사찰을 짓고 각
종 불교 행사를 거행하였다. 그리고 유교를 정치이념으로 하여 교
육과 과거제도를 발전시켰다. 또한 산세와 지형이 인간의 길흉과
관계가 깊다는 풍수지리설을 결합시켜 귀족문화의 폭을 넓혔다.

고려인들의 예술적 재능과 창의력은 **상감청자**라는 아름다운 도
자기 문화를 이룩하였다. **고려청자**는 아름다운 색과 다양한 무늬
(동물, 식물, 구름)를 통해 고려귀족 사회의 멋을 남기고 있다. 그리
고 1243년에는 세계 최초로 금속 활자를 발명하였다. 또한 불경을
집대성하여 **팔만대장경**이라는 세계 문화재를 남겼다. 이는 부처님
의 말씀(경)을 비롯하여 불교의 교리(율)나 그 해설(론)을 나무판에
새긴 세계 최대의 불교 문화재로서 현재 **가야산 해인사**에 남아있
다. 그 외 탑을 만들어 다양한 불교 예술을 남겼는데 월정사 8각9
층탑(月靜寺八角九層塔)이나 경천사지탑 등이 대표적이다.

高丽以佛教为国家的指导理念，建造了护国寺庙，并举行各种佛教活
动。还以儒教的政治理念发展了教育和科举制度。又把山势地形与人
间吉凶相连的风水地理学说相结合，扩大了贵族文化的范畴。

高丽人通过发挥自己的艺术才能及创造力，创造了名为三鉴青瓷的
陶瓷文化。高丽青瓷以艳丽的色彩及多种花纹(动物、植物、云彩)展现
了贵族社会的风貌。高丽人在1243年发明了世界上最初的金属活字印
刷术。又以佛经集大成，留下了世界文化遗产《八万大藏经》。这部
佛经是最早的以菩萨语录(经)、佛教教义(律)和其解说(论)为内容，并
且刻印在木板上的世界佛教遗产，现存于伽倻山海仁寺。另外又修建了
佛塔，留下了丰富多彩的佛教艺术。其代表有八角九层的月静寺塔和敬

天寺十層石塔等。

고려청자(高麗靑瓷)

> **고려청자:** 고려청자는 고려 문종을 전후하여 송의 영향을 받아 점차 숙련되어 고려청자의 진면목을 보이는 상감청자를 만들게 되었다.
> **高丽青瓷:** 高丽青瓷是高丽文宗时期前后，受到宋朝的影响，制作工艺逐渐娴熟，制作出的展现高丽青瓷真面貌的镶嵌青瓷。
> **고려청자의 아름다움을 표현한 옛 시** 将高丽青瓷的优美表现得淋漓尽致的古诗
> 푸르게 빛나는 옥은 푸른 하늘에 비치네 / 한번 보는 내 눈조차 맑아지는 것 같아라.
> 青玉映蓝天，晶莹明双瞳。

5. 역사의 편찬 历史的编纂

역대 왕들은 자신의 업적을 기념하기 위하여 역사를 편찬하였다. 1145년에 김부식(金富軾) 등이 『삼국사기(三國史記)』라는 역사책을 편찬하였다. 여기에는 삼국의 주요 사건을 비롯하여 제도, 지리, 풍속, 복식 등에 대한 설명과 김유신(金庾信), 관창(官昌), 최치원(崔致遠), 을지문덕(乙支文德) 등 70여 명의 인물전기가 기록되어 있다. 이 책은 현존하는 한국의 최고의 역사책으로 후대에 큰 영향을 끼쳤다. 한편 일연(一然) 승려(僧侶)가 쓴 『삼국유사(三國遺事)』가 있다.

历代帝王为纪念自己的功绩编撰了历史。1145年金富轼等编撰了名
为 《三国史记》的史书。这本书记载了三国时期的主要事件，三国制
度、地理、风俗、服饰等，还收录了金庚信、官昌、崔致远、乙支文德
等70多人的人物传记。这本书是韩国现存最古老的史书， 对后世产生
了极大的影响。另外，还有一然僧侣所编纂的 《三国遗事》。

■ 김부식 金富軾

김부식(1075~1151년)은 신라 왕실의 후예로 과거를 통해 관직
에 진출하였다. 김부식은 고려 시대 학자이며 역사가이다.

金富轼(1075~1151)作为新罗王室的后裔， 通过科考走上官职之路,
金富轼是高丽时期学者、历史家。

■ 일연 一然

일연(1206~1289)은 14세에 출가하여 78세 때는 국사(國師)가 된
고승이었다. 인각사(麟角寺)로 은퇴하여 『삼국유사』를 완성하였다.

一然(1206~1289)14岁出家， 78岁时成为国师， 退隐于麟角寺并完
成 《三国遗事》的编纂。

6. 문익점과 최무선 文益漸和崔茂宣

문익점(1331~1400)은 고려 말의 학자이자 문신이다. 원나라에
서 목화씨를 가져와 백성들의 생활개선에 크게 기여하였다. 최무선
(1325-1395)은 고려 말의 발명가이다. 한반도에서 처음으로 화약과

화약을 이용한 무기를 만들어 사용했다.

文益漸(1331~1400)是高丽末期学者、文臣，从元朝带来棉花籽，为改善百姓的生活， 做出了极大的贡献。崔茂宣(1325~1395)是高丽末期的发明家。他最初在朝鲜半岛研制出火药，并将其用于军事。

7. 외교와 해외무역의 발달 外交和海外贸易的发展

고려는 외국문화의 수용과 무역 활동에 아주 적극적이었다. 북송(960~1127)과 바다를 통한 문화 교류나 무역에서 가장 가까운 관계를 유지하였다. 고려가 송에 수출하는 물품은 주로 금, 은, 구리, 화문석, 유기, 종이, 먹, 인삼 등이었고 송으로부터 수입하는 물품은 책, 비단, 약재, 악기, 향로 등이었다. 그뿐만 아니라 거란과 여진(女眞) 외에 아라비아에까지 미쳤다. 아라비아와의 교역을 통해서는 수은, 향로, 약품 등을 구입하였다. 개성의 관문인 벽란도(碧瀾渡, 예성강 입구)는 당시 아라비아 상인들까지 출입하는 국제무역항이었고, **고려(COREA)**의 이름은 이들을 통하여 서양에까지 알려지게 되었다. 이로써 고려는 국제사회에 눈을 뜨게 되었다.

高丽积极吸收外国文化、对外贸易也很活跃。与北宋(960~1127)通过海上交流，在文化交流以及贸易方面维持了极其亲密的关系。高丽主要向宋朝出口金、银、铜、花纹石、黄铜器、纸、墨及人参等，从宋进口书、丝绸、药材、乐器、香炉等物品。高丽的海外贸易对象不仅是宋朝，还有契丹、女真以及阿拉伯。通过与阿拉伯的贸易购入了水银、香炉、药品等物资。作为开城关口的碧兰渡(艺城江的入海口)是当时阿拉伯商人进出的国际贸易港。高丽(COREA)的名称通过他们传到了西方各国。从此高丽开始关注国际社会。

8. 귀족 사회의 발달 贵族社会的发展

고려는 귀족사회이다. 왕족과 고위직을 독점한 귀족들은 관직, 토지, 지식을 독점한 특권계급으로 가문을 이루어 고려왕조의 지배층을 형성하였다. 이들 귀족 가문은 자기들끼리 결혼을 함으로써 배타적인 통혼권(通婚圈)을 형성하여 특권을 유지하였다. 귀족 밑으로 기술직과 하급 관료층인 중류계급이 있고 그 아래 평민(농업, 상업, 어업, 공업)과 천민계급이 있었다. 천민에는 노예, 뱃사공, 광대, 화척(禾尺, 조선 시대의 백정) 등이 있으며 이들은 천민부락(향, 소, 부곡)에 살았다.

当时高丽是贵族社会，　王族及高官职的贵族独占了官职、土地、知识，成为特权阶级的家族，形成了高丽王朝的统治阶层。他们通过贵族家庭通婚形成了排他性的通婚圈，把持着特权。贵族之下有技术职业和下级官僚层的中级阶层，再之下有平民(农业、商业、渔业、工业)及贱民阶层。贱民层有奴隶、船夫、民间艺人、禾尺(朝鲜时代的屠夫)等。他们生活在贱民村落(乡、所、沟)等地。

9. 귀족 사회의 모순 贵族社会的矛盾

고려 사회의 지배계급은 여러 세대에 걸쳐 가문을 이룩하여 고위 관직을 독점함으로써 많은 특권을 행사하였다. 그들은 학문과 지식, 토지, 관직을 독점하였으며 음서[23]와 공음전(고위관직에 주는 특별

토지)을 받는 특권층이었다. 이들은 면세, 면역권을 갖고 있었는데 상호 대립과 충돌을 일삼다가 이자겸(李資謙)의 난(1126)과 묘청(妙淸)의 난(1135)을 거치면서 고려 귀족사회의 모순이 심화되었다.

高丽社会的统治阶层历经几代形成了豪门，独占高官行使各种特权。他们独占了学问、知识、土地、官职，是拥有荫叙及公叙田(高官持有的特别土地)的特殊阶层。他们有免税免役权，相互对立和冲突，经过李资谦之乱(1126年)和妙清之乱(1135年)后，贵族社会的矛盾更加深化。

10. 귀족들의 반란 贵族的叛乱

고려 사회는 12세기에 접어들면서 자체의 모순이 나타나 흔들리기 시작하였다. 특히 명문 가문을 중심으로 문벌을 형성하여 그들 사이에 정권 쟁탈전이 일어났으며 이자겸의 난과 묘청의 난으로 그 모순이 노출되었다. 1170년에 일어난 **무신 정변**은 고려를 밑바닥부터 흔들어 놓은 역사적 사건이었다. 특히 무신들은 평소 문신에 비해 대접을 못 받고 있던 사실에 불만을 품고 있었다. 거란, 여진 등 계속된 외침의 시련 속에서 무신들의 지위는 향상되었지만 사회적 대우가 그에 미치지 못하게 되자 불만이 커지게 되었다. 1170년에 상장군 정중부(鄭仲夫) 등은 정치가 문란해진 틈을 타서 쿠데타를 일으키고 정권을 장악하였다.

高丽社会进入12世纪，因自身的矛盾逐渐显现,社会开始混乱。特别是几大豪门家族为中心形成的门阀贵族争权夺利。李资谦之乱及妙清

---

23) 음서(蔭叙): 조선 시대에 공신이나 전, 현직 고관의 자제를 과거에 의하지 않고 관리로 채용하던 일

之乱完全暴露了这一矛盾。1170年的历史事件——武臣政变动摇了高丽的根基。平时武臣待遇不如文臣，武臣深怀不满。在契丹、女真等外敌入侵的考验中武将的地位虽有所提高。但是社会待遇未得到改善，这引起了他们极大的不满。1170年上将军郑仲夫等趁政治混乱，发动政变并掌握了政权。

11. 무신의 집권과 노예의 반란 武臣掌权和奴隶的叛乱

정중부 이후 이의방(李義方), 이의민(李義旼)과 경대승(慶大升)을 거쳐 최충헌(崔忠獻)의 무단 독재(1196~1258)까지 100여 년간 무신정권이 수립되어 정치적 권한과 경제적 부를 독점하였다.

무신정변에 의해 문신 중심의 귀족 지배질서가 붕괴되자 전국 각지에서는 농민과 천민들이 반란을 일으켰다. 농민들은 귀족들의 과도한 수탈에 저항하여 난을 일으켰고 만적(萬積)을 비롯한 천민들은 혼란해진 사회 분위기를 신분 해방을 위한 운동으로 전개하였다. 특히 1198년에 개경에서 일어난 만적의 난은 신분 해방을 외친 대표적인 노예 반란이었다.

郑仲夫之后，经李义方、李义旼和庆大升，到崔忠宪的武臣统治(1196~1258)，武臣政权100多年独占了政治权利及经济利益。

武臣政变后，以文臣为中心的贵族社会秩序土崩瓦解，这又引起了全国各地农民和贱民的叛乱。农民为抵抗贵族过分的掠夺而引起叛乱，以万积为首的贱民又趁乱进行身份解放运动，1198年在开京发生的万积之乱，是以"身份解放"为口号的具有代表性的奴隶叛乱。

■ 만적의 난 万积之乱

1198년에 최충헌의 노예였던 만적은 "무신란 이후 국가의 대신들은 전부 천민에서 나왔으니, 대신들이라고 처음부터 씨가 있는 것이 아니다. 우리는 각기 상전을 죽이고 노예 문서를 불태워서 천민(노예)을 없게 하자"라고 반란을 일으켰다.

1198年，身为崔忠宪奴隶的万积发动了叛乱，其目的是 "武臣乱之后，国家大臣全部是从贱民出身走出来的，所以大臣也不是一开始就是大臣，我们各自杀死主人，烧毁奴隶文书，取消贱民制度。"

12. 공민왕의 개혁정치 恭愍王的政治改革

무신정권이 안정되어 갈 무렵인 13세기 초반에 고려는 몽골의 정치적 간섭을 받게 되었다. 공민왕(恭愍王, 1351~1374)은 고려의 풍습을 되살리는 데 앞장서고 자주정책을 추진하였다. 그러나 그의 개혁정치는 반대 세력에 부딪혀 실패하였으며 계속된 이민족의 침입으로 고려왕조는 또다시 커다란 위기에 봉착하게 되었다.

在武臣政权走向稳定时期的13世纪初，高丽受到了蒙古的政治干涉。恭愍王(1351~1374)率先恢复高丽风俗，积极促进自主政策。但是其政治改革因反对势力的阻挠遭到了失败，又因异族的侵入，高丽王朝再次陷入了极大的危机之中。

13. 고려 말의 사회 변동 高丽末期的社会变动

고려말, 기존 집권 세력인 권문세족과 지방 출신으로 진보적인 신진 관료층인 신흥사대부 계층의 갈등이 심해졌다. 이러한 갈등 속에서 군사적으로 성공한 이성계는 신흥 세력과 연합하여 토지 제도를 개혁하고 위화도 회군(1388)으로 고려왕조의 실권을 장악한 뒤 마침내 새로이 조선 왕조를 건설하게 된다.

高丽末期, 原集权势力的权门势族与新兴士大夫阶层, 即地方出身的进步势力新进官僚层的两派矛盾愈加激烈。在这种形式下, 在军事上取得成功的李成桂联合新兴势力进行了土地改革、利用威化岛回军(1388)掌握了高丽王朝的实权, 最终建立了新的朝鲜王朝。

제4절 조선 시대
第四节 朝鲜时代

1. 조선의 건국 朝鲜的建国

고려 말기는 새로운 시대를 향한 갈등기였으므로 이러한 혼란과 어려움을 극복하고자 하는 새로운 세력들이 등장하였다. 이들이 바로 신진사대부(新進士大夫)들이었다. 이들은 성리학을 공부한 학자이면서 행정 실무에 밝은 진취적인 사람들이었다. 한편, 고려 말에는 실력을 쌓아가는 새로운 무장세력(武裝勢力)들도 등장하였다. 이성계로 대표되는 무장 세력은 기존의 권문세족을 압도하여 신흥세력과 손잡고 고려 말의 주인공으로 조선을 건국하였다.

이토록 조선은 무장 세력과 신진사대부 세력이 합쳐져 **1392년에 건국**되었다. 무장 세력을 주도한 이성계는 고려 우왕 때 압록강까지 진군하였다가 위화도(威化島, 1388)로 되돌아와 고려의 정권을 장악하고 새로운 토지 제도(科田法)를 공포한 후 정도전(鄭道傳) 등의 신진사대부의 도움을 받아 조선을 건국하였다. 조선왕조는 고려왕조와는 달리 백성의 지위가 크게 향상되었으며 불교 대신 유교사상을 신봉하여 새로운 사회를 이룩하였다. 변방의 무인 출신으로 **조선을 세운 이성계**(李成桂)는 밖으로 명나라와 친선을 도모하는 한편, 안으로 유교를 숭상하고 농업을 국가 경제의 근본으로 삼는 정책을 폈다.

高丽末期是走向近代史的过渡时期。为了扭转当时混乱又艰难的局面，又出现了一批新势力群体，他们就是新进士大夫。他们既是学过性理学的学者，又是通达行政事务的有进取心的人。在高丽末期，又出现了一批新武装势力，以李成桂为代表的武装势力压制了豪门家族，并与新兴势力携手，作为高丽后期的主力军建立了朝鲜。

朝鲜是武装势力和新进士大夫合力，于1392年建立的。武装势力的代表李成桂在高丽宇王时期进军到鸭绿江，在威化岛返回(1388)后掌握高丽政权，之后公布了新的土地法《科田法》。后在郑道传等新进士大夫的帮助下建立了朝鲜王国(1392)。朝鲜王朝与高丽王朝不同的是极大提高了百姓的社会地位，代替佛教推崇儒家思想，建立了新社会。李成桂，边疆武将出身，建立朝鲜后对外与明朝维系亲善关系，对内崇尚儒家教育，把农业作为国家经济发展的基础。

숭례문(남대문) 崇礼门(南大门)   촬영 하연

2. 조선의 발전 朝鮮的发展

태조(이성계)는 새로운 민족 국가의 정통성을 지키기 위해 수도를 한양(오늘의 서울)으로 옮겼으며 숭례문(남대문)을 건설하였다. 국초의 왕자의 난과 같은 시련을 극복한 태종(太宗, 1400~1418)은 사병의 폐지, 신문고(申聞鼓, 억울한 사정을 호소하기 위해 치는 북), 호패법(戶牌法, 주민등록증) 실시 등으로 국가의 기틀을 마련하였다.

세종(世宗, 1418~1450)은 집현전을 두어 학문을 연구하게 하였으며 한민족의 독창적인 문자인 훈민정음을 창제하였다. 장영실을 등용하여 물시계, 해시계 등을 발명하여 과학을 발전시켰다. 금속활자를 개량하여 많은 책을 간행하였다. 또한 전통음악을 정리하고 아악을 완성하여 조선의 황금기를 이룩하였다.

太祖(李成桂)为了强调新民族国家的正统性，将都城迁到了汉阳(今

天的首尔)并建造了崇礼门。初期太宗(1400～1418)克服了王子之乱，
其后废止了私兵，并设置了申闻鼓(有冤情可击打的鼓)，实行户牌法(居
民登记证)等，夯实了国家基础。

世宗(1418～1450)设置了集贤殿研究学问， 并创造了韩国独特的文
字—训民正音。登用蒋英实发明的滴漏(自鸣漏壶)和日晷等仪器促进了
科学的发展。不仅如此，他还改进了金属活字印刷术，发行了诸多书籍，
并且对传统音乐进行整理从而完成了雅乐，在他的领导之下，朝鲜王国
进入了全盛期。

■ 장영실(1390～1450) 蒋英实

장영실은 조선 전기의 과학자 또는 발명가이다.『세종실록』에는
장영실의 아버지는 원나라 소주나 항주 일대의 유민이고 어머니는
조선 동래현(지금의 부산) 사람이라고 적혀 있다. 또한 장영실은 기
술이 뛰어나 태종이 아끼었다고 설명되어 있다.

蒋英实既是朝鲜前期的科学家又是发明家。据 ≪世宗实录≫记载，
其父是元朝苏州、杭州一带遗民， 其母是朝鲜东莱县(现金山)人， 蒋
英实技术精湛，深得太宗喜爱。

· 장영실이 제작한 기구 蒋英实制作的器具

해시계 日晷	물시계(자격루) 滴漏(自鸣漏壶)

성종(成宗, 1469~1494)에 이르러『경국대전(經國大典)』을 완비하여 조선 왕조의 황금기를 이룩하였다. 『경국대전』은 6개의 법전으로서 인사, 재정, 예의, 군사, 법률, 토목 등 조선왕조의 정치, 사회 제도를 정리하여 근세사회로서 한국 전통사회의 기틀을 마련하였다.

到了成宗(1469~1494)时期，完善了≪经国大典≫，朝鲜王朝达到了鼎盛期。 ≪经国大典≫由六部法典组成，其中的人事、财政、礼仪、军事、法律、土木等内容完善了近代社会朝鲜王朝的政治、社会制度，为韩国的传统社会的框架奠定基础。

■ 경국대전(經國大典) 내용 일부 ≪经国大典≫的部分内容
백성들이 지켜야 하는 법을 기록한 책이다.
남자는 15세, 여자는 14세가 되어야 혼인할 수 있다.
자식에게 재산이 있으면 부모가 진 빚을 자식이 갚아야 한다.
남자들은 신분증인 '호패'를 항상 가지고 다녀야 한다.
记载百姓们必须遵守的法律条文。
男15岁，女14岁便可成婚。
子女若有资产，父母欠的债，子女偿还。
男人需戴 "户牌"身份证出行。

3. 훈민정음의 창제 训民正音的创制

세종은 나라의 기틀을 완성한 후 민족적 긍지와 자부심을 나타내기 위해 집현전이라는 학문연구소를 두고 신숙주(申叔舟), 성삼문(成三問) 등 학자들을 시켜 한국 고유문자인 훈민정음(한글)을 제작 반포하게 하였다. 이로써 한민족은 중국의 한자 대신 자국의 글자를 지닌 문화민족이 되었다. 세종은 훈민정음을 보급하고 시행하기 위해 1477년에는 『용비어천가(龍飛御天歌)』(태종대까지의 조상이 덕을 기리고 조선의 왕조 건국을 찬양한 노래)와 『석보상절(釋譜詳節)』(석가의 일대기)을 한글로 편찬하였다.

世宗在完善国家体制后，为表现民族的自信心、自豪感建立了研究学问的集贤殿，并让申叔舟、成三问等学者创造颁布了韩国的特有文字——训民正音。至此韩国原先使用的汉字被自己独有的文字所取代，形成了文化民族的自豪感。世宗为了普及并施行训民正音，于1477年用韩文编撰了 ≪飞龙御天歌≫(歌颂到太宗时期为止祖上恩德及赞颂朝鲜王朝建国的歌) 及 ≪释谱详节≫(释迦牟尼的日代记)。

서울 광화문에 있는 세종대왕 동상 位于首尔光化门的世宗大王铜像
촬영 하연

4. 정치제도와 사회제도 政治制度和社会制度

조선은 유교적인 민본 정치를 바탕으로 평민의 지위가 향상된 근세사회이다. 조선의 정치 제도는『경국대전』을 근거로 하여 유교적인 정치 이념을 구현할 수 있도록 짜여 있었다.

조선사회의 신분은 초기에는 양인(良人)과 천인(賤人)으로 구별되었지만 시대가 지남에 따라 분화가 이루어져 양반, 중인, 상민, 천민 4등급으로 나뉘었다. 양반은 과거를 통해 관직에 나갈 수 있는 계층으로 학문과 지식을 독점할 수 있는 계급이었다. 그리고 막대한 부(토지)를 독점한 유산계급이었고 면세와 면역을 갖고 있는 특권계급이었다. 지배계급 아래의 중인은 통역, 의술, 천문, 예술 등 기술관이나 말단 관직에 취임한 사람들이었다. 양인은 농민, 상인, 수공업자 등으로 조세의 납부와 군역의 의무를 가졌다. 천민 중에서 특히 노비는 고려 시대와 마찬가지로 매매, 상속, 양도될 수 있는 하층민이었다.

朝鮮是以儒教的民本政治为基础，平民地位提高的近代社会。朝鮮的政治制度以《经国大典》为依据，依托儒教的政治理念而形成。

朝鮮社会初期，人们的身份有良人与贱人之分，随时代的变化逐渐分化为两班、中人、商民、贱民四个等级。两班可通过科举做官，是独占学问与知识的阶层，还是拥有大量土地的有产阶级，并且是可免税免役的特殊阶层。统治阶层之下为中人，他们是担任通译、医术、天文、艺术等技术的官员或末端官职的人。良民包括农民、商人、手工业者，他们有交租税和服兵役的义务。在贱民阶层中，特别是奴婢，和高丽时期一样，他们是可以被买卖、转让、过户的下层民。

5. 양반사회의 모순 两班社会的矛盾

조선의 양반사회가 기반을 마련하면서 양반 귀족들이 정치적, 학문적, 경제적 특권을 누렸다. 특히 관직의 세습, 공신의 증가, 과거의 독점 등으로 양반층은 수적으로 증가하였으나 그들의 면세와 면역으로 국가 수입은 감소하였다. 따라서 양반층은 자신의 권익을 보호하기 위해 대립과 갈등을 일으켰다.

양반들은 정치적 특권으로 고관을 독점하였고 경제적으로는 많은 토지와 농장을 가졌으며 사회적으로는 파벌 위주로 배타적인 가문을 이루어 대립과 항쟁을 일삼았다. 따라서 학파, 가문, 지역 간의 분열이 나타나 사화, 당쟁으로 이어졌고 양반들은 향약, 서원 등을 통해 자신들의 권익을 옹호하였다.

随着朝鲜两班阶层在社会上奠定基础， 两班贵族在政治、学问、经济上享有特权。因为官职世袭，功臣增加，科举独占等，两班阶层的人数越来越多，但因他们免税免役，使得国家的收入减少。其内部为了保护个人权益而发生对立纠纷。

两班政治上用特权占据高位，经济上占有很多土地和农庄，在社会上也组成以派别为主的排他性的豪门权贵，时常进行分立及对抗。随之便出现了学派、家族、地域的分裂，继而导致士祸、党争，两班利用乡乐及书院等来保护自己的权益。

6. 사화와 붕당정치의 전개 士祸和朋党政治的开展

조선을 개국하는 데 도움을 준 유학자들은 점차 구세력이 되어 주요 관직을 독점하였고 새로 등장한 신진 계열은 기존의 권력을 타파해야 살아갈 수 있었다. 여기에 학자와 관료 간의 대립으로 4대 사화가 계속되었다. 연산군(燕山君, 1494~1506)은 2차에 걸친 살육을 감행하였고 이어 계속된 숙청으로 많은 학자, 관료들이 피살되어 16세기는 정치의 암흑기가 전개되었다. 그 후 중앙의 주요 관직을 둘러싼 갈등은 당쟁(黨爭, 정치적 대립인 붕당정치)으로 이어졌다. 양반사회의 구조적 모순에서 생겨난 조선 시대의 당쟁은 율곡 이이(1536~1584) 등의 조정에도 불구하고 치열해져 17세기에는 붕당정치(朋黨政治)의 시대가 되었다.

18세기의 영조(英祖, 1724~1776), 정조(正祖, 1776~1800)의 당쟁 방지 노력(탕평책蕩平策)도 소용없이 관료층 간의 대립과 불화는 끊이지 않았다. 이것은 조선 왕조의 구조적 모순에서 일어난 정쟁(政爭)이다. 그러나 점차 당쟁은 권력 투쟁이나 왕세자 책봉, 그리고 전례문제(제사) 등과 어우러져 복잡한 파쟁을 야기하였다.

朝鲜建国有功的儒生逐渐形成旧势力占据了主要官位。新登场的新进势力只有打破他们的权势网才能生存。因学者与官僚之间的对立, 产生了四大士祸。燕山君(1494~1506)进行了两次屠杀, 尔后进行的肃清活动中, 很多学者和官僚被杀, 16世纪的政治进入了黑暗时期。其后, 围绕中央主要官位的矛盾就形成了党争(政治上对立的朋党政治)。朝鲜时期因两班社会上的结构矛盾而产生的党争愈演愈烈, 粟谷李珥(1536~1584)虽然进行了调和, 但无效果, 17世纪成为了朋党政治时代。

虽然18世纪英祖(1724~1776)与正祖(1776~1800)为防止党派斗争实施了荡平策, 但也没有起到什么实际效果。官僚阶层的对立和不合, 根本无法弥合。这是因朝鲜社会结构性矛盾而形成的政治斗争, 但是党派斗争逐步将权力之争或王世子册封及典礼问题(祭祀)等相互联系，由此引起了复杂的派争问题。

7. 유교의 발달 儒教的发展

고려 말에 들어온 유교 주자학(朱子學)은 조선사회의 사상적 바탕이 되었으며 점차 도덕적 원리와 명분을 강조하게 되면서 조선사회의 윤리와 도덕의 기준이 되었다. 이러한 유교의 번창으로 인간의 도리를 전수하고 학문의 발전을 가져왔으나 학파의 대립과 파벌을 조성하여 사화와 당쟁의 사회적 문제도 일으켰다.

유교의 발달로 개인의 도덕 수양이 강조되고 우주와 인간의 실체에 대한 규범과 그에 따른 수행과 성찰이 중시되었다. 그러나 그 방법과 이론의 차이에 따라 학파가 생기고 대립이 나타나 사회적으로 문제도 발생하였다.

高丽末期引进的儒教朱子学成为了朝鲜社会的思想基础，随着道德性原理及名分渐渐得到重视，儒教成为了朝鲜社会的伦理和道德标准。儒教的盛行虽然传播了道理及促进了学问的发展，但因学派的对立和派别的形成，引起了士祸和党派斗争等社会问题。

因儒教的发展强调个人道德修养，人们重视宇宙和人间万物的规则，以此重视其修行和反省。但随着儒教方法和理论之间的差异，产生了学派，出现对立，引发了社会问题。

■ 유교의 기본 도덕: 삼강오륜(三綱五倫) 儒教的基本伦理思想——三纲五伦

유가(儒家)가 조선의 국교로 됨에 따라 관리가 되고자 하는 사람은 유교 경전을 잘 알아야 했고 백성들도 유교의 가르침에 맞게 살아야 했다. 조선은 유교의 가르침에 따라 생활 예절과 풍속을 정착시키기 위해 많은 노력을 기울였다.

儒家思想成为朝鲜的国教，要当官吏的人必须精通儒家经典，百姓们也要遵循儒教思想生活。朝鲜为了根据儒教成生活礼节和风俗，作出了巨大的努力。

·삼강 三纲

임금과 신하(君爲臣綱), 아버지와 자식(父爲子綱), 남편과 아내(夫爲婦綱) 사이에 마땅히 지켜야 할 도리를 말한다.

三纲指君为臣纲，父为子纲，夫为妻纲。

·오륜 五伦

아버지와 자식 사이에는 친함이 있어야 한다. (父子有親)

임금과 신하 사이에는 의로움이 있어야 한다. (君臣有義)

부부 사이에는 구별이 있어야 한다. (夫婦有別)

어른과 아이 사이에는 차례와 질서가 있어야 한다. (長幼有序)

친구 사이에는 믿음이 있어야 한다. (朋友有信)

五伦指父子有亲，君臣有义，夫妇有别，长幼有序，朋友有信。

8. 이황과 이이 李滉和李珥

고려 말 중국으로부터 유교가 전래된 후 점차 발전되어 16세기에 이르러 절정을 이루었는데 이를 대표하는 학자가 퇴계 이황 (1501~1570)과 율곡 이이(1536~1584)이다.

이황은 우주의 근원을 인간의 내면적 도덕과 신념에 두어 이를 강조하였으며 이이는 우주의 근원을 물질적인 면에 두어 현실정치 참여를 주장하였다. 전자는 영남학파를 형성한 후 일본 주자학에 기반을 제공하고 일본 유학의 기준이 되었으며 후자는 기호학파의 영수로서 당쟁을 조정하고 왜군 침략의 위험성을 경고한 바 있다. 이황을 제사하는 서원은 도산서원(陶山書院, 안동)이고 이이를 제사하는 서원은 자운서원(紫雲書院, 파주)이다. 이이의 저서로는 『퇴계전서』, 『성학십도』, 『주자서절요』, 『자성록』 등이 있고 이황은 『자경문(自警文)』을 집필하였다.

高丽末期，从中国传入儒教性理学，并逐渐发展，到了16世纪达到了鼎盛时期，其代表学者有退溪李滉(1501~1570)和栗谷李珥(1536~1584)。

李滉强调宇宙的根源在于人类的内在道德及信念。李珥把宇宙的根源归于物质，强调参与现实政治。前者成立岭南学派后，为日本朱子学奠定基础，成为日本儒学的基础；后者作为畿湖学派的先锋，曾调解过党派斗政，警示过倭寇入侵的危险事宜。纪念李滉的书院为陶山书院(安东)，纪念李珥的书院为紫云书院(坡州)。李珥的著作包括《退溪全书》、《圣学十图》、《朱子书节要》、《自省录》等。李滉的著作有《自警文》。

9. 임진왜란과 이순신 壬辰倭乱与李舜臣

일본을 통일한 도요토미 히데요시는 명나라 정벌을 구실로 1592
년 조선을 침략하였는데 이를 임진왜란이라 한다. 전라도 해안을
지키던 이순신 장군이 왜군의 침입에 대비하여 미리 군사를 훈련시
켰다. 그뿐만 아니라 거북선과 화포 등 뛰어난 무기를 잘 사용하여
왜군과의 해전에서 승리를 거두었다. 임진왜란 때 이순신 장군 외
에도 육지에서는 권율(權慄), 김시민(金時敏) 장군과 곽재우(郭再祐) 등
의병들이 왜군과 싸웠다. 임진왜란 7년 동안 이순신 장군은 매일같
이 일기를 썼는데 일기를 모아 만든 책이름이 바로 "난중일기(亂中
日記)"이다.

统一日本的丰臣秀吉以讨伐明朝为名，于1592年入侵了朝鲜，此事件
称为壬辰倭乱。守卫全罗道海岸的李舜臣将军为了抵抗倭寇入侵，预先
进行了军事训练。不仅如此，还利用了龟甲船和火炮等先进的武器同倭
寇进行海战，并取得了胜利。壬辰倭乱时，除了李舜臣将军外，权慄、
金时敏将军和郭再祐等义兵在陆战中也积极进行了抗争。壬辰倭乱7年
时期，李舜臣将军每天写日记，把这些内容整合起来的书籍便是 ≪乱
中日记≫。

10. 조선통신사의 파견 朝鮮通信社的派遣

임진왜란 이후 조선과 일본은 국교가 단절되었다. 그러나 도쿠가
와 막부(德川幕府)가 세워져 일본의 요구로 1607년(선조 40)에 국교
가 재개되었으며 1609년에 기유조약(己酉條約)이 체결되어 부산포가

개항되었다. 조선정부는 일본의 요구로 1607년부터 1811년(순조11) 까지 12차의 통신사(通信使)를 파견하였다. 이때의 일행은 약 500명 규모로 문인, 화가, 서예가가 포함되어 가는 곳마다 글과 글씨를 써 주었고 일본에서는 이들을 거국적으로 환영하여 일본문화를 크게 계승시켰다.

壬辰倭乱后，朝鮮和日本断绝了往来。但德川幕府建立后，应日本的 请求，于1607年(宣祖40年)两国再次开始交往，在1609年签订《己酉 条约》，开放了釜山浦港。朝鮮政府应日本请求，于1607年至1811年 派遣了12次通信使，一次约500名人员，包含文人、画家、书法家等人， 所到之处都会留下书法和绘画，日本举国上下表示欢迎，朝鮮通信使的 派遣对日本文化的发展起到了推动作用。

11. 실학의 발달과 의의 实学的发展和意义

조선 후기에 이르러 정치와 경제의 변화에 따라 학문상에도 큰 변화가 나타났는데 이것을 실학이라 부른다. 실학은 현실사회의 여 러 문제점을 지적하고 그 개혁방안을 제시하였다. 특히 농업과 상 업에 대한 개혁이 큰 과제였으며 조선역사에 대한 중요성이 강조되 었다.

우선 중농주의적 견해는 유형원(柳馨遠, 1622~1673)으로 대표되는데 토지 세제뿐 아니라 과거제도 폐지를 주장하고 토지의 균분제를 통 해 이상국가 건설을 제시하였다. 이러한 견해는 정약용(丁若鏞, 1762~ 1836)에 의해서 완성되었는데 그는 집단농장제를 주장하였다. 중상 주의적 견해는 청나라를 다녀온 북학파의 박지원(朴趾源, 1737~1805)

으로 대표된다. 그는 자신의 여행기 『열하일기(熱河日記)』에서 기술도입과 상공업의 장려로 부국강병과 민생안정을 위한 사회개혁을 강조하였다.

실학은 실질적이고 유용한 것을 추구하였다. 이는 부국강병, 민생안정을 위한 학문으로서 과학적이며 비판적이라는 데 의미가 있다. 특히 실학의 적극적인 현실개혁사상은 그대로 개화사상으로 연결되어 근대사회로의 계기를 마련하는 데 바탕이 되었다. 실학은 현실 개혁뿐 아니라 한국의 역사와 지리를 강조하여 한국사의 정통성을 내세워 김정호는 최초의 근대적 조선 지도를 완성하였다.

进入朝鲜后期, 随着政治、经济的变化, 学问上也有了很大变化, 这种变化后的学问被称为"实学"。实学指出了现实社会很多问题, 并指出了改革方案。尤其以改革农业及商业作为主要议题, 并强调了韩国历史的重要性。首先, 重农主义代表人物为柳馨远(1622～1673), 他主张废除土地税制和科举制度, 并主张通过进行土地均分制, 建设理想国家。这种见解由丁若镛(1762～1836)所完成, 他主张集团农场制。重商主义的代表人物是去过清朝, 属于北学派的朴趾源(1737～1805)。他在旅行日记 ≪热河日记≫中强调以引进技术, 奖励工商业的方式, 为富国强民和安定民生, 进行社会改革。

实学追求实际有用的东西, 是富国强兵、安定民生的学问, 具有科学性及批判性意义。尤其是其将积极改革现实的思想与开化思想相结合, 成为衔接近代社会契机的基础。实学不但强调了现实改革, 而且强调了韩国的历史和地理, 还指出韩国史的正统性。金正浩还绘制了最初的近代朝鲜地图。

■ 대동여지도 大东舆地图

고산자 김정호(金正浩)가 1861년에 제작한 조선반도 지도이다.

由古山子金正浩于1861年绘制而成的朝鲜半岛地图。

■ 정약용, 화성과 『목민심서』 丁若镛, 华城和 ≪牧民心书≫

백성들이 잘 살고 나라가 튼튼해지는 방법을 연구한 학문을 실학이라고 하고 이를 연구한 학자들을 실학자라고 한다. 정약용(1762~1836)은 실학자로서 과학기술이 백성들을 보다 잘살게 하는 데 이용되어야 한다고 주장하였다. 그는 거중기를 만들어 빠른 시일 안에 화성(華城, 경기도 수원시)을 쌓을 수 있도록 하였다. 정약용은 또 『목민심서(牧民心書)』를 저술하여 백성을 잘 다스려 바른 정치를 해야 한다고 주장하였다.

研究国泰民安之学问称为实学，研究此类学问的学者们被称为实学家。丁若镛(1762~1836)作为一名实学家，主张将科学技术应用于百姓生活之中，他制作出举重机，在最短时间内建造出华城(今京畿道水原市)，丁若镛还编纂出≪牧民心书≫，主张实行正确的政治方针管理百姓。

12. 신분제의 변동 身份制度的变动

조선 후기의 사회 경제적인 변화는 신분제의 변동을 가져왔다. 신분제의 변화모습 중에서 두드러진 현상은 양반 호수가 급증하고 평민계층이 상대적으로 줄어들었으며 천민 계층인 노비가 급격히 감소(노비제의 해체)했다는 사실이다. 이러한 신분상승 운동과 더불어 중인들은 자신들도 고위 관리가 될 수 있게 해달라고 통청운 동(通請運動)을 일으켰다. 농민층의 분해에 따른 상민층이 양반으로 상승하는 방법에는 돈을 주고 관직을 사거나 도망쳐서 천민의 굴레 로부터 벗어나기도 했다. 이러한 신분질서의 붕괴에 따른 사회변화 과정에서 농민의식은 크게 향상되었다.

朝鲜后期, 社会经济的改革带来了身份制度的变化。身份制度变化 引起两班户数的剧增，平民层的缩小，贱民奴婢(奴婢制的瓦解)的急剧 减少等。这种身份升级运动中，中人阶层为了谋求更高的官职，开展了 通请运动。随着农民阶层的分解，商民向两班变化的方式包括用钱买官 或以逃跑脱离贱民束缚等。在这种身份秩序崩溃的社会变动过程中，农 民的身份意识有了很大的提高。

제5절 근현대사회
第五节 近现代社会

1. 열강의 침투와 조선의 위기 列强入侵和朝鲜的危机

19세기 중반 이후 조선왕조는 안으로 세도정치와 민란이 이어지 고 있었고 밖으로 자본주의와 민족주의가 결합된 제국주의 국가들 이 다투어 침투하여 위기가 닥치고 있었다. 제국주의 열강들은 철 도부설권, 광산채굴권을 통해 상품시장과 원료공급지 확보를 위해 경쟁적으로 아시아에 들이닥쳤다. 가톨릭 선교사들의 피살을 구실 로 영국, 프랑스, 미국 등은 조선에 통상을 요구하였다. 서양 열강 들은 이양선(異樣船)을 앞세워 개국과 통상을 요구하며 국민들을 불안하게 하였다. 프랑스 함대의 침입(병인양요)과 미국 함대의 출현, 오페르트 도굴사건(독일) 등으로 서양인에 대한 배외열이 고조되었다. 특히 가톨릭 신부들의 선교 활동 이후 사상의 동요가 나타나 계속된 민란과 함께 사회는 크게 혼란에 빠졌다.

19世纪中期以后朝鲜王朝内有专制政治及连续不断的民乱, 外有资本主义和民族主义结合的帝国主义争相渗透的危机。帝国主义列强通过铁路铺设权、采矿权，为确保商品市场和原材料基地，竞相进入了亚洲市场。以天主教传教士被杀事件为借口，英国、法国和美国向朝鲜提出了通商的要求。西方列强以特殊舰(异样船)为先导，要求开放口岸及通商，使朝鲜国民人心惶惶。法国舰队的入侵(丙寅洋扰)、美国舰队出现、奥夫勒盗掘事件(德国)等，使国民中出现了排洋情绪。尤其是在天主教神父的传教活动以后，出现了思想动摇与持续的民乱，社会陷入了巨大的混乱。

■ 병인양요(1866) 丙寅洋扰

유교를 국교로 한 조선은 천주교를 금지하면서 프랑스 신부들을 포함하여 수천 명의 천주교도들을 처형하는 사건이 일어났다. 프랑스는 이 사건을 빌미로 조선에 쳐들어와 한 달 동안 강화도를 점령하고 귀중한 문화재를 빼앗아 갔다. 그러나 양헌수 장군을 중심으로 한 조선 군대는 삼랑성(지금의 인천광역시 강화군)에서 용감히 싸워 프랑스 군대를 물리쳤다.

朝鲜确定儒教为国教后，禁止传播天主教，发生了处决法国神父在内的数千名天主教徒的事件，法国以此为由入侵朝鲜，占据江华岛，掠夺珍贵的文化遗产， 梁宪洙将军带领的朝鲜军在三郎城(今仁川广域市江华郡)奋勇抗敌，击退了法国军队。

2. 대원군의 쇄국 정책 大院君的锁国政策

이러한 위기를 극복하기 위해 대원군(大院君)은 나이 어린 고종을 대신하여 정권을 잡은 후(1864~1874)에 인재 등용, 서원 폐지, 세제 개혁(양반에게 징수), 법진 완비(대전회통) 등 개혁정치를 강행하고 경복궁을 재건하여 왕실의 위업을 회복시키고자 하였다. 또한 유교적 전통을 지킨다는 명분으로 천주교도를 살해하고 그 보복으로 침입한 프랑스 함대를 격퇴시켰으며(병인양요) 미국 상선 셔면호를 소각시킨 사건으로 쳐들어온 미국 군함도 격퇴시켰다(신미양요). 이러한 쇄국 정치를 기념하기 위해 대원군은 서양 오랑캐와 싸워야 한다는 척화비(斥和碑)를 각처에 세웠다. 대원군은 전함과 대포를 수리하고 국방을 강화하며 정책을 시도하는 자주적 근대화 노력은 있었으나 외국과의 통상을 거부한 쇄국 정치는 결국 일본의 독점적 침투를 허용하는 계기가 되었다.

为克服危机, 大院君替年幼的高宗掌握了政权(1864~1874), 实行了任用人才、废止书院、改革税制(向两班征税)、完善法典(大传四统)等新政, 重建了景福宫, 力求挽回王室的威严。同时, 大院君以遵循儒教传统为借口杀害了天主教徒, 并击退了法国舰队(丙寅洋扰), 烧毁了美国商船舍门将军号, 击退了美国舰队(辛未洋扰)。为了纪念锁国政治, 大院君又在各地方立了应与西方野蛮人斗争的斥和牌, 大院君虽然采取了系列措施, 如整修军舰和火炮, 强化国防, 实施政策等, 努力使朝鲜自主地走向近代化, 但因闭关锁国也给日本提供了单独侵入的机会。

■ 홍선대원군(1820~1898) 興宣大院君

조선의 마지막 황제 고종의 아버지이다. 홍선대원군은 나라를 바로잡기 위해 인재를 고루 뽑아 썼으며 붕당의 근거지이고 백성들의 원망을 샀던 서원을 47개소만 남기고 모두 정리하였다. 또 의복을 간소화하였으며 양반도 세금을 내게 하여 농민들로부터 많은 지지를 받았다. 대원군은 왕실의 권위를 되찾기 위해 임진왜란 때 불타 버린 경복궁을 다시 지었다. 그러나 경복궁 공사에 많은 백성이 동원되었고 세금도 많이 거두어들여 백성들로부터 원성을 듣기도 하였다.

朝鲜最后的皇帝高宗的父亲——兴宣大院君为匡扶国家均选人才, 仅留下47处朋党聚集地, 即引起民怨的书院, 其余全部整顿处理。并且简化了服饰, 要求两班纳税等, 受到广大农民的支持。为收回王室权利, 大院君重建壬辰倭乱时烧毁的景福宫, 但景福宫工程需大量人力, 纳税也随之增加, 引起了百姓们的强烈不满。

■ 신미양요(1871) 辛未洋扰

미국의 상선인 제너럴 셔먼호가 대동강을 거슬러 올라와 평양에서 통상을 요구하며 행패를 부리다가 평양의 군민과 충돌하여 불태워진 사건이 일어났다. 이 사실을 뒤늦게 안 미군은 5척의 군함으로 강화도를 공격하였다. 미군은 초지진 등을 점령하였으나 어재연 장군이 이끄는 조선군이 강력하게 저항하자 마침내 물러갔다.

美国商船舍门将军号逆穿过大同江, 上岸到平壤无礼要求朝鲜通商, 与平壤军民发生武装冲突, 商船被焚毁。很晚才得知这消息的美军派5艘军舰攻打江华岛, 美军占领草芝镇等地, 鱼在渊将军带领的朝鲜军奋勇抵抗, 最终美军撤退。

■ 척화비 斥和牌

대원군은 쇄국정치를 강화하기 위해 1871년 서울과 전국 각지에
서양인을 배척한다는 척화비를 세웠다. 그 내용은 "서양 오랑캐가
침입하니 싸워야 한다. 그들과 화해하는 것은 나라를 팔아먹는 것
이니 이 사실을 후손에게 경고하는 바이다"라고 되어있다.

大院君为了加强闭关锁国，于1871年在首尔及全国各地立了排斥西
方人的斥和碑。其内容是 "西方野蛮人入侵我国，应作斗争，与他们和
解就是卖国，以此告诫后世"。

3. 문호개방과 개항 门户开放和开港

1873년 대원군이 정치에서 밀려나자 문호 개방의 필요성에 따라
정권을 잡은 민씨 정권은 개국정권을 내세웠다. 1875년 운양호(雲揚
號)사건을 계기로 일본과 강화도 조약이 체결되어 양국 간의 사절이
교환되었다. 이어 부산, 인천, 원산이 개항되었고 미국(1882), 영국
(1882), 러시아(1884) 등과 통상 조약을 맺어 문호를 개방함으로써
국제무대에 한국이 등장하게 되었다. 그러나 국제사회에 대한 인식
이 부족한 조선사회는 커다란 시련에 직면하게 되었다.

1873年大院君退出政治圈，因门户开放的必要性，掌握政权的闵氏开
始实行开放政策。1875年以云扬号事件为契机，与日本签订了江华岛
条约，两国互换了使节。随后，开放了釜山、仁川、元山港，与美国
(1882年)、英国(1882年)、俄罗斯(1884年)签署了通商条约，开放了港
口。从此，朝鲜登上了世界舞台。但因对国际社会认识不足，朝鲜社会
遇到了很大的考验。

■ 운양호 사건: 강화도 사건이라고도 하는데 1875년에 일본의 '운양호' 등 3척 군함이 선후로 조선 부산과 강화도 일대에서 소란을 피운 역사사건이다. 일본은 조선정부가 통상을 거부하자 1875년 5월에 일본 군함 운양호 등은 부산을 침범하여 무력시위를 하였다. 9월에는 강화도 일대를 침범하여 조선 수비군들과 충돌이 생겼는데 일본의 대승리로 끝났다. 운양호사건은 조선과 일본이 강화도조약을 체결하는 도화선이 되었으며 조선을 협박하여 국문을 열게끔 하였다.

云扬号事件: 又称江华岛事件, 是指1875年日本 "云扬号"等3艘军舰先后骚扰朝鲜釜山、江华岛一带的历史事件。日本被朝鲜政府拒绝通商后, 于1875年5月, 云扬号等日本军舰入侵朝鲜釜山, 进行武力示威。9月入侵江华岛一带并与当地朝鲜守军发生冲突, 以日本大获全胜告终。云扬号事件是朝日 《江华岛条约》签订的导火索, 最终迫使朝鲜打开了国门。

■ 강화도조약(1876) 江华岛条约

1875년, 일본 군함이 강화 해협을 침범하였다. 조선군대가 이를 막기 위해 대포를 쏘자 이를 기다렸던 일본 군함이 함포를 사격하여 초지진 포대를 무너뜨렸다. 그리고 영종도에 상륙하여 양민들을 죽이고 관청을 불태웠다. 일본은 이 사건을 빌미로 조약을 체결할 것을 강요하였다. 강화도에서 양국 대표가 만나 체결한 **강화도 조약은 조선이 외국과 맺은 최초의 근대적인 조약**이었으나 나라의 권익이 지켜지지 못한 불평등 조약이었다.

1875年, 日本军舰侵犯江华岛海峡, 朝鲜军队为阻止其破坏而发射炮台，等待到时机的日本军舰射击炮舰，击倒了草芝镇炮台，并登陆永宗岛进行烧杀抢掠。日本以此为理由强行缔结条约，在江华岛两国代表签订的江华岛条约是朝鲜与外国缔结的第一个近代条约，也是一个不平等条约。

4. 개화운동과 개화와 보수의 갈등 开化运动和开化派 与保守派的矛盾

문호 개방 후 조선정부는 일본에 수신사(1876)와 신사유람단(1881)을, 청에 영선사(1881)를 각각 파견하여 선진 문물을 적극 수용하기 시작하였다. 이어 청나라의 중앙제도를 본떠서 통리기무아문을 두었고 군사제도는 일본식의 신식 군대(별기군)를 조직하는 한편, 서양 문물을 받아들여 개화정책을 실시하였다. 이 과정에서 유교 전통을 고수하자는 보수 세력과 개화정책을 추진하려는 개화 세력 간의 갈등이 격화되었고 여기에 이 두 세력을 뒷받침하는 일본과 청나라 간의 대립으로 임오군란(1882)이 일어나게 되었다. 이러한 보수와 개화의 갈등은 일본에 대한 불만으로 더욱 고조되었다.

口岸开放后，朝鲜政府向日本派遣了修信使(1876)和绅士游览团(1881)，向清朝派遣领选使(1881)积极向外国学习先进的知识及文化。接着效仿清朝的中央制度设立了统理机务衙门，军事制度模仿日本设立了新式军队(别技军)。朝鲜又向西方学习，实行了开化政策。这个过程中因固守儒教传统的保守势力与要推行开化政策的开化势力的矛盾激化，也因两股势力后台的日本、清朝之间的对立，发生了壬午军乱(1882)。这种矛盾深化了国民对日本的不满情绪。

■ 임오군란(1882) 壬午军乱

개항 이후 개화파와 수구파의 대립이 심해졌다. 특히 구식군대와
신식군대(별기군)의 차별이 심해지자 구식군대가 1882년에 반란을
일으켜 신식군대의 일본인 교관(호리모도)을 죽이고 민비를 공격하
니 왕비는 도망갔다. 이에 대원군이 재집권하였으나 민씨 일파의
요청으로 청나라군이 들어와 민비가 집권하였다.

开港之后，开化派与保守派的分歧更加严重。特别是因旧军队与新式
军队(别技军)待遇差别大，旧军队于1882年进行了叛乱，将新式军队的
教官堀本礼造杀害，又进攻了王妃——闵妃，王妃落荒而逃。这样，大
院君又重新掌握了政权，但闵氏一派要求清朝派兵，清兵进入朝鲜后闵
妃掌权。

5. 척사 위정 운동의 전개 斥邪卫正运动的展开

대원군 이후 집권한 민씨 정부는 외국과 문호를 개방한 후 통상
조약을 체결하고 서양 문물을 받아들여 근대화 정책을 추진해 나갔
다. 이에 성리학의 이념을 강조하는 최익현 등 보수적인 양반 세력
들은 척사위정운동(斥邪衛正運動)을 전개하였다. 척사위정운동은 나쁜
것(개화정책)을 물리치고 올바른 것을 지킨다(전통적인 유교적 질
서)는 운동으로서의 외세 배척과 개화정책을 반대하는 전통 유지의
사상운동이었다. 척사운동을 주도하는 유생들은 정부의 개화 정책
을 비판하고 일본을 비롯한 외국의 침략세력을 규탄하는 상소를 잇
달아 발표하여 여론을 주도하였다. 이러한 운동은 때마침 외국 세
력 특히 일본의 정치, 경제적 침탈에 고통을 당하고 있던 일반 백

성들로부터 많은 호응을 받았다.

大院君之后，掌权的闵氏政府开放门户后签订了通商条约，并引入了西方文物，推进了近代化的发展。为此，以强调性理学的崔益铉为代表的保守两班势力展开了斥邪卫正运动。斥邪卫正运动是消除邪的(开化政策)，守卫正(传统儒教)的运动，是排斥外部势力、反对开化政策，维持传统的思想运动。主导斥邪卫正运动的儒生们，一边批判政府的开化政策，一边不断上书谴责日本等外国的入侵，主导了舆论。这种运动受到了因外国侵入特别是因日本政治经济侵入而饱受苦难的一般民众的普遍支持。

6. 갑신정변 甲申政变

임오군란 이후 청나라와 일본의 대립은 더욱 강화되었다. 이때 **김옥균**(金玉均, 1851~1893), 박영효(朴泳孝, 1861~1939) 등 개화파들은 일본세력에 의지하여 보수 세력을 제거하고 문벌폐지나 세제개혁 등 급진적인 근대화 운동을 추진하기 위하여 1884년에 정변을 일으켰다. 이것이 바로 **갑신정변**이다. 갑신정변은 국민적 지지 기반이 없어 사흘 만에 실패로 끝났고 정권은 다시 보수 세력에게 넘어갔다. 그 후로부터 청나라와 일본의 세력 갈등과 러시아를 비롯한 서구 열강의 이권 쟁탈로 인하여 근대화 운동은 효과를 거두지 못하였다. 갑신정변으로 청나라의 세력이 강화되자 일본은 텐진조약(1885)으로 영국과 결탁하여 세력을 만회하였다. 이어 러시아가 제3세력으로 등장하였고 영국은 거문도사건(1885)을 일으켜 조선을 둘러싼 열강의 각축이 치열하였다.

壬午军乱之后，清朝与日本的对立进一步激化。这时，金玉钧(1851~1893)、朴泳孝(1861~1939)等开化派依靠日本，为了推进除掉保守势力、废除门第、改革税制等激进的近代化运动，于1884年发动了政变，这就是甲申政变。甲申政变没有民众支持，三天就宣告失败，政权又回到了保守势力手中。其后因日本、清朝矛盾和俄罗斯等西欧列强的利益纷争，近代化运动没有取得进一步的发展。甲申政变后，日本看到清朝势力进一步加强，便通过天津条约(1885)与英国联手，挽回了一些权利。紧接其后俄罗斯作为第三势力登场，英国也发动了巨文岛事件(1885)。围绕朝鲜展开的列强角逐愈加激烈。

7. 청일전쟁(1894~1895) 清日战争，甲午战争

개항 이후 청일 간에는 임오군란(1882), 갑신정변(1884)을 거치면서 군사적 대립으로 이어졌다. 여기서 청일전쟁이 일어났으나 일본이 승리하여 시모노세키조약(1895)으로 청은 조선에서 물러났다. 이에 일본은 조선에서의 주도권을 확립하고 조선지배의 기틀을 마련하였다. 그러나 다시 러시아의 도전을 받아 러일전쟁(1904~1905)으로 이어졌다.

开港后，清朝和日本经壬午军乱(1882)、甲申政变(1884)形成了军事对立。由此引发了清日战争，日本获胜并签订了马关条约(1895)，清朝撤出了朝鲜。这样日本就在朝鲜确立了主导权，具备了支配朝鲜的基础。但紧接着因俄罗斯的挑衅，发生了日俄战争(1904~1905)。

8. 동학혁명운동 东学革命运动

일본의 정치경제 침투에 대한 농민의 저항은 동학농민운동(1894)
으로 폭발되었다. 이 운동은 억울하게 죽은 교조 최제우(崔濟愚)의
누명을 벗기려는 종교운동에서 시작되었으나 지방수령의 착취에 봉
기한 고부(전라도)민란으로 1894년에 폭발하였다.

전봉준(全琫準)을 중심으로 한 동학 농민군은 부정한 관리를 처벌
하고 외국의 침략세력으로부터 나라를 지키겠다는 구호를 내걸고
봉기하여 전주를 점령하면서 마침내 전라남북도를 모두 점령하고
지방혁명정부를 세웠다. 그러나 민중들의 대대적인 지지를 받았던
동학혁명운동은 일본군과 합세한 정부군의 탄압을 받아 결국 실패
로 끝나고 말았다. 하지만 이들이 내세운 정치개혁안은 계급 타파,
토지 분배 등 처음으로 시도된 '아래로부터 시민혁명'이었고 반제
민족운동이었다.

农民抵抗日本对朝鲜的政治经济深入干涉， 发展成了东学农民运动
(1894)。这次运动开始是为了洗清冤死的教主崔济禹的冤情而展开的
宗教运动，但随后发展成了反抗地方首领剥削的全罗道古阜农民暴动。
于1894年爆发，以全奉准为中心的东学农民起义以 "惩罚贪官污吏，反
对外国侵略，保卫国家"为口号，先后占领全州和全罗南北道，并建立了
地方革命政府。得到广大人民支持的东学革命运动，在得到日军支援的
政府军的镇压下遭到了失败。但他们制定的政治改革案是打破阶级等
级、土地均分等，是初次试图的 "从底层兴起的市民革命"，是一场反
帝民族运动。

■ 동학혁명의 정치개혁안 东学革命的政治改革案

전봉준의 동학혁명군은 전주를 점령하고 정치개혁안 12조를 발표하였다. 그 주요 내용은 탐관오리와 불량한 양반 처벌, 노비문서 소각, 과부의 재혼 허용, 계급 타파, 토지 균분 등이다.

全奉准率领的东学革命军占领全州后发表了政治改革案12条, 其主要内容有: 惩罚贪官污吏及不良两班、销毁奴婢文书、允许寡妇再婚、打破阶层等级、土地均分等。

■ 최제우 崔济愚

최제우(1824~1864)는 조선 말기의 동학(東學) 창시자이다. '인내천(人乃天)'과 '후천 개벽(後天開闢)' 사상을 내세웠다. 정부에서는 신분제를 부정하고 나라에 도전한다고 여겨 동학을 금지하였고 교주 최제우와 제자들을 처형하였다.

崔济愚是朝鲜末期东学创始人。推崇 "人乃天"和 "后天开辟"思想。朝鲜政府认为东学否认身份制度, 挑战了国家权威, 因此东学被禁止, 东学创始人崔济愚及其弟子都被处死。

■ 인내천: 사람이 곧 하늘이다. 사람은 평등하고 차별이 없나니, 사람이 마음대로 귀하고 천함을 나누는 것은 하늘을 거스르는 일이다.

人乃天: 人即是天。人人平等、没有差别, 随心分辨贵贱是逆上天的事。

■ 후천개벽: 기존의 세상은 운이 다해서 끝나고 백성들이 바라는

새로운 세상이 온다는 뜻이다.

后天开辟: 已存世界气衰必将结束, 将迎来百姓所期望的新世界。

9. 갑오개혁(1894) 甲午改革

동학 혁명군 진압을 핑계로 군대를 파견한 일본은 조선 정부에 내정 개혁을 요구하였다. 이에 조선정부는 군국기무처라는 특별 기구를 두고 전반적인 개혁안을 마련하였다. 이것을 **갑오개혁**이라 부른다. 이 개혁은 사회적으로 신분제도와 연좌제의 철폐, 정치적으로는 중앙, 지방, 사법제도의 개편, 그리고 경제적으로는 금납화(세금을 화폐로 바침) 등 한국사의 근대화 시발점이 되었다. 그러나 자주적인 개혁이 아니었고 결국은 일본 침투를 허용하게 되었다.

日本以镇压东学农民起义为借口出兵朝鲜, 向朝鲜提出了内政改革的要求。对此朝鲜政府设立了名为军国机务处的特殊机构, 并准备了一系列的改革方案。这就是甲午改革。这次改革取消了社会上的身份制和连坐制, 在政治上也改革了中央及地方的司法制度, 在经济上实行纳金法(税金以货币交付), 这是韩国近代史的开始, 但因不是自主改革, 其结果是允许了日本的介入。

10. 일·러의 각축과 을미사변 日俄的角逐与乙未事变

청일전쟁의 승리(시모노세키조약, 1895)로 일본은 조선을 독점적으로 지배하게 되었다. 그러나 곧이은 삼국의 간섭(러시아, 프랑스,

독일)으로 일본이 요동반도를 청에 반환하자 조선 국내에서는 일본 세력의 약화라고 생각되어 다시 친러파가 대두하였다. 이에 일본은 **을미사변**(1895)으로 명성황후를 시해하고 친일정부를 세워 새로운 개혁을 단행하였다. (을미개혁)

갑오개혁의 연장으로서 을미개혁은 양력을 사용하게 하고 군사 제도를 고치고 소학교를 세우는 등 개혁을 시도하였다. 그러나 명성황후의 피살과 단발령(斷髮令)의 실시로 강력하게 반발을 받았다. 이를 계기로 조선인의 일본에 대한 저항은 무력에 의한 의병활동으로 전개되었다.

日清战争胜利(1895年的马关条约)使得日本独立支配朝鲜。但随着三国(俄、法、德)的干涉，日本将辽东半岛归还给清朝。这使得朝鲜国内认为日本势力减弱开始兴起了亲俄派。因此，日本发动乙未事变(1895)杀害了明成皇后，设立了亲日政府，进行了新的变革(乙未改革)。

乙未改革作为甲午改革的延伸，提出了一系列的举措，即使用阳历，改革军事制度，建立学校等。但因明成皇后被暗杀和断发令的实行，国民进行了强烈的反抗。以此为契机，国民对日本的抵抗发展成为武装的义兵活动。

■ 을미사변(1895) 乙未事变

일본이 경복궁에 침입하여 왕비의 처소인 옥호루(玉壺樓)를 포위한 후 일본이 조선을 침략하는 데에 방해가 되는 명성황후를 시해하였는데 이 사건을 을미사변이라고 한다.

日本侵入景福宫，包围王妃的住所——玉壶楼，之后杀害了阻止日本入侵朝鲜的明成皇后，此事件即"乙未事变"。

11. 아관파천과 열강의 침탈 俄馆播迁和列强的掠夺

을미사변 이후 러시아는 조선인의 반일감정을 이용하여 1896년 고종을 러시아 공사관으로 강제 피신시켰다. 아관파천(俄館播遷)은 친일파들을 제거하고 친러내각을 세운 후 알렉세프 재정고문이 조선의 정치와 재정권을 장악하게 되었다.

한 나라의 국왕을 외국 공사관으로 옮긴 것은 주권 국가의 체면을 손상케 한 것으로 독립협회를 비롯하여 국민들의 환궁 요구가 일어났다. 이에 따라 서구 열강은 기회 균등의 입장에서 다투어 경제적 침투를 하여 조선은 열강의 침탈대상이 되었다. 일본, 러시아, 미국, 영국 등은 철도부설권과 광산채굴권을 장악하여 조선경제를 지배하기 위한 경쟁을 벌였다.

乙未事变后, 俄罗斯利用朝鲜民众的反日情绪, 于1896年强制高宗到俄国使馆避难。俄馆播迁铲除了亲日派, 建立了新的亲俄内阁。亚历山大财政顾问掌握了朝鲜的政治经济权。

一个国家的国王在外国领事馆避难有损国体, 以独立协会为首, 民众一致要求国王回宫, 由此一来西欧列强认为机会均等, 争相向朝鲜进行经济渗透, 朝鲜成为列强掠夺对象。日本、俄罗斯、美国、英国等掌握了铁道权及采矿权, 并为支配朝鲜经济进行了不断的争斗。

12. 대한제국의 성립 大韩帝国的成立

국왕이 러시아 공사관에 있고 이권이 외국에 넘어가자 고종은 국민의 여망에 따라 러시아 공사관에서 덕수궁으로 환궁하였다. 고종은 1897년에 독립국가로서 대한제국(연호는 광무, 1897~1910)을 내외에 선포하고 황제권 강화, 자주 외교, 교육 제도 개혁 등을 단행하였다.

国王在俄公使馆，权利都被转到外国，因此高宗应民众要求从俄领事馆回到了德寿宫。并于1897年对外宣布成立了独立的大韩帝国，年号为光武（1897~1910），并实行了加强皇权、自主外交、教育制度改革等措施。

13. 러일전쟁(1904~1905)과 일본의 침탈 俄日战争 (1904~1905)和日本的侵略掠夺

삼국 간섭(1895) 이후 러일 간의 갈등은 아관파천으로 더욱 첨예화되었다. 러시아는 조선에서 정치적 주도권을 잡고 남하 정책을 계속 추진하여 일본과 맞섰다. 이에 불안을 느낀 일본은 영일동맹(1902)으로 자신감을 갖고 여순 공격으로 러일전쟁을 일으켰다. 러시아는 전쟁에서 패하자 미국 대통령 루스벨트의 중재로 일본과 포츠머스 조약을 맺게 되었다. 이후 러시아는 조선에서 손을 떼고 조선에서는 영국, 미국의 후원을 받은 일본의 독점적 지배가 시작되었다. 러일전쟁 직전인 1904년에 일본은 황무지 개간이라는 명목으로 국토를 약탈하였고 제1차 한일협약(1904)으로 고문정치를 시작하였다.

三国干涉(1895)以后，日俄的矛盾因俄馆播迁而更加激化。俄在大韩帝国掌握了政治主导权，并继续进行南下政策与日本对抗，对此感到不安的日本以英、美同盟(1902)为后盾进攻旅顺，爆发了俄日战争。俄罗斯战败后，在美国总统罗斯福的仲裁下和日本签订了朴次茅斯条约。之后，俄罗斯放弃干涉朝鲜，受到英国美国后援的日本独占了朝鲜支配权。在日、俄战争前夕， 即1904年， 日本就以开荒为名抢占了众多国土，因签订了第一次韩日协约(1904)，日本开始了顾问政治。

14. 대한제국의 말로 大韩帝国的末路

일제는 을사조약(1905)으로 대한제국의 외교권을 박탈하고 통감부를 두어 조선의 내징간섭을 시작하였다. 이에 국민의 전국저인 저항과 의병항쟁이 나타났다. 고종은 1907년 제2차 만국평화회의에 대표(이준, 이위종, 이상설)를 보내 을사조약의 부당성을 호소(헤이그밀사사건)하려 했으나 회의 참석이 거절되었다. 이 사건으로 고종은 퇴위하고(1907) 순종이 즉위하였으나 곧 정미7조약(1907년)으로 조선의 내정간섭(차관정치)이 시작되었다. 이어 1907년에 군대를 해산시키고 1910년에 한일합방으로 대한제국은 멸망하고 일본의 식민지시대(1910~1945)가 시작되었다.

日帝以乙巳条约(1905)剥夺了大韩帝国的外交权，成立了统监府，开始干涉朝鲜政府的内政。这引起了全民抵抗和义兵抗争。高宗于1907年要派代表(李俊，李玮钟，李相卨)参加第二次万国和平会议，呼吁乙巳条约的不当性(海牙密使事件)，但没能参加会议。因这次事件，高宗退位(1907)，顺宗继位。日本以丁未七条约(1907)开始干涉朝鲜政府的内政(次官政治)。接着于1907年解散军队，1910年韩日合并，大韩帝国灭亡，开始进入了日本殖民地的时代(1910~1045)。

15. 3·1운동 三一运动

일제의 무단정치에 반대하여 1919년 2월 8일 도쿄의 선언 이후 **서울 파고다공원**에서 독립을 선포하여 3월 1일부터 2개월 동안 전국에서 200만 명이 독립만세 운동에 참가하였다. 이 운동은 시위 횟수만도 1,500여 회를 넘었고 피살자는 7,500여 명에 달했으며 47,000여 명이 체포되었다. 그리고 이 운동은 중국 동북, 연해주, 하와이 등지로 확산되어 민족독립운동의 횃불이 되었다.

3·1독립 만세 운동은 민족지도자들을 비롯하여 종교인, 학생, 농민 등 전 국민이 참가하였다. 일본의 경찰과 군대는 평화적으로 시위하면서 민족의 독립을 요구하는 민중들에게 무자비한 탄압을 가하였다. 3·1운동은 일제의 탄압으로 실패하였으나 독립을 염원하는 조선인의 의지를 세계에 과시한 운동이었다.

为了反对日本的武力政治，朝鲜于1919年2月8日在东京发布独立宣言后，在首尔的塔洞公园宣布了独立，3月1日起之后的2个月内，全国有200万人参加了独立万岁运动。这次运动举行了1,500多次的示威游行，被杀7,500余人，被捕47,000多人。这次运动扩散到中国东北、沿海洲及夏威夷等地，成为了民族独立运动的火把。

3·1独立万岁运动，以民族领导为首，宗教人士、学生、农民等全国民众都参加了运动。日本警察和军队对那些和平示威并要求民族独立的民众进行了残酷的镇压。三一运动虽然因日本的镇压而失败，但它向世人展示了朝鲜人民渴望独立的心愿及意志。

■ 유관순: 일제 강점기에 3·1운동으로부터 시작된 만세운동을 주도하다가 일본 제국의 모진 고문으로 18세 나이로 순국하였다.

柳宽顺: 她在日据时期主导了三一独立运动，被日本帝国逮捕，严刑拷问下18岁殉国。

16. 대한민국 임시정부의 탄생
大韩民国临时政府的诞生

3·1운동은 일본의 부자비한 탄압으로 국내에서는 민족의 독립을 가져오지는 못했지만 중국 상하이(프랑스 조계)에 대한민국 임시정부를 탄생시켰다. 이로써 한민족은 국권을 강탈당한 지 10년 만에 외국에서나마 망명정부를 갖게 되었다. 이어 국제회의에서는 한국을 대표하는 정부역할을 하였다. 특히 임시정부는 한민족의 독립과 자주성을 세계여론에 호소하여 조선인의 항일운동을 주도하였다.

임시정부는 국회와 정부의 이원제 정부로 된 민주공화제를 채택하였다. 그리고 임시정부는 국내외에서 전개되고 있던 독립운동을 통솔하기 위해 연통 제도라는 비밀 연락 기구를 설치하였다. 1940년부터 김구(金九, 1876~1949) 주석 등은 임시정부 직속 부대인 광복군을 창설하여 중국뿐만 아니라 미얀마, 필리핀 등지에서 일본군과 전투를 벌였다. 광복군은 1941년 태평양전쟁 당시에는 대일, 대독 선전 포고를 발표하고 연합군의 일원으로 참전하여 인도 전선에까지 출전하였다.

三一独立运动被日本残酷镇压后，在朝鲜国内没有取得民族的独立，但在中国的上海(法国租界)诞生了大韩民族的临时政府。在韩民族被剥夺国家权利的十年期间，在中国成立了流亡政府，在国际会议上起到了代表政府的作用。临时政府不但向世界舆论号召朝鲜的独立与自主性，还主导了朝鲜国民的抗日运动。

临时政府采取了由国会和政府组成的两院制民主共和制。为了统帅国内外的独立运动，临时政府还设置了名为联通制度的秘密联络机构。从1940年开始，金九(1876～1949)主席成立了临时政府的直系部队光复军，光复军不仅在中国、还在缅甸、菲律宾等地与日本军进行了战斗。光复军于1941年太平洋战争爆发时，发布了对日德的宣战布告，并作为联合军的一员参战，甚至打到了印度前线。

■ 김구 金九

한국의 독립운동가, 통일운동가, 교육자, 정치인이다. 1919년 이후 상하이에서 대한민국 임시 정부에 참여하여 국무령, 국무위원을 거치면서 국무위원회 주석을 지냈다. 1945년 광복 이후에는 임시정부 법통 운동과 이승만 등과 함께 신탁 통치 반대 운동을 추진하였으며 1948년 1월부터 남북 협상에 참여하였다. 백범기념관은 서울특별시 용산구에 있다.

金九是韩国的独立运动家、南北朝鲜统一运动家、教育家、政治家。1919年后进入上海成立的大韩民国临时政府，先后担任国务领、国务委员、国务委员会主席。1945年光复之后参与临时政府正统运动，与李承晚一起积极主导反对朝鲜信托统治运动，1948年1月开始参与南北朝鲜协商。白凡纪念馆设在首尔特别市龙山区。

17. 무장 독립군의 활동 武裝独立军的活动

중국 동북3성이 무장독립운동의 기지였기 때문에 그곳에서 무장 독립운동이 적극 추진되었다. 특히 **김좌진**(金佐鎭, 1889~1929)은 3·1운동 이후로 중국 동북으로 건너가 북로군정서(北路軍政署)라는 독립 단체를 조직하여 독립군 간부를 양성하였다. 1920년 김좌진은 이범석(李範奭), 이청천 등과 함께 북로군정서의 독립군을 이끌고 청산리(靑山里, 길림성 화룡)대첩에서 3,000여 명의 일본군을 전멸시켰으나 자객에 의해 암살당했다.

홍범도(洪範圖, 1868~1943)는 1907년 의병을 일으켜 갑산, 혜산 등지에서 활약하다가 1910년 간도에서 독립군을 양성하고 대한독립군의 사령관이 되었다. 1920년 봉오동(鳳梧洞, 현재 훈춘)전투에서 일본군 500여 명을 살상하는 승리를 거두었다. 그 후 일제의 탄압으로 러시아로 이동한 후 레닌을 만나 독립운동의 지원을 요청하기까지 하였다. 홍범도는 스탈린의 한인 강제이주정책으로 1937년 중앙아시아 카자흐스탄으로 강제 이주된 후 크질오르다에서 병사하였다. 지금도 그곳에 그의 동상이 세워져 있다.

中国东北三省是朝鲜武装独立运动的基地，在这里武装独立运动得到了积极的推进。特别是金佐镇(1889~1929)在三一独立运动后去了中国东北，建立了名为北路军政署的独立团体组织，积极培养了独立军干部。1920年金佐镇与李范奭、李青天等率领北路军政署的独立军在青山里(今吉林省和龙市)战斗中歼灭了3000多名日军，但最后被刺客暗杀。

洪范图(1868~1943)于1907年率领起义兵在甲山、惠山一带活动，并于1910年在间岛组织独立军，成为大韩独立军的司令官，1920年在凤梧洞战斗(今珲春)中，取得了歼灭日军500多名的胜利。因日军的镇压去了俄罗斯，在那里会见列宁，向他提出了支援朝鲜独立运动的要求。洪范图因斯大林的韩人强制移居政策，1937年被强制移居到中亚塔吉克斯坦的克鲁达后，病逝于此。当地有他的铜像雕塑。

18. 조선의 해방 朝鮮的解放

1941년 12월 7일 진주만 공격으로 격화된 태평양전쟁은 미국의 반격으로 전황이 급변하였다. 1943년 11월 카이로 선언으로 일본의 항복요구와 한국 독립을 약속하였다. 1945년 7월 포츠담 선언에서 연합국 대표들이 이를 재확인하였다. 1945년 8월 9일에 소련이 참전하였으며 히로시마(廣島)와 나가사키(長崎)에 원자탄이 투하되자 일본은 전의를 잃고 1945년 8월 15일 연합군에 항복함으로써 조선은 해방되었다.

1941年12月7日，因日本袭击珍珠港而爆发的太平洋战争随着美军的反击情况突变。1943年11月，开罗宣言敦促日本投降，承认了朝鲜的独立。在1945年7月的波斯坦宣言中，　联合国代表再次确认了这一点。1945年8月9日，苏联参战，美国向广岛和长崎投下了原子弹。日本失去了斗志，于1945年8月15日向联合军投降。朝鲜半岛得到了解放。

19. 한(조선)반도의 분단 朝鮮半岛的分裂

한반도는 해방되었으나 38도를 경계로 미국과 소련이 진군하여 국토가 분단되었고 미소 양국은 남북한에서 각각 군정을 실시하였다. 모스크바 3상회의(미, 영, 소)에서 5년간 신탁 통치를 결의하였으므로 조선인은 이를 거족적으로 반대하였다. 그 과정에서 미국과 소련 양국이 5년 동안 신탁 통치의 실행을 위한 공동위원회를 구성하게 되었다.

朝鲜半岛虽然得到了解放，但因美苏的介入，以38线为界，国土被分裂。美苏在南北各成立了军事政府。莫斯科的三方会议(美、英、苏)协商了5年托管决定，遭到了朝鲜全体民众的一致反对。美英两国为了5年的托管统治，组成了共同委员会。

20. 대한민국의 수립 大韩民国的成立

남북의 정치적 갈등과 협상의 실패, 냉전 당사자인 미, 소 공동위원회가 소련의 반대로 실패하자 미국은 1947년 9월에 한국문제를 UN에 상정하였다. 1948년 5월 10일 남한에서 최초의 민주선거가 실시되었다. 이어 제헌의회가 소집되어 헌법을 제정하고 공포하였으며(7.17) 대통령에 이승만(李承晚, 1875~1965)을, 부통령에 이시영(李始榮, 1868~1953)을 선출하였다. 이어 국회의장에 신익희, 대법원장에 김병로가 선출되어 1948년 8월 15일에 정식으로 대한민국의 수립을 내외에 공포하였다.

南北政治矛盾和协议的失败，冷战中的美苏共同委员会因苏联的反对遭到失败，于是美国在1947年9月将韩国问题申诉到了联合国。1948年5月10日在朝鲜半岛南方地区进行了最初的民主选举。举行了制宪会议，制定并颁布了宪法(7.17)，选举李承晚(1875~1965)为总统，李始荣(1868~1953)为副总统。国会议长为申翼熙，大法院院长为金炳鲁，并在1948年8月15日，正式对外宣布成立了大韩民国。

21. 조선민주주의인민공화국의 수립 朝鮮民主主義人民 共和国的成立

해방 이후 조선은 소련군의 지원 하에 김일성 빨치산 세력이 정치의 주도권을 잡게 되었다. 1946년에 토지개혁과 산업 국유화를 통해 급진적 공산주의 개혁을 실시하였다. 조선은 1948년 8월 25일에 최고인민회의 대의원 선거와 9월 8일 헌법을 통과시키고 9월 9일 김일성(金日成)을 수상으로, 박헌영(朴憲永), 김책, 홍명희(洪命憙)가 부수상으로 임명되면서 조선민주주의인민공화국을 선포하였다. 이에 남쪽에는 자본주의 국가, 북쪽에는 사회주의 국가가 수립되어 남북 간 대립이 시작되었다.

解放以后，朝鮮得到苏联支持的金日成武装势力掌握了政权，并在1946年进行了土地改革和产业国有化的激进共产改革。朝鮮于1948年8月25日通过了最高级人民委员会选举，9月8日通过了宪法，9月9日宣布金日成为首相，并任命副相为朴宪永、金策、洪命憙，宣布成立朝鮮民主主义人民共和国。从此南方建立了资本主义国家，北方建立了社会主义国家。南北开始对立。

22. 6·25 전쟁(六二五戰爭, 1950) 朝鮮战争

제2차 세계대전 이후 미소의 냉전은 남북 간의 대립을 격화시켰다. 남과 북의 정권은 서로를 부정하면서 38선 부근에서는 무력충돌이 빈번히 일어났다. 1950년 6월 25일, 일요일 새벽에 38도선에서 전쟁이 시작되어 4일 만에 서울이 함락되었다. 유엔은 한국에 대한 지원을 결정하였고 미국을 비롯한 영국, 프랑스 등 16개국의 유엔군이 9월 15일 인천으로 상륙하여 서울을 빼앗고 평양을 수복하였으며 압록강까지 밀고 나갔다. 유엔군이 압록강 근처까지 오자 중국은 1950년 10월 19일 지원군을 조선에 파견하였다. 공격과 후퇴가 거듭되는 가운데, 1953년 7월 27일 38도선을 군사분계선으로 휴전이 이루어지게 되었다. 이 전쟁으로 남북은 막대한 피해를 보았으며 남북 간의 이념적 대립은 더욱 강화되었다.

第二次世界大战之后，美苏冷战激化了南北的对立。南北政权互不承认对方，三八线附近屡次发生武装冲突。最终在1950年6月25日(星期日)凌晨，在三八线附近爆发了战争，仅四天，首尔就被攻陷。联合国决定支援韩国，以美国为首的英国、法国等16个国家组成的联合国军队于9月15日登陆仁川，夺回首尔，攻破平壤，并把朝鲜军队赶到了鸭绿江旁。联合国军队一到鸭绿江附近，中国就在1950年10月19日向朝鲜派出了中国志愿军。在进攻和后退的拉锯战中，于1953年7月7日以三八线为军事分界线缔结休战协议书。因这场战争，南北皆遭受到很大的灾难，南北间信仰的矛盾更加激化。

참고자료: 신형식, 『알기 쉬운 한국사』, 재단법인 해외한민족교육진흥회, 2009.

参考文献：申亨植（音译），≪易懂的韩国史≫，财团法人海外韩民族教育振兴会，2009年

연습문제

☞ ❶ 다음 설명이 맞으면 ○, 틀리면 ×로 표시하시오.

1. 삼국사기를 지은 이는 일연이다. ( )
2. 통일신라 시기 불교에 가장 큰 업적과 영향을 남긴 이는 원효와 의상이다. ( )
3. 훈민정음을 만든 사람은 세종대왕이다. ( )
4. 임진왜란은 일본이 조선을 침략하여 일으킨 전쟁이다. ( )
5. 1919년 3월 1일 독립선언서를 발표한 공원은 남산공원이다. ( )

☞ ❷ 선택문제

1. 한국의 역사 전체를 한눈에 알아보기 쉽게 나타낸 표를 무엇이라 하는가?
   ① 한국사연표　　　　　　　② 일반연표
   ③ 향토역사　　　　　　　　④ 역사연표

2. 지금 국제사회에서 통용되고 있는 한국의 명칭은 어느 시기를 외국어로 표기한 것인가?*
   ① 신라　　　② 조선　　　③ 고려　　　④ 백제

3. 다음 중 시대 순서가 바르게 된 것은 어느 것인가?

① 고려-신라-고조선-통일신라 ② 삼국시기-통일신라-고려-조선

③ 고려-고구려-신라-통일신라 ④ 신라-고구려-고조선-조선

4. 시조(始祖)에 대한 설명이 틀린 것은 어느 것인가?

① 고조선의 시조는 단군왕검이다.

② 백제의 시조는 온조이다.

③ 고구려의 시조는 대조영이다.

④ 신라의 시조는 박혁거세이다.

5. 옛 도읍지(都邑)와 현재의 지명을 잘못 이어놓은 것은 어느 것인가?

① 웅진 — 공주   ② 사비 — 부여

③ 아사달 — 서울   ④ 금성 — 경주

옛 도읍지: 古都

6. 다음 글은 어느 신화(神話)에서 나오는 이야기인가?

하느님(환인)의 아들 환웅은 널리 인간을 유익하게 하기 위해 바람, 구름, 비를 다스리는 신하들을 거느리고 태백산에 내려왔다. 환웅은 이곳을 신시라 이름 짓고, 스스로 천왕이라 하면서 사람들을 다스렸다.

① 동명왕신화 ② 건국신화 ③ 한국신화 ④ 단군신화

7. 단군신화에 대한 내용으로 올바른 것은 어느 것인가?

① 단군은 환웅의 손자이다.

② 호랑이와 곰은 마늘과 쑥을 먹고 백일 동안 햇빛을 보지 않았다.

③ 곰은 백일 동안 햇빛을 보지 않고 잘 참아 내어 남자로 되었다.

④ 환웅은 웅녀와 혼인하여 단군왕검을 낳았다.

8. 아래 문장에서 올바르지 않은 것은 어느 것인가?

① 고조선의 건국에 관해서는 대체로 단군신화와 주몽신화에 근거를 두고 있다.

② 단군의 건국이념으로 '인간을 널리 이롭게 한다'라는 뜻의 말은 홍익인간이다.

③ 단군왕검이 하늘에 제사를 올리기 위해 쌓은 제단이며 강화도 마니산 꼭대기에 있는 문화재로 전국 체전 때에 성화를 붙이기도 하는 곳은 참성단이다.

④ 단군왕검은 아사달에 도읍을 정하고 나라를 세워 조선이라 하였는데 이성계와 세운 이씨조선과 구별하여 고조선이라 부른다.

9. 백제에 관련하여 올바르지 않은 문장은 어느 것인가?

① 백제 시조 온조왕이 처음으로 나라를 세운 곳은 위례성이다.

② 백제 말엽의 장군으로 황산벌전투로 유명한 인물은 김유신이다.

③ 백제의 마지막 왕으로 삼천궁녀가 그를 따라 낙화암에 몸을 던졌다고 알려져 있는 왕의 이름은 의자왕(義慈王)이다.

④ 백제가 660년에 신라에 의해 망하였다.

10. 신라에 대한 글에서 바르지 않은 것은 어느 것인가?
① 신라가 삼국통일을 한 시기는 676년이다.
② 신라 시대에 유명한 장군으로 화랑 출신이며 삼국통일에 큰 공을 세운 인물은 김춘추이다.
③ 김유신 묘, 무열왕릉비와 같은 문화재와 관계있는 역사적 사실은 삼국통일이다.
④ 신라는 왕권을 강화하는 한편, 골품제도와 같은 엄격한 신분제도를 건립하였다.*

11. 신라의 화랑도는 군사적 성질을 띤 어떤 조직인가?*
① 중년   ② 청소년   ③ 노년   ④ 장년

12. 신라에 대한 설명으로 올바르지 않은 것은 어느 것인가?
① 신라 선덕여왕 때 축조되었으며 동양에서 가장 오래된 천문관측소로 경주에 있는 것은 첨성대이다.
② 경지가 높은 스님에게 다비식(불교식 화장)이 끝난 후 나오는 보석 같은 구슬을 사리(舍利)라 한다.
③ 신라 시대에 일본에 전해준 문화는 축제술, 조선술, 토기술, 무기술 등이다.
④ 김부식이 삼국시대 정치, 사회 발전의 역사를 기록한 책은 삼국사기이다.

13. 통일신라의 설명으로 올바르지 않은 것은 어느 것인가?

① 불국사와 석굴암은 통일신라 시기에 만들어졌다.

② 장보고(張保皐)는 완도에 청해진을 설치하고 청해진을 중심으로 중국―신라―일본을 연결하는 국제 무역을 주도하였다.

③ 신라가 삼국 통일을 이룩하는 과정에서 김유신과 김춘추는 큰 업적을 세웠다.

④ 삼국을 통일한 신라는 나라의 제도를 바꾸고 기독교를 내세워 백성들의 정신을 하나로 모으려 노력하였다.

14. 고려에 대한 설명으로 올바르지 않은 것은 어느 것인가?

① 대한민국을 영문으로 KOREA(코리아)라고 쓰게 된 바탕에 있는 시대는 고려 시대다.

② 고려 시대 유행하던 몽골식 풍습을 버리고 고려의 풍습을 되살리는 데 앞장섰던 왕은 충정왕이다.

③ 고려 시대 유통된 한국 최초의 주조 화폐(돈) 이름은 해동통보이다.

④ 한국에서 금속활자가 최초로 발명된 시대는 고려 시대다.

15. 금속활자(金屬印刷)로 만든 가장 오래된 책은 무엇인가?

① 팔만대장경　　　　② 훈민정음

③ 직지심체요절　　　　④ 용비어천가

16. 고려 시대에 화약과 화포를 만들어 나라를 지키는 데 중요한 역할을 한 사람은 누구인가?

① 최무선　　　② 장영실　　　③ 흥선대원군　　④ 문익점

17. 고려 말의 학자로 목화씨를 들여와 재배에 성공한 이는 누구인가?

① 문익점　　　② 최무선　　　③ 장영실　　　　④ 이순신

18. 보기를 통해 한국의 문화재를 찾으시오.

> 푸르게 빛나는 옥은 푸른 하늘에 비치네.
> 한번 보는 내 눈조차 맑아지는 것 같아라.

① 직지심체요절 ② 조선백자 ③ 고려청자(靑瓷) ④ 청기와

19. 고려 시대에 대한 설명으로 틀린 것은 어느 것인가?

① 고려청자는 일본의 영향을 받아 만들어지게 되었다.

② 고려는 도읍을 강화도로 옮겼다.

③ 유네스코의 세계문화유산으로 등재된 팔만대장경은 고려시기에 만들어져 지금의 해인사에 보관되어 있다.

④ 직지심체요절(直指心體要節)은 1377년에 펴낸 불교 서적으로 전 세계에 남아 있는 금속활자로 인쇄된 책 중에서 가장 오래되었다.

20. 1392년 고려를 멸망시키고 조선 왕조를 세운 건국시조는 누구인가?*

① 왕건 　　② 이성계 　　③ 궁예 　　④ 견훤

21. 조선 왕조는 언제 건립되었는가?*
　① 918년 　　② 1392년 　　③ 1897년 　　④ 1948년

22. 조선에 대한 설명으로 올바르지 않은 것은 어느 것인가?
　① 지금의 서울로 조선 초기 옛 도읍지 이름은 한양이다.
　② 조선 시대에 임금의 정치 업적을 기록하여 편찬하던 기관은 춘추관이다.
　③ 조선 시대에 김정호가 만든 전국 지도는 조선지도이다.
　④ 한국에서 종두법(種痘法)[24]을 처음으로 실시한 사람은 지석영 (池錫永)이다.

23. 다음 중 장영실에 대한 평가로 알맞은 것은 무엇인가?
　① 청렴한 선비의 모습을 보여주었다.
　② 불교의 발전에 크게 이바지하였다.
　③ 조선 후기 실학의 발전에 큰 역할을 하였다.
　④ 측우기, 해시계 등 조선 시대 과학 발전에 큰 공헌을 하였다.

24. 조선 시대 지방의 유풍을 진작시키고 아울러 인재 양성을 목적으로 전국의 크고 작은 고을에 설치했던 관학은 어느 것인가?
　① 집현전 　　② 향교 　　③ 성균관 　　④ 향리

---

24) 종두법: 천연두를 예방하기 위하여 백신을 인체의 피부에 접종하는 방법

25. 16세기 말부터 조선 왕조 사회에는 실증적인 방법으로 학문을
    연구하는 어떠한 학자들이 나타났는가?*
    ① 실학파   ② 고증파   ③ 실증파   ④ 복고파

26. 보기 중에 조선 시대에 만들어진 것이 아닌 것은 무엇인가?
    ① 이순신의 난중일기
    ② 정약용의 목민심서
    ③ 일연의 삼국유사
    ④ 농사법을 연구한 책 농사직설

27. 조선 시대에 대한 설명으로 틀린 것은 어느 것인가?
    ① 조선은 유교를 정치의 근본으로 삼았다.
    ② 조선 시대에 세워진 경복궁은 조선이 오래도록 큰 복을 누리
      라는 뜻으로 붙인 이름이다.
    ③ 과거시험(科擧考試)은 조선 시대부터 시작하여 지금은 공식적
      인 시험으로 자리 잡았다.
    ④ 경국대전은 500년 조선 왕조가 계속되는 동안 최고의 법전으
      로 사회 질서를 유지하는 데 중요한 역할을 하였다.

28. 조선 시대에 대한 설명으로 틀린 것은 어느 것인가?
    ① 세종대왕은 과학기술을 장려하여 장영실, 이천 등으로 하여금
      측우기, 해시계, 물시계를 발명하게 하였다.
    ② 훈민정음은 '백성을 가르치는 바른 소리'라는 뜻이다. 훈민정
      음이 만들어지기 전, 한국인들은 중국의 한자를 사용하였다.

훈민정음은 만들어진 지 1000년이 넘었다.

③ 철갑 거북선은 이순신 장군이 처음 만들었다. 뱃머리는 용머리를 닮고, 꼬리는 거북꼬리를 닮은 배였다.

④ 정약용은 중국에서 들여온 '기기도설'(機器圖解)이라는 책을 참고하여 거중기를 고안하였다. 이 기계를 사용함으로써 백성들이 화성을 쌓는 데 힘을 덜 수 있었다. 조선 후기에 쌓은 수원 화성은 과학성과 실용성이 뛰어나 1997년에 유네스코 세계문화유산으로 등재되었다.

29. 아래 표에서 잘못 작성된 것을 찾으시오.

나라	조선	고려	신라
나라를 세운 사람	㉮ 이성계	㉯ 왕건	㉰ 광개토대왕
도읍지	㉱ 한양	송악	㉲ 금성
문화재	훈민정음	㉳ 직지심체요절	불국사

① ㉮　　　　② ㉯　　　　③ ㉱　　　　④ ㉰

30. 1592년 4월 일본의 도요토미 히데요시가 조선에 대한 침략전쟁을 발동하였는데 이를 역사상 무엇이라 하는가?*

① 정묘호란　　② 임진왜란　　③ 삼포왜란　　④ 병자호란

31. 임진왜란의 왜군을 물리친 3대첩에 속하지 않는 것은 어느 것인가?

① 한산대첩　　② 한강대첩　　③ 진주대첩　　④ 행주대첩

32. 다음 중 임진왜란 당시 수군 장수였던 이순신 장군과 관련이 없는 것은 무엇인가?
   ① 거북선   ② 한산대첩   ③ 기우제(祈雨祭) ④ 학익진

33. 이순신 장군에 대한 설명으로 올바른 것은 어느 것인가?
   ① 이순신은 명량대첩에서만 승리를 거두었다.
   ② 이순신은 조선 중기의 문관이다.
   ③ 이순신 장군은 김유신 장군과 협력하여 일본과 싸웠다.
   ④ 이순신 장군은 학이 날개를 편 모양으로 함대를 배치하는 진법을 써 크게 승리하였다.

34. 임진왜란 때 불타 버린 경복궁을 다시 지은 사람은 누구인가?
   ① 흥선대원군   ② 이순신
   ③ 을지문덕   ④ 명성황후

35. 보기를 통해 알 수 있는 것은 어느 것인가?

> 자주 독립할 것을 지향하였고 나라의 공식적인 문서에 한글을 사용하도록 하였다. 근대식 화폐제도를 도입하였고 소학교, 중학교, 사범학교, 외국어 학교를 세우도록 하였다. 또한 신분 차별제도를 없애고 과거제를 철폐하였다.

   ① 갑신정변   ② 갑오개혁
   ③ 을사조약   ④ 강화조약

36. 구식 군대가 신식 군대와의 차별 대우에 불만을 품고 일으킨 사건은 무엇인가?

① 임오군란   ② 병인양요
③ 신미양요   ④ 갑오개혁

37. 한국이 외국과 맺은 최초의 근대적 조약은 무엇인가?

① 을사조약   ② 난징조약
③ 강화도조약   ④ 한성조약[25]

38. 1910년 강제적인 이 조약의 체결로 조선은 일본의 식민지로 전락되었다. 무슨 조약인가?*

① 한일교류조약   ② 한일무역조약
③ 한일선린조약   ④ 한일합방조약

39. 일본에 외교권을 박탈당하는 을사조약을 체결하는 데 동의한 사람을 을사5적이라고 한다. 아래 이름 중 을사 5적이 아닌 사람을 찾으시오.

① 이완용   ② 이근택
③ 이지용   ④ 이상설

---

25) 을사조약: 조선 광무9년(1905)에 일본이 한국의 외교권을 갖고자 강제적으로 맺은 조약이다.
   강화도조약: 운양호 사건 계기로 조선 고종 13년(1876)에 조선과 일본 사이에 체결한 조약이다. 군사력을 동원한 일본의 강압에 의하여 맺어진 불평등조약이다. 이 조약에 따라 당시 조선은 부산 외에 인천, 원산 두 항구를 개항하였다.
   톈진 (천진)조약: 천진에서 청국과 여러 외국 간에 맺은 조약의 명칭이다.
   한일조약: 1965년 한국과 일본이 두 나라 사이의 일반 국교 관계를 규정한 조약이다.

40. 일본인에 의해 조선의 마지막 황후 명성황후가 시해당한 사건을
    무엇이라고 하는가?
    ① 을미사변   ② 육이오사변
    ③ 만주사변   ④ 자유시사변

41. 1919년에 일어난 전 민족의 반일애국운동을 무엇이라고 하는
    가?*
    ① 애국계몽운동   ② 민중의 의거
    ③ 3·1운동   ④ 국채보상운동

42. 3·1 만세운동을 주도하다 체포되어 옥중에서 순국한 애국열사
    는 누구인가?
    ① 논개   ② 이준   ③ 유관순   ④ 안창호

43. 1919년 독립운동을 위해 해외에 임시정부를 세웠다. 임시정부가
    설립된 지명은 어디인가?
    ① 하와이   ② 모스크바   ③ 베이징   ④ 상하이

44. 서로 이어놓은 것 중 잘못 이은 것은 어느 것인가?
    ① 봉오동전투 — 이범도 장군 — 일제시기
    ② 귀주대첩 — 강감찬 — 고려 시대
    ③ 행주대첩 — 권율 전라도 순찰사 — 조선시기
    ④ 청산리전투 — 김좌진 장군 — 조선시기

45. 한국의 독립운동가로 1909년 하얼빈 역에서 이토 히로부미(伊藤博文)를 사살한 이는 누구인가?

① 윤봉길　　② 안중근　　③ 이봉창　　④ 안창호

46. 1932년 4월 29일, 상해 홍구공원에서 열린 일본 천황의 생일을 기념하는 천장절 축하식장에 가서 일본군관을 향해 도시락 폭탄을 던진 이는 누구인가?

① 윤봉길　　② 안중근　　③ 이봉창　　④ 안창호

47. 일제강점기에 대한 설명으로 틀린 것은 어느 것인가?

① 1919년 3월 1일 빼앗긴 나라를 되찾기 위해 일어난 운동을 삼일운동이라고 한다. 유관순은 3·1운동과정에서 독립만세를 부르며 일제에 항거하다가 어린 나이로 순국하였다.

② 명성황후가 시해된 을미사변 이후 신변에 위협을 느낀 고종과 왕세자가 1896년 2월 11일부터 약 1년간 왕궁을 버리고 중국 공사관에 옮겨 거처한 사건을 아관파천이라고 한다.

③ 1919년 3·1운동 이후 일제의 강제점령을 거부하고 이승만, 김구 등을 중심으로 중국 상하이에 대한민국임시정부가 설립되었다.

④ "내가 죽은 뒤에 나의 뼈를 하얼빈 공원 옆에 묻어 두었다가 나라를 되찾거든 고국으로 옮겨 다오." 이 말은 나라를 찾기 위해 순국한 안중근 의사가 남긴 유언이다.

48. 대한민국에 대한 설명으로 틀린 것은 어느 것인가?

① 대한민국 정부는 1948년에 수립했다.

② 한강의 기적은 한국에서 한국 전쟁 폐허로부터 세계적 경제 중심지로 탈바꿈한 대한민국의 급격한 경제적 성장을 서울 중심을 흐르는 한강을 통해 상징적으로 일컫는 말이다.

③ 1970년대에 일어난 새마을운동은 농촌에서 가난을 몰아내고 농민을 잘살게 하는 데에 큰 역할을 하였다.

④ 제24회 서울올림픽대회는 1998년에 열렸다.

49. 다음 글에서 올바르지 않은 것은 어느 것인가?

① 6 · 25전쟁이라 일컫는 한국전쟁은 1950년에 발발했다.

② 1980년 시민들이 계엄령 해제를 외치던 5 · 18 민주화운동의 주된 장소가 되었던 도시이름은 광주이다.

③ 조선 시대 후기에 동학을 창시한 이는 전봉건이다.

④ 삼강오륜에서 오륜은 부자유친, 부위자강, 군신유의, 붕우유신 이다.

50. 한국의 80년대 이후에 대한 설명이 아닌 것을 고르시오.

① 광주민주화운동   ② 6월민주항쟁

③ 4 · 19혁명   ④ 1인당 국민소득 2만 달러

유네스코에 등재된
한국 문화재
列入联合国教科文组织的
韩国文化遗产

제1절 한국의 세계유산
第一节 韩国的世界遗产

세계유산이란? 世界遗产是什么?

세계유산은 1972년 유네스코(UNESCO, 국제연합교육과학문화기구) 세계 문화 및 자연유산의 보호에 관한 협약에 의거하여 세계유산목록에 등재된 유산을 지칭한다. 인류의 보편적이고 뛰어난 가치를 지닌 각국의 부동산유산이 등재되는 세계유산의 종류에는 문화유

출처: 한국유네스코위원회

산, 자연유산 그리고 문화와 자연의 가치를 함께 담고 있는 복합유산이 있다.

世界遗产是指于1972年根据联合国教科文组织(UNESCO, 联合国教育科学及文化组织)世界文化及自然遗产的保护协约, 列入世界遗产名录的遗产。具有人类普遍卓越价值的各国遗产包括文化遗产、自然遗产、文化与自然复合遗产三类。

1. 석굴암·불국사(문화, 1995) 石窟庵·佛国寺(文化, 1995)

신라 경덕왕 10년(751년)에 불국사를 대대적으로 중수(增修)할 때 석굴암을 세웠으며 원래 이름은 '석불사(石佛寺)'였으나 일제강점기 이후로 석굴암으로 불리고 있다. 석굴암은 건축, 수리, 기하학, 종교, 예술적인 가치와 독특한 건축미를 인정받아 불국사와 함께 1995년 유네스코가 지정한 세계문화유산이 되었다. 소재지는 경상북도 경주시이다.

新罗景德王十年(公元751年), 规模盛大地扩建佛国寺时修建了石窟庵, 原名为 "石佛寺", 经日本殖民统治时期以后更名为石窟庵。石窟庵以其建筑、数理、几何学、宗教、艺术价值和独特的建筑美受到认可, 于1995年与佛国寺一道共同被联合国教科文组织认定为世界文化遗产。现位于庆尚北道庆州市。

출처: 유네스코한국위원회

2. 종묘(宗廟, 문화, 1995) 宗廟(文化, 1995)

종묘는 건국한 조선왕조가 역대 왕과 왕비 그리고 추존된 왕과
왕비의 신주(神主)를 모시고 제사를 지내는 국가 최고의 사당이다.
조선 시대에는 지금의 건물 정전(正殿)을 종묘라 하였으나 현재는
정전과 영녕전(永寧殿)을 모두 합쳐 종묘라 부른다. 종묘는 건물과
더불어 제례 및 제례악을 그대로 보존하고 있다.

宗庙是供奉朝鲜王朝历任王和王妃, 追崇被尊崇的王和王妃神灵, 举
行祭祀的国家最高祠堂。朝鲜时期把建筑正殿称为宗庙, 现今把正殿和
永宁殿合二为一统称为宗庙。宗庙把建筑、祭礼以及祭乐按照原样保
存了下来。

추존: 왕위에 오르지 못하고 죽은 이에게 임금의 칭호를 주던 일
追崇

追崇: 对那些没能登上王位的死者追加国王封号。

출처: 유네스코한국위원회

3. 해인사 장경판전(문화, 1995) 海印寺藏经板殿(文化, 1995)

해인사는 통일신라 애장왕 3년(802)에 지은 사찰로, 왕후의 병을 부처의 힘으로 치료해 준 것에 대한 감사의 뜻으로 지었다고 한다. 한국 3대 사찰(경상남도 양산의 통도사, 합천 가야산의 해인사, 전라남도 순천의 송광사) 중 하나이다. 장경판전은 고려 시대에 만들어진 8만여 장의 내장경판을 보관하고 있는 건물로, 해인사에 남아 있는 건물 중 가장 오래되었다. 소재지는 경상남도 합천군이다.

海印寺是统一新罗哀庄王3年(802)修建的寺庙, 为了向治好王后病的菩萨表示感谢而建立的。属于韩国三大寺庙(庆尚南道梁山的通度寺、陕川伽倻山的海印寺、全罗南道顺天的松广寺)之一。藏经板殿作为保管着高丽时期制作成的8万多块大藏经板的建筑, 是海印寺中存留下来的最古老的建筑。现位于庆尚南道陕川郡。

출처: 유네스코한국위원회

4. 창덕궁(문화, 1997) 昌德宮(文化, 1997)

창덕궁은 조선 시대에 지어진 5대 궁궐 경복궁(景福宮), 창덕궁(昌德宮), 창경궁(昌慶宮), 경희궁(慶熙宮), 덕수궁(德壽宮)의 하나이다. 창덕궁은 조선왕조 제3대 태종 5년(1405) 경복궁의 이궁(異宮)으로 지어진 궁궐이다. 소재지는 서울특별시이다.

昌德宮是朝鮮時期所建造的景福宮、昌德宮、昌庆宫、康熙宫、德寿宫等五大宫殿之一。昌德宫是景福宫的行宫，是于朝鲜王朝第三代太宗5年(1405)建立的行宫宫殿。现位于首尔特别市。

출처: 유네스코한국위원회

5. 수원화성(문화, 1997) 水原华城(文化, 1997)

수원화성은 조선왕조 제22대 정조대왕(正祖大王)이 아버지 사도세자(思悼世子)의 능침을 양주 배봉산에서 조선 최대의 명당인 수원의 화산으로 천봉하고 화산 부근에 있던 읍치를 수원의 팔달산 아래 지금의 위치로 옮기면서 축성되었다. 사도세자는 선왕인 영조(英祖)의 둘째 왕자로 세자에 책봉되었으나 당쟁에 휘말려 왕위에 오르지 못하고 뒤주 속에서 생을 마감하였다. 화성은 규장각 문신 정약용이 동서양의 기술서를 참고하여 축성 시에 거중기, 녹로 등 신기재를 특수하게 고안·사용하여 장대한 석재 등을 옮기며 쌓는 데 이용하였다. 소재지는 경기도 수원시이다.

水原华城是朝鲜王朝第22代正祖大王为悼念自己的父王(即英祖的儿子, 思悼世子), 把其陵墓从杨州拜峰山迁到被称为朝鲜最大的风水宝地水原花山, 并把花山附近的邑城迁移到水原八达山下(即现今的位置)而筑成的。思悼世子是先王英祖的二王子, 虽被册封为世子, 但在党争中受排挤未能登上王位, 最终在米柜中结束了自己的生命。华城由奎章阁文臣丁若镛参考了东西方的技术书籍, 筑城时研究使用起重机、滑轮等新材料, 同时使用了众多石材堆积建造而成的。现位于京畿道水原市。

뒤주: 쌀, 콩 등 곡식을 담아두는 집안 살림에 쓰는 물건 米柜: 装有米、豆等粮食的家用生活物品。

녹로: 높은 곳이나 먼 곳으로 무엇을 달아 올리거나 끌어당길 때 쓰는 도르래(滑轮) 滑轮: 从高处或远处挂有某物升上去或拉过来的滑轮。

출처: 유네스코한국위원회

6. 경주역사유적지구(慶州歷史遺迹地區, 문화, 2000)
庆州历史遗址(文化, 2000)

경주역사유적지구는 신라 천년(기원전 57~935)의 고도(古都)인 경주의 역사와 문화가 고스란히 담겨 있고 불교유적, 왕경(王卿)유적이 잘 보존되어 있다.

庆州遗址作为新罗时期的千年古都遗址(公元前57~935), 是保存着庆州历史和文化的佛教遗址, 同时也是保存着大量的王卿(国王和大臣)陵墓的遗址。

왕경: 왕과 대신을 아울러 이르는 말 王卿: 国王和大臣的统称

출처: 유네스코 한국위원회

7. 고창, 화순, 강화 고인돌 유적(문화, 2000) 高敞、
和順、江华支石墓遗址(文化, 2000)

고인돌은 선사시대 돌무덤 중의 하나로 청동기시대 한국의 대표적인 무덤이다. 현존하는 고인돌은 인천광역시 강화, 전라북도 고창 그리고 전라남도 화순 등의 지역에서 볼 수 있다.

출처: 유네스코한국위원회

支石墓，史前时期石墓的一种，是青铜器时期韩国的代表性石墓。现存的支石墓位于仁川广域市江华、全罗北道高敞和全罗南道和顺等地。

8. 제주 화산섬과 용암동굴(濟州火山島和鎔巖洞窟, 자연, 2007) 济州火山岛和熔岩洞窟(自然, 2007)

제주도는 약 180만 년 전부터 역사시대에 걸쳐 일어난 화산활동으로 만들어졌다. 한라산, 성산일출봉, 거문오름 용암동굴은 세계유산으로 지정된 지역이다. 한라산은 한국에서 가장 높은 산으로서 화산활동에 의해 생성된 방패모양 화산체이다. 성산일출봉은 해안선 근처에 뛰어난 경관을 자랑하는 수성화산체이다. 거문오름 용암동굴계는 지금으로부터 약 10~30만 년 전에 거문오름에서 분출된 용암으로부터 만들어진 여러 개의 용암동굴이다.

济州岛是大约180万年前开始由于火山活动而形成的岛。汉拿山、城

그림 동가이

山日出峰、拒文岳熔岩洞窟被列入世界遗产。汉拿山作为韩国最高的山，由火山活动形成了防御盾牌样式的火山体；城山日出峰因其海岸线附近的绝美景观而被称为"水星火山体"；拒文岳熔岩洞窟是由距今约10～30万年前在拒文岳上喷发出的熔岩组成的各个熔岩洞窟。

9. 조선왕릉(朝鮮王陵, 문화, 2009) 朝鮮王陵(文化, 2009)

한국의 조선 시대(1392～1910) 왕실과 관련되는 무덤은 '능(陵)'(42기), '원(園)'(16기), '묘(墓)'(64기)로 구분된다. 왕릉으로 불리는 능(陵)은 '왕과 왕비, 추존된 왕과 왕비의 무덤'을 말한다. 조선왕릉은 대부분이 당시의 도읍지인 한양(지금의 서울)에서 40km 이내인 현재의 서울과 경기도에 있었다.

韩国朝鮮时期(1392～1910)王室相关的陵墓由"陵(42处)"，"园(16处)"，"墓(64处)"构成。称为王陵的"陵"是指王和王妃，以及追崇的王和王妃的墓地。朝鮮王陵大部分位于当时的都城——汉阳(今首尔)40千米之内，坐落于现今首尔和京畿道附近。

10. 한국의 역사마을 하회와 양동(2010) 韩国的历史村——河回村和良洞村(2010)

한국의 대표적 씨족마을이면서 양반마을인 하회와 양동은 모두 조선 시대(1392~1910)에 양반문화가 가장 화려하게 꽃피었던 한반도 동남부(영남지방)에 있다. 두 마을은 한국의 대표적인 마을 입지 유형인 배산임수의 형태를 띠고 있으며 여름에 고온다습하고 겨울에 저온건조한 기후에 적응하기 위한 건물의 형태와 유교 예법에 입각한 가옥의 구성을 지니고 있다. 하회는 하회마을과 병산서원으

로 구성되어 있으며 양동은 양동마을과 그 주변 관련 건축물인 동 강서원, 옥산서원, 독락당으로 구성되어 있다.

河回和良洞作为代表韩国的氏族村, 全部位于朝鲜半岛东南部(岭南 地区), 当时的朝鲜时期是两班文化最为繁盛的时候。两个村落是具有 韩国代表性的村落类型, 具有背山临水的特色, 夏季高温多湿, 冬季低 温干燥, 是村民们为适应此类气候类型, 立足于建筑形态和儒教礼法建 造而成的。河回由河回村和屏山书院构成；良洞是由良洞村及周边相 关建筑——东江书院、玉山书院、独乐堂构成。

11. 남한산성(南漢山城, 2014) 南汉山城(2014)

남한산성은 극동아시아 여러 지역의 영향을 바탕으로 다양한 군사 방어 기술을 종합적으로 구현하고 있는 조선왕조의 비상시 임시 수 도로서 한국의 독립성 및 한국 역사상 다양한 종교·철학이 조화롭 게 공존해온 가치를 상징하는 유산이다. 동 유산은 본성(한봉성과 봉 함성을 포함)과 신남성(동서돈대)으로 구성된 연속유산으로 16세기 에서 18세기에 이르는 기간 동안 동아시아 국가 간 축성술과 도시 계획이 상호 교류한 증거이다. 또한 7세기부터 19세기까지 축성술의 시대별 발달 단계와 무기 체계의 변화상을 잘 보여주며 지금까지 주 민들이 거주하고 있는 살아있는 유산으로서 가치를 보유한다.

南汉山城受远东亚洲各个地区的影响, 展现出多种综合军事防御技 术, 作为朝鲜王朝非常时期的临时首都, 是象征着韩国的独立性及韩国 历史多样性的宗教、哲学相互协调共存的遗产。本遗产是指由本城(汉 峰城和蜂岩城)和新南城(东西墩台)构成的连续遗产, 是自16世纪至18

世纪为止，东亚国家间筑城技术和城市规划相互交流的证据。7世纪至19世纪，筑城技术随时代发展阶段和武器体系的变化而变化，至今为止仍作为保留着居民生活的遗产而具有价值。

남한산성 지화문

촬영 문민

12. 백제역사유적지구(百濟歷史遺跡地區, 2015)

百济历史遗址(2015)

〈자료출처 - 백제역사유적지구 통합관리 사업단〉

백제는 기원전 18년부터 660년까지 700여 년간 존재한 한반도의 고대국가 중 하나이다. 백제역사유적지구는 공주시, 부여군, 익산시 등 3개 시·군의 8곳 문화유산으로 구성되어 있다. 세부 등재지역을 살펴보면 충남 공주시는 공산성, 송산리 고분군 등 2곳, 충남 부여군은 관북리 유적과 부소산성, 능산리 고분군, 정림사지, 부여나성 등 4곳, 전북 익산시는 왕궁리 유적, 미륵사지 등 2곳이다. 백제역사유적지구는 5~7세기 한국, 중국, 일본의 고대 동아시아 왕국들 사이의 교류와 그 결과로 나타난 건축기술의 발전과 불교의 확산을 보여주는 고고학 유적이다. 또한 백제역사유적지구는 수도의 입지, 불교 사찰과 고분군, 건축물과 석탑을 통해 한국의 고대왕국 백제의 문화, 종교, 예술미를 보여준다.

百济是自公元前18年至660年共700多年间出现在朝鲜半岛上的古代国家之一。百济历史遗址由公州市、扶余郡、益山市等三个市和郡的八处文化遗产构成。据详细的史料记载，共包括忠清南道公州市的公山城、宋山里古坟群两处；忠清南道扶余郡的官北里遗迹和扶苏山城、陵山里古坟群、定林寺址、扶余罗城四处；全罗北道益山市的王宫里遗址、弥勒寺址两处。百济历史遗址是见证5~7世纪韩国、中国、日本的古代东亚王国间的交流成果的考古学遗迹。它见证了各国交流之下的建筑技术的发展和佛教的传播。百济历史遗址的首都位置、佛教寺庙和古坟群、建筑和石塔，展示了韩国的古代王国——百济文化、宗教、艺术美。

13. 산사, 한국의 산지 승원(2018) 山寺, 韩国山地僧院 (2018)

출처: 유네스코한국위원회

산사는 한반도 남쪽 지방에 위치한 7개 불교 산지 승원(통도사, 부석사, 봉정사, 법주사, 마곡사, 선암사, 대흥사)으로 이루어져 있다. 7세기에서 중심지로 한국 불교의 역사적인 전개를 보여주고 있다. 한국의 다양한 불교신앙이 산사의 경내에 수용되었으며 이는 역사적인 구조물과 전각, 유물, 문서 등에 잘 남아있다. 사찰 운영에서 나타나는 자립성과 승려 교육, 한국 선불교의 특징인 영적 수행과 교리 학습의 공존 등의 지속적인 전통에서 한국 불교의 무형적, 역사적 측면을 확인할 수 있다. 이들 산사는 조선 시대 억압으로 인한 전란의 손상에도 불구하고 오늘날까지 신앙과 일상적인 종교적 실천의 살아있는 중심으로 남아있는 신성한 장소이다.

山寺由朝鲜半岛南部地区的七大佛教山地僧院(通度寺、浮石寺、凤亭寺、法住寺、麻谷寺、仙岩寺、大兴寺)组成。7世纪，山寺作为中心地，展示了韩国佛教历史的发展。韩国多样的佛教信仰被体现在山寺内部，留下了具有历史性的建筑、文物、文书等。寺庙在管理过程中显露出较强的自主性，尤其体现在僧侣教育方面，韩国禅佛教的心灵修行和教理学习共存等传统突出体现了韩国佛教的非物质性的历史性的部分。这些山寺虽然在朝鲜时期因压迫而发生的战乱造成了破坏，但至今仍为信仰和日常宗教活动的中心，是神圣的场所。

14. 한국의 서원(韓國書院, 2019) 韩国书院(2019)

<사진제공 : 한국의 서원 통합보존관리단>

'한국의 서원'(16세기 중반부터 17세기 건립)은 조선 시대 성리학 교육기관의 유형을 대표하는 9개 서원으로 이루어진 연속유산으로 한국의 성리학과 연관된 문화적 전통에 대한 탁월한 증거이다. 소수서원, 남계서원, 옥산서원, 도산서원, 필암서원, 도동서원,

병산서원, 무성서원, 돈암서원 등 9개 서원으로 구성되어 있으며 한국의 중부와 남부 여러 지역에 걸쳐 위치한다.

서원은 중국에서 도입되어 한국의 모든 측면에서 근간을 이루고 있는 성리학을 널리 보급한 성리학 교육기관으로서 탁월한 증거가 되는 유산이다. 서원의 향촌 지식인들은 학습에 정진할 수 있는 교육체계와 유형적 구조를 만들어냈다. 학습과 배향, 상호교류는 서원의 핵심적인 기능이었으며 이는 건물의 배치에 잘 드러나 있다. 서원은 그 지역 지식인들인 사림이 이끌었으며 사림의 이해관계에 따라 향촌의 중심으로 발전하고 번성했다.

韩国书院(16世纪中期至17世纪建立)，作为代表朝鲜时期性理学的教育机关类型，是由9个书院组成的连续遗产，是证明韩国性理学相关的文化传统的杰出的证据。韩国书院是由绍修书院、蓝溪书院、玉山书院、陶山书院、笔岩书院、道东书院、屏山书院、武城书院、遁岩书院等9处书院构成，位于韩国的中部和南部各个地区。

书院从中国引进，不管从韩国哪个层面，都成为主流思想性理学，并通过书院教育机构得到广泛普及。书院的乡绅创新出了能够增进学问的教育体系和建筑结构。学习、祭祀和相互交流成为书院的核心功能，这从建筑的合理构造中显示。儒生由当地知识阶层引领，因儒生的利害相关，书院发展成为乡村的中心地。

15. 한국의 갯벌(2021) 韩国的滩涂(2021)

한국의 갯벌은 황해의 동쪽이자 대한민국의 서남해안에 위치하고 있으며, 서천갯벌, 고창갯벌, 신안갯벌, 보성-순천갯벌의 4개 구성요소로 이루어져 있다. 이 유산은 지구 생물다양성의 보전을 위

제6장 유네스코에 등재된 한국 문화재 列入联合国教科文组织的韩国文化遗产 249

한 전 지구적으로 가장 중요하고 의미 있는 서식지 중 하나이며 특히 동아시아-대양주 철새이동경로(EAAF)의 국제적 멸종위기 이동성 물새의 중간기착지로서 국제적 중요성을 갖는다.

이 지역의 지형지질학, 해양학, 기후학적인 조건들은 복합적으로 조합되어 철새들을 포함한 갯벌 생물들의 다양한 서식지를 발전시켰다. 이 유산은 102종의 이동성 물새를 포함하여 2,169종의 동식물이 보고될 정도로 높은 수준의 생물다양성을 보유하고 있다. 특히 이곳은 47종의 고유종과 5종의 멸종위기 해양 무척추동물 종과 27종의 국제적 위협 또는 준위협 상태의*(near-threatened) 이동성 물새 종을 부양하고 있다. 유산은 또한 지질다양성과 생물다양성 사이의 연관성을 보여주며 자연 환경에 의존하는 인간 활동과 문화 다양성을 보여주고 있다.

韩国的滩涂位于黄海的东侧，也是大韩民国的西南海岸，由西川滩涂、高敞滩涂、新安滩涂、宝城——顺天滩涂4个部分组成。该遗产是全球最重要和最有意义的栖息地之一，特别是作为东亚——大洋洲候鸟迁徙路径（EAAF），是全球濒危灭种危机的迁徙水鸟的中间基地，而具有国际重要性。

该地区的地形地质学、海洋学和气候学条件复合组成，发展了包括候鸟在内的滩涂生物的多种栖息地。该遗产具有高水平的生物多样性，有2169种动植物，其中包括102种移动性水鸟。值得一提的是，这里养着47种固有物种和5种濒危的海洋无脊椎动物物种，以及27种处于国际威胁或准威胁状态的*（near-threatened）移动性水鸟物种。该遗产阐释了地质多样性和生物多样性之间的联系，以及依赖自然环境的人类活动和文化多样性。

제2절 한국의 인류무형유산(人類無形遺産)
第二节 韩国的非物质文化遗产

인류의 무형유산이란? 非物质文化遗产是什么?

출처: 한국유네스코위원회

2003년 유네스코 무형문화유산 보호 협약에 의거하여 문화적 다양성과 창의성이 유지될 수 있도록 대표목록 또는 긴급목록에 각국의 무형유산을 등재하는 제도이다. 2005년까지 인류 구전 및 무형유산 걸작이라는 명칭으로 유네스코 프로그램 사업이었으나 지금은 세계유산과 마찬가지로 정부 간 협약으로 발전되었다.

非物质文化遗产是指根据2003年联合国教科文组织非物质文化遗产保护协约, 为维持文化的多样性和创意性, 将各国的非物质文化遗产列入代表名录或紧急名录的制度。至2005年为止, 是以口头传统和表述及无形文化遗产名作命名的联合国教科文组织项目事业, 但现在和世界遗产一样, 成为了政府间的协约。

1. 종묘제례·종묘제례악(宗廟祭禮·宗廟祭禮樂, 2001)
宗庙祭礼与宗庙祭礼乐(2001)

종묘제례란 조선 시대 역대 왕과 왕비의 신위(죽은 사람의 사진)를 모셔 놓은 사당(종묘)에서 지내는 제사를 가리키며 종묘제례악은 제사를 지낼 때 **무용**과 **노래**와 **악기**를 사용하여 연주하는 음악을 가리키며 '종묘악'이라고도 한다.

宗庙祭礼是指在供奉朝鲜时期历代王和王妃的神位(死去的人的画像)
的祠庙(宗庙)里进行祭祀的活动。宗庙祭礼乐是指祭祀的时候，使用歌
舞乐器进行演奏的音乐，也称为"宗庙乐"。

출처: 한국문화재청

2. 판소리(2003) 清唱(音译 板索里, 2003)

부채를 든 1명의 창자(唱者)가 고수의 북장단에 맞추어 창(소리),
아니리(사설), 발림(몸짓)을 섞어가며 이야기를 엮어가는 극적 음악
이다. 현재 전해지고 있는 판소리는 <춘향가(春香歌)>·<심청가(沈淸
歌)>·<수궁가(水宮歌)>·<적벽가(赤壁歌)>·<흥보가(興夫歌)>이다.

清唱是手持扇子的一名演唱者配合鼓手鼓声的长短，将唱(声音)，念
白(辞说)，表演(动作)相配合，配合故事情节产生的戏剧性音乐。现今流
传下来的清唱有 《春香歌》，《沈淸歌》，《水宮歌》，《赤壁歌》，
《兴夫歌》。

출처: 한국문화재청

3. 강릉단오제(2005) 江陵端午祭(2005)

강릉 지방에서 대관령 산길의 안전통행 또는 풍작·풍어와 같은
청안(淸安)을 기원하여 거행하는 동제(洞祭)이다. 창포물(창포를 삶은
물)에 머리를 감는 풍습이 있다.

江陵端午祭是指在江陵地区为祈愿大关岭山路的安全通行或五谷丰
登、渔捞丰收而举行的洞(村落)祭。有用菖蒲草(菖蒲煮好的水)来洗头

출처: 한국문화재청

的风俗。

4. 강강술래(2009)　强羌水越来(圆圈舞, 2009)

강강술래는 노래, 무용, 음악이 삼위일체의 형태로 이루어진 한국 특유의 민요와 춤이다. 춤을 추는 여성들 중에서 노래 잘하는 한 사람이 선소리를 하면 모든 사람들이 뒷소리를 받는 선후창의 형태로 노래되며 노랫소리에 맞춰 많은 여성들이 손에 손을 잡고 둥글게 원을 그리며 춤을 춘다.

强羌水越是指集歌曲、舞蹈、音乐为一体的韩国特有的民谣和舞蹈。在女性舞者之中，一名唱歌极好的人领唱，所有的人伴唱，以这种先后唱的形态歌唱，众多女性配合歌声互相手拉手围成圆圈跳舞。

출처: 한국문화재청

5. 남사당놀이(男寺黨遊戲, 2009) 男寺党表演, 男寺党游戏(2009)

남사당놀이는 꼭두쇠(우두머리)를 비롯해 최소 40명에 이르는 남자들로 구성된 유랑연예인인 남사당패가 농·어촌을 돌며, 주로 서민층을 대상으로 조선 후기부터 연행했던 놀이이다.

男寺党游戏是以带头人为首，由至少40名男性组成的傀儡艺人男寺党戏班。他们穿梭于农渔村落间，主要以庶民阶层为表演对象，是朝鲜后期开始盛行的表演。

출처: 한국문화재청

6. 영산재(靈山齋, 2009) 灵山斋(2009)

출처: 한국문화재청

영산재는 사람이 죽은 지 **49일째** 되는 날에 지내는 제사의 한 형태로 영혼이 **불교**를 믿고 의지함으로써 극락왕생하게 하는 의식이다.

灵山斋是在人死亡49天时举行的祭祀活动，　是让灵魂信任依赖佛教的一种极乐往生的仪式。

7. 제주칠머리당 영등굿(濟州七頭堂靈登神跳, 2009) 济州七头堂灵登神跳(2009)

제주 칠머리당 영등굿은 제주시 건입동의 본향당(本鄕堂)인 칠머리당에서 하는 굿이다. 건입동은 제주도의 작은 어촌으로 주민들은 물고기와 조개를 잡거나 해녀작업으로 생계를 유지하며 마을 수호신인 도원수감찰지방관(都元帥監察地方官)과 용왕해신부인(龍王海神夫人)

두 부부에게 마을의 평안과 풍요를 비는 굿이라고 전해진다.

济州七头堂灵登神跳是在济州市健入洞本乡堂——七头堂举办的神祭。相传健入洞是济州岛的一个小渔村，居民们通过捕鱼或海女工作来维持生计，济州七头堂灵登神跳作为向村里的守护神——都元帅监察地方官和龙王海神夫人祈求风调雨顺进行的神祭。

출처: 한국문화재청

8. 처용무(處容舞, 2009) 处容舞(2009)

처용무란 처용 가면을 쓰고 추는 춤을 말한다. 궁중무용 중에서 유일하게 사람 형상의 가면을 쓰고 추는 춤으로 '오방처용무'라고도 한다. 통일신라 헌강왕(재위 875~886) 때 살던 처용이 아내를 범하려던 역신(疫神: 전염병을 옮기는 신) 앞에서 자신이 지은 노래를 부르며 춤을 춰서 귀신을 물리쳤다는 설화를 바탕으로 하고 있다.

处容舞是指戴着处容样貌的假面具跳舞。作为宫廷舞蹈中唯一戴有人形假面的舞蹈，也被称为"五方处容舞"。处容舞以民间传说为基础，统一新罗宪康王(在位875～886)时期，疫神(传播传染病的神)将要侵犯处容的妻子，处容在疫神面前一边唱自己所做之曲，一边跳舞，驱走了鬼神。

출처: 한국문화재청

9. 가곡(歌曲, 2010) 歌曲(韩国传统声乐, 2010)

가곡은 한국 고유의 정형시에 곡을 붙여서 관현악 반주에 맞추어 부르는 전통음악으로, '삭대엽(數大葉)' 또는 '노래'라고도 한다. 현재 전해지는 가곡은 조선 후기부터 나타난 빠른 곡인 삭대엽에서 파생한 가락적으로 관계가 있는 여러 곡들이 5장 형식의 노래 모음을 이룬 것이다.

韩国传统声乐是指在韩国固有的定型诗上赋以曲调， 配合管弦乐伴奏歌唱的传统音乐，也被称为"数大叶"或"歌曲"。现今传承下来的韩国声乐是朝鲜后期开始出现的快调——数大叶中派生的曲调，各个乐曲是以五章形式的歌曲元音组成。

출처: 한국문화재청

10. 대목장(大木匠, 2010) 大木匠(2010)

궁궐이나 사찰 또는 가옥을 짓고 건축과 관계된 일을 대목(大木)이라 하며 그 일을 하는 장인을 대목장(大木匠)이라 한다. 설계, 시공, 감리 등 나무를 재료로 하여 집을 짓는 전 과정의 책임을 지는 장인으로서 오늘날 건축가를 일컫는 전통적 명칭이다.

建设宫殿、寺庙或房屋的，从事与建筑相关联的工作被称为"大木"，从事此类工作的匠人被称为"大木匠"。在设计、施工、监管等以木为材、建屋造梁的全过程中，"大木匠"作为负责匠人，是现今建筑家的传统名称。

출처: 한국문화재청

11. 매사냥(獵鷹, 2010) 鷹猎, 猎鹰(2010)

매사냥은 매를 훈련하여 야생 상태에 있는 먹이를 잡는 방식으로 4000년 이상 지속되고 있다. 매는 한로(寒露)와 동지(冬至) 사이에 잡아서 길들인 후 겨울 동안 사냥에 나간다. 개인이 아니라 팀을 이루어서 하며 꿩을 몰아주는 몰이꾼, 매를 다루는 봉받이, 매가 날아가는 방향을 봐주는 배꾼으로 구성되어 있다.

鷹猎已经有4000年以上的历史了, 需要训练老鹰抓野生状态下的猎物。在寒露冬至时抓来鹰, 驯服之后冬天出去狩猎。以团队合作为主, 一个团队由驱赶野鸡的, 控制老鹰的和随时查看鹰飞方向的人组成。

출처: 한국문화재청

12. 줄타기(2011) 走绳(2011)

줄타기는 공중에 맨 줄 위에서 재미있는 이야기와 발림을 섞어가며 갖가지 재주를 부리는 놀이이다. 줄타기 공연자들은 줄광대, 어릿광대, 삼현육각재비로 나누어진다. 줄광대는 주로 줄 위에서 갖가지 재주를 보여주고 어릿광대는 땅 위에 서서 줄광대와 어울려 재담을 한다. 삼현육각재비는 줄 밑 한편에 한 줄로 앉아서 장구, 피리, 해금 등으로 광대들의 동작에 맞추어 연주한다.

走绳是指踩在空中的一根绳上，伴着有趣的故事和动作，展示各种技巧的表演。走绳表演者分为走钢丝艺人、小丑儿、三弦六角艺人。走钢丝艺人主要是在绳子上表演技巧；小丑儿是在地上站着与走钢丝艺人相互呼应；三弦六角艺人是在绳子下面一端坐成一排演奏长鼓、笛子、奚琴等乐器，与其他艺人相互配合。

출처: 한국문화재청

13. 택견(跆擊, 2011) 跆跟(2011)

　택견은 전통무술의 하나로 유연한 동작으로 손과 발을 순간적으로 우쭉거려 생기는 탄력으로 상대방을 제압하고 자기 몸을 방어하는 무술이다. 고구려 고분벽화에 택견을 하는 모습이 그려져 있으며 고려 시대에는 무인들 사이에서 성행하는 무예로 발전되었다. 조선 시대에는 대중화되어 무인뿐만 아니라 일반인들도 널리 행하게 되었다.

출처: 한국문화재청

　跆跟作为韩国传统武术之一，是通过轻柔的动作，手脚瞬间的晃动产生的弹力压制对方，进行自我防御的武术。在高句丽的古墓壁画上画着跆跟的场面，跆跟是高丽时期由武士们之间盛行的武艺发展起来的，于朝鲜时期逐渐大众化，不仅是在武士间，在一般人之间也广泛盛行。

14. 한산모시짜기(韓山夏布織造, 2011) 韩山夏布织造 (2011)

한산모시는 충청남도 서천군 한산 지역에서 만드는 모시로 다른 지역에 비해 품질이 우수하고 섬세하다. 제작과정은 재배와 수확, 태모시 만들기, 모시 째기, 모시 삼기, 모시 굿 만들기, 모시 날기, 모시 매기, 모시 짜기, 모시 표백 순으로 이루어진다.

출처: 한국문화재청

韩山夏布是忠清南道舒川郡韩山地区制造的夏布，与其他地区相比品质更加优秀细腻。制作过程按照栽培和收获，取苎麻内皮，撕苎麻成条，将苎麻搓成线，连接各个苎麻线(搓成长线)，苎麻去水干燥，打成捆，加工纺织，漂白苎麻布的顺序完成。

15. 아리랑(2012) 阿里郎(2012)

아리랑은 한국의 대표적인 민요로 '아리랑' 또는 그와 유사한 발음의 어휘가 들어있는 후렴을 규칙적으로 또는 간헐적으로 띄엄띄엄 부르는 한 무리의 노래이다. 아리랑은 52종의 8000여 수로 한국을 비롯하여 한반도와 해외 한민족 사회에서 널리 애창되는 대표적인 노래이다. 최초의 아리랑은 정가사가 정해져 있지 않고 주제 또한 개방되어 있어 누구든지 자유롭게 노래할 수 있다는 특징을 가지고 있다. 한반도의 중앙부에 위치한 태백산맥을 중심으로 발생된 아리랑은 한반도의 중동부에 위치한 강원도 정선(旌善)지역을 중심으로 점차 확산되었다.

출처: 한국문화재청

阿里郎作为韩国具有代表性的民谣, 是以与主歌相似的旋律作为副歌部分, 有规律的或间歇性的时断时续地唱出的一类歌曲。阿里郎共有52种8000多首, 是在韩国、朝鲜半岛和海外广大朝鲜民族中广泛传唱的代表歌曲。最初的阿里郎没有固定歌词, 带有主题开放, 人人可以自由传唱的特征。阿里郎以朝鲜半岛中央位置的太白山脉为中心产生, 以朝鲜半岛中东部——江原道旌善地区为中心逐渐扩散。

16. 김장문화(2013) 腌泡菜文化(2013)

김장은 길고 혹독한 겨울을 나야 하는 한국인들에게 반드시 필요한 월동 준비이다. 늦가을 김장철이 되면 가족이나 친족, 특히 여성을 중심으로 다 함께 모여 김장을 하고 김장김치를 형편이 어려운 사람들에게 나누어 줌으로써 겨울 동안 먹을 김치를 충분히 확보할 수 있도록 해준다. 이처럼 김장은 사회적 나눔, 구성원 간 협력 증진, 김장문화 전승 등의 다양한 목적이 있고 특히 지역의 차이, 사회·경제적 차이를 넘어 한국 국민 전체를 포괄한다는 큰 특징을 가지고 있다.

　泡菜是韩国人度过漫长寒冷的冬天时必备的过冬酱菜。到晚秋腌泡菜季，以女性为主的家人或亲戚会聚在一起腌制泡菜，与无法腌制泡菜的人家分享，准备可以过冬的充足的泡菜。因此腌制泡菜这一活动具有促进社会分享，增进成员间合作，传承泡菜文化的作用，带有超越地区差异、社会经济差异，融合韩国全体国民的大特征。

출처: 한국문화재청

17. 농악(農樂, 2014) 农乐(2014)

농악은 한국사회에서 마을 공동체의 화합과 마을 주민의 안녕을 기원하기 위해 연행되며 한국 전역에서 행해지는 대표적인 민족예술이자 꽹과리, 징, 장구, 북, 소고 등 타악기를 합주하면서 행진하거나 춤을 추며 연극을 펼치기도 하는 기예가 함께하는 종합 예술이다. 농악은 마을신이나 농사신을 위한 제사, 액을 쫓고 복을 부르는 축원, 봄의 풍농 기원과 가을의 풍농 축제 등 한국인의 삶 속에서 늘 함께하는 것이었고 공동체의 여러 행사에서 연주되며 신명을 끌어내고 화합하고 단결하게 하는 역할을 하고 있다.

출처: 한국문화재청

　农乐是韩国社会为了祈愿农村共同体的和谐和农村居民的安宁而进行的代表性民族艺术，盛行于韩国全地区，是与手锣、锣、长鼓、圆鼓、小鼓等打击乐器相协奏，行进或跳舞时掺杂戏剧技艺的综合艺术。农乐是为了村子或庄稼的守护神进行的祭祀，旨在驱赶霉运，追求幸福，祈求春秋季丰收等，一直伴随着韩国人的生活。在共同体的各种活动中演奏，有唤来神灵，祝愿和谐团结的作用。

18. 줄다리기(2015) 拔河(2015)

줄다리기는 풍농을 기원하고 공동체 구성원 간의 화합과 단결을 위하여 동아시아와 동남아시아 도작(稻作, 벼농사) 문화권에서 널리 연행되었다. 공동체 구성원들은 줄다리기를 연행함으로써 사회적 결속과 연대감을 도모하고 새로운 농경주기가 시작되었음을 알린다. 두 팀으로 나누어 줄을 반대 방향으로 당기는 놀이인 줄다리기는 승부에 연연하지 않고 공동체의 풍요와 안위를 도모하는 데에 본질이 있다. 한국의 영산줄다리기, 기지시줄다리기, 삼척기줄다리기, 감내게줄당기기, 의령큰줄땡기기, 남해선구줄끗기 등 총 6건의 국가 지정과 시도 지정 무형문화재가 유네스코 인류무형문화유산에 포함되었다.

拔河是为了祈愿丰收，追求共同体成员间的和谐团结，在东亚和东南亚稻作文化圈里广泛盛行的活动。共同体成员们通过拔河谋求社会团结和参与感，开始新农耕期。拔河分成两队，分别往相反的方向拉，拔河并不以分清胜负为主要目的，而是希望通过进行拔河活动促进共同体间的友谊，从而实现共同繁荣。韩国总计有灵山拔河、机池市拔河、三

〈사진출처 - 유네스코 아태무형유산센터〉

陜市拔河、甘川里拔河、宜宁拔河、南海仙区拔河等6处国家指定和市道指定非物质文化遗产被列入联合国教科文组织人类非物质文化遗产名录。

19. 제주해녀문화(濟州海女文化, 2016) 济州海女文化 (2016)

　제주도 전역에 퍼져있는 제주해녀문화는 잠녀 혹은 잠수라고 불리는 해녀, 제주해녀 공동체 안에서 끊임없이 세대 간 전승되는 물질 기술, 바다의 여신인 용왕 할머니에게 풍요와 바다에서의 안전을 기원하기 위한 잠수굿 그리고 해녀노래 등을 포함하고 있다.

　제주해녀들은 바닷속의 암초와 해산물의 서식처를 포함하는 바다에 대한 인지적 지도 및 자연친화적 채집기술인 물질작업을 통해 해산물을 채취한다. 산소공급 장치 없이 10미터 정도 깊이의 바닷속으로 약 1분간 잠수하여 해산물을 채취한다. 물질 기술에 따라 제주해녀 공동체는 상군, 중군, 하군 등 세 가지 집단으로 나뉜다.

　제주해녀문화는 남성 중심의 유교사회인 한국에서 여성의 지위 향상에 이바지하고 있으며 제주해녀문화가 갖고 있는 물질작업의 지속 가능성, 약자에 대한 배려, 공익에 대한 헌신과 참여, 생태주의적 요소는 인류사회가 지향해야 할 지속가능한 발전 모델로서의 가치를 지니고 있다.

　济州岛地区传播开来的济州海女文化是那些被称为 "潜女", "潜嫂" 的海女们在济州海女共同体之内，延绵不断地在世世代代间传承下来的物质技术，也包括向大海的女神——龙王奶奶祈求丰裕和海上安全，以此产生的潜水祈神活动和海女歌曲等。

济州海女们通过在海底暗礁和海鲜栖息地等地方采用系列认知指导及环保的采集技术——物质作业采取海鲜产品。海女们在没有氧气供给装置的情况下，潜到海下10米左右的深度，在海里潜水约1分钟采取海鲜。根据物质技术不同，济州海女共同体内分为上君、中君和下君。

济州海女文化在以男性为主的儒教社会中，为提高女性的地位做出了贡献，济州海女文化所具有的物质作业的可持续性，对弱者的关怀，对公共利益的献身和参与，生态主义要素等，拥有可持续性发展价值。

出处: 한국문화재청

20. 씨름(2018) 摔跤(2018)

씨름은 한국에서 널리 즐기는 대중적인 놀이이다. 두 선수가 허리와 한쪽 허벅지에 샅바를 두른 채 상대의 샅바를 잡고 여러 기술을 이용해 반대편 선수를 쓰러뜨리는 경기이다.

성인 경기의 최종 우승자는 풍년을 상징하는 황소를 부상으로 받으며 장사라고 불린다. 경기가 끝나면 장사는 축하행사로 황소를 타고 마을을 행진한다. 마을 이느 곳이든 모래판이 있는 곳에서 씨름 경기가 열리며 어린이부터 노인까지 모든 연령의 공동체 구성원이 참여할 수 있다.

명절, 장날, 축제 등 다양한 행사에서 씨름 경기가 벌어진다. 지역적인 배경에 따라 다양한 지역에서 다양한 종류의 씨름이 발전해왔지만 공동체의 연대와 협력을 강화한다는 씨름의 공통된 사회적 기능은 동일하다. 부상 위험이 적고 접근하기 쉬운 경기인 씨름은 정신적, 신체적 건강을 증진하는 수단이기도 하다. 한국인들은 가족, 지역 공동체에서 씨름의 전통을 광범위하게 접한다.

摔跤是韩国人喜闻乐见的大众游戏。是两名选手在腰和大腿一边绑上腿带, 抓住对方的腿带, 利用技巧绊倒对方的比赛。成人比赛的最终胜利者将得到一头象征丰年的黄牛, 并被称为 "壮士"。比赛结束, 为庆祝胜利, 壮士会骑着黄牛在村子里游行。村落任何一处, 只要有沙地(摔跤场), 就可以举办摔跤比赛, 无论老少, 所有年龄层的成员都可以参加。在节日、集日、庆典等各种活动中举办摔跤比赛。根据地区背景, 在各个地区有各种各样的摔跤, 但摔跤的社会机能是一致的, 都是为了强化共同体的联合和合作。摔跤受伤的危险性小, 易上手, 也是促进精神、身体健康的手段, 韩国人在家族、地区共同体内, 广范地接触到摔跤的传统。

출처: 한국문화재청

21. 연등회(2020) 燃灯会(2020)

매년 음력 4월 8일(부처님 오신 날)이 다가오면, 전국적으로 형형색색의 등불이 밝혀지고 석가모니의 탄생을 축하하는 의식과 함께 등불을 든 사람들의 행렬이 이어진다. 삼국사기(三國史記)에 따르면 불교와 연등에 관한 기록은 9세기까지 거슬러 올라간다. 또한 고려 시대의 기록에는 연등제가 부처탄생일(918~1392)을 전후하여 개최되었다는 기록이 있다. 원래 연등회는 석가모니의 탄생을 기념하기 위한 종교 의식이었으나 지금은 남녀노소 누구나 참여할 수 있는 대표적인 봄 축제가 되었다.

사찰이나 거리를 장식하는 연등은 대나무 또는 철사 틀에 전통 종이를 덮어 만드는데 전통 장인들이 일반인들에게 지식과 기술을 공유하는 방식으로 제작되기도 한다. 대중들은 자신과 가족들뿐만 아니라 이웃과 온 나라에 행운을 빌며 자신이 만든 연등을 들고 이

축제에 참여할 수 있다. 연등은 부처님의 지혜를 통해 개인과 공동체, 사회 전체의 마음을 깨우치는 상징이기도 하다. 연등회의 주요한 행사는 석가모니의 탄생을 기념하는 의식으로 아기 부처의 모습을 목욕시키는 것으로 시작된다. 이 신성한 의식에는 연등을 든 참가자들의 행렬이 뒤따른다. 행렬을 마친 참가자들은 전통놀이 등을 함께 하면서 잠시나마 사회적 경계를 허물고 단결하기도 한다.

每年农历 4 月 8 日(佛诞节)临近时，韩国全国都会亮起各式各样的

사진출처(저작권) : 연등회 보존회

출처: 한국문화재청

灯笼，举行庆祝释迦牟尼诞生的仪式的同时，手持灯笼的人们也络绎不绝。据《三国史记》记载，有关佛教和莲灯的记录可以追溯到9世纪。另外，高丽时代的记录中记载，燃灯节是在佛诞日(918～1392)前后举行的。原来燃灯会是为纪念释迦牟尼诞生的宗教仪式，现在成为了男女老少都可以参加的代表性春季庆典。装饰寺庙或街道的灯笼是用竹子或铁丝盖上传统纸张制作而成的。大众为自己和家人，为邻居和国家祈求幸运，拿着自己制作的灯笼参与庆典。燃灯也是通过佛祖的智慧唤醒

个人、团体、社会全体的内心的象征。燃灯会的主要活动是纪念释迦牟尼诞生的仪式，是以沐浴婴儿样子的佛祖开始。在这个神圣的仪式中，手持灯笼的参加者队伍紧随佛祖后。其后，参加者们一边玩传统游戏，一边暂时打破阶级界限，团结起来。

22. 한국의 탈춤(2022) 韩国假面舞(2022)

탈춤은 춤, 노래, 연극을 아우르는 종합예술이다. 탈을 쓴 연행자가 춤과 노래 그리고 행동과 말을 극적으로 조합해 사회 문제를 해학적으로 표현하고 6~10명의 악사가 이들을 따른다. 탈춤은 일상생활에서 볼 수 있는 인물을 우스꽝스럽게 묘사하며 보편적 평등을 주장하고 계급제의 모순을 비판한다.

한국의 탈춤은 한국인의 삶 속에서 전통적 공연예술 및 무형유산의 상징으로 인식되어 왔으며 한국인으로서의 소속감 · 문화적 정체성을 강화시켜왔다.

한국의 탈춤은 1964년 양주별산대놀이 등 다양한 지역의 탈춤이 국가무형문화재와 시도무형문화재로 지정되어 보존 ·전승되고 있으며 2022년 '유네스코 인류무형문화유산 대표목록'으로 등재되었다.

假面舞是集舞蹈、歌曲、戏剧于一体的综合艺术。戴面具的演绎者将舞蹈、歌曲、行动和语言戏剧性地组合在一起，诙谐地表达社会问题，6~10名乐师跟随他们。假面舞滑稽地描述了日常生活中可以看到的人物，主张普遍平等，批判阶级制的矛盾。

韩国假面舞在韩国人的生活中一直被认为是传统表演艺术及非物质遗产的象征，加强了作为韩国人的归属感和文化认同感。

韩国的假面舞1964年被指定为国家非物质文化遗产和市道非物质文化遗产，保存和传承了扬州别山大游戏等多个地区的假面舞，2022年被列入"联合国教科文组织人类非物质文化遗产代表名录"。

출처: 한국문화재청

제3절 한국의 기록유산(記錄遺産)
第三节 韩国的世界记忆名录

세계기록유산이란? 世界记忆遗产名录是什么?

유네스코가 고문서 등 전 세계의 귀중한 기록물을 보존하고 활용하기 위하여 1997년부터 2년마다 세계적 가치가 있는 기록유산을 선정하는 사업을 하였다. 유산의 종류로는 서적(책)이나 문서, 편지 등 여러 종류의 동산 유산이 포함된다.

联合国教科文组织为了保存利用古籍善本等全世界珍贵的记录，于1997年开始每两年召开具有世界价值的记忆名录选定工作，遗产的种类包括书籍(书)、文书、书函等各种文献遗产。

1. 훈민정음(訓民正音, 1997) 训民正音(1997)

훈민정음이란 백성을 가르치는 올바른 소리란 뜻이다. 조선 제4대 임금인 세종은 그때까지 사용되던 한자가 한국말과 구조가 다른 중국어의 표기를 위한 문자체계이기 때문에 많은 백성들이 배워 사용할 수 없는 사실을 안타까워하여 세종 25년(1443)에 한국말의 표기에 적합한 문자체계를 완성하고 '훈민정음'이라 명명하였다.

训民正音意为 "教百姓的正确字音"。朝鲜第四代国王世宗发现当时使用的汉字标记韩语的文字体系，使得众多普通民众无法学习，于是在世宗25年(1443)完成了适合标记韩语的文字体系，称为 "训民正音"。

출처: 한국문화재청

2. 조선왕조실록(朝鮮王朝實錄, 1997) ≪朝鮮王朝实录≫ (1997)

조선왕조실록은 조선왕조의 시조인 태조(1392)로부터 철종(1863)까지 25대 472년간의 역사를 연월일 순서에 따라 편년체로 기록한 책이다. 조선왕조실록은 조선 시대의 정치, 외교, 군사, 제도, 법률, 경제, 산업, 교통, 통신, 사회, 풍속, 미술, 공예, 종교 등 각 방면의 역사적 사실을 망라하고 있어 세계적으로 그 유례가 없는 귀중한 역사 기록물이다. 또한 조선왕조실록은 그 역사기술에 있어 매우 진실성과 신빙성이 높은 역사기록이라는 점에서 의의가 크다.

≪朝鮮王朝实录≫是记载了由朝鲜王朝始祖太祖(1392)开始到哲宗(1863)为止的25代472年间历史事实的年月日顺编年体书籍。朝鲜王朝实录涵盖朝鲜时代的政治、外交、军事、制度、法律、经济、产业、交通、通讯、社会、风俗、美术、工艺、宗教等各个方面的史事，是世界上独一无二的宝贵历史记录。而且 ≪朝鮮王朝实录≫在其历史记述上具有非常高的真实性和可信性，意义重大。

출처: 한국학중앙연구원

3. 직지심체요절(直指心體要節, 2001)≪直指心体要节≫(2001)

직지심체요절은 고려시기 1377년에 청주 흥덕사에서 금속활자로 인쇄한 것이다. 이는 현존하는 금속활자로 인쇄된 책 중에서 가장 오래된 것으로 그 가치를 인정받아 세계기록유산으로 지정되었다.

≪直指心体要节≫是1377年在韩国清州兴德寺用金属活字印刷技术印制的书籍。作为金属活字印刷书籍中现存最古老的书，其价值得到肯定，被列入世界记录遗产名录。

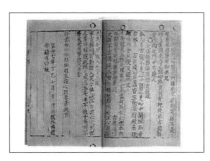

출처: 한국문화재청

4. 승정원일기(承政院日記, 2001) ≪承政院日记≫(2001)

승정원은 조선 정종 대에 창설된 기관으로서 국가의 모든 기밀을 취급하던 국왕의 비서실이라 할 수 있는 곳이다. 1623년부터 1894년까지 272년간 승정원에서 처리한 국정 기록과 승선원, 궁내부, 비서감, 규장각으로 명칭이 바뀌면서 1910년까지 총 3,243책의 기록이 남아 있다.

출처: 한국문화재청

承政院是朝鮮定宗时设立的国家机构, 主管国家一切机密事宜, 堪称国王的秘书室。1623年至1894年历时272年的承政院处理的国政记录, 随着先后改称为承宣院、宫内部、秘书监、奎章阁, 直到1910年共留下3,243册记录。

5. 해인사 고려대장경판 및 제 경판(海印寺大藏經板 與諸經板, 2007) 海印寺高丽大藏经板及诸经板(2007)

고려(1098) 때 만들어진 대장경판 81,258판으로 팔만대장경이라고도 말한다. 대장경은 인도 및 중앙아시아 언어로 된 경전, 계율, 논서, 교리 및 불교와 관련된 역사적 기록물을 집대성하여 한역한 내용과 더불어 중국어가 원문인 일부 문헌을 선정하여 수록한 것이다. 해인사에 소장되어 있는 대장경은 고려팔만대장경 이외에도 사찰에서 제작한 대장경 5,987판이 있다.

高丽(1098)时期雕刻的81,258块大藏经板被合称为八万大藏经。大藏经收录的内容是印度及中亚语言的涵盖经传、戒律、论书、教义及佛教相关历史记录译成的汉文和部分汉文文献。大藏经收藏在海印寺，除高丽八万大藏经之外，还有寺庙制作的5,987版大藏经。

출처: 한국문화재청

6. 동의보감(東醫寶鑑, 기록, 2009) ≪东医宝鉴≫(记录, 2009)

동의보감은 1610년 허준(許浚)이 집필하였고 1613년 왕실의료기관에서 나무 활자의 형식으로 간행한 백과사전식 의서(醫書)이다. 한국 실정에 맞는 의서라 하여 『동의보감』이라 이름하였으며 중국과 일본에도 소개되었고 현재까지 한국 최고의 한방의서로 인정받고 있다.

≪东医宝鉴≫是许浚于1610年编纂完成的，是1613年在王室医疗机构以木活字形式刊行的百科全书医书，是依据韩国实际情况编纂的医书，故命名为≪东医宝鉴≫，并且≪东医宝鉴≫还被介绍到了中国和日本，是现今韩国最优秀的中医理论医书。

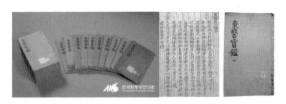

7. 조선왕조의 의궤(朝鮮王朝儀軌, 2007) ≪朝鮮王朝仪轨≫(2007)

의궤는 조선왕조에서 국가의 주요행사로 황실의 혼사, 장례, 잔치 등 반복적으로 일어나는 행사를 기록하여 유사한 행사가 있을 때 참고하도록 만든 것이다. 일부 의궤는 프랑스의 국립도서관에 나머지 일부는 일본의 궁내청 등에 소장되어 있다.

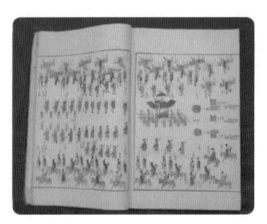

儀軌是记录朝鲜王朝的主要活动——王室的婚嫁、葬礼、宴会等多次举办活动的书籍。以备类似活动时参考。部分儀轨保存在法国的国立图书馆，其余的一部分收藏在日本的宫内厅。

8. 일성록(日省錄, 2011) ≪日省录≫(2011)

일성록은 1760년(영조 36)에서 1910년(융희 4)까지 151년 동안의 국정 운영 내용을 일기체로 정리한 국왕의 일기이다. 임금의 입장에서 펴낸 일기의 형식을 갖추고 있으나 실질적으로는 정부의 공식적인 기록물이다. 필사본으로 한 질만 편찬된 유일본이며 총 2,329책으로 구성되어 있다.

≪日省录≫记录1760年(英祖36年)至1910年(隆熙4年)历时151年的国政发展内容，是以日记体的形式整理成的国王言行相关的日记。其既是国王日记，也是政府的官方记录。作为用手抄本成册的孤本，共2,329卷。

출처: 한국문화재청

9. 5·18 민주화운동 기록물(五一八民主化運動記錄物, 2011) 5·18民主化运动记录遗产(2011)

5·18 민주화운동 관련 기록물은 1980년 5월 18일부터 27일까지 한국 광주를 중심으로 전개된 민주화를 요구하는 시민들의 일련의 활동과 이후에 이 사건의 책임자 처벌, 피해자 보상과 관련하여 기록되고 생산된 문건, 사진, 영상 등의 자료를 총칭한다.

5·18民主化运动相关的记录是从1980年5月18日到27日之间，以韩国光州市为中心，要求民主化的市民们相关的活动记录，包括这次事件的责任人处罚、受害者补偿相关记录，以及当时留下的文件、照片、视频等资料。

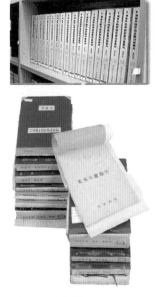

출처: 5·18기념재단

10. 난중일기(亂中日記, 2013) ≪乱中日记≫(2013)

『난중일기』는 이순신(1545~1598) 해군사령관이 임진왜란 기간 중 군중(軍中)에서 직접 쓴 친필일기이다. 모두 8권의 책으로 구성되어 있으며, 임진왜란 발발(1592년 1월) 이후부터 이순신이 1598년 11월, 노량해전에서 전사하기 직전까지 7년의 기간을 망라하여 기록하고 있다. 『난중일기』는 원래 임진일기(1592년), 계사일기(1593년), 갑오일기(1594년), 을미일기(1595년), 병신일기(1596년), 정유일기(1597년), 속정유일기(1597년), 무술일기(1598년)로 구성되어 있었으나 현재는 1595년의 을미일기를 뺀 총 7책이 보존되어 전해오고 있다.

≪乱中日记≫是朝鲜海军司令官李舜臣(1545~1598)在壬辰倭乱期间亲笔完成的日记，全书由8册组成，壬辰倭乱爆发(1592年1月)以后，李舜臣在1598年11月露梁海战中战死，到此共记录了7年。 ≪乱中日记≫原由壬辰日记(1592年)、癸巳日记(1593年)、甲午日记(1594年)、乙未日记(1595年)、丙申日记(1596年)、丁酉日记(1597年)、续丁酉日记(1597年)、戊戌日记(1598年)构成， 但现今除了1595年的乙未日记，共7册保存了下来。

출처: 한국문화재청

11. 새마을운동 기록물(新村運動記錄物, 2013) 新村 运动记录遗产(2013)

새마을운동 기록물은 한국 정부와 국민들이 1970년부터 1979년 까지 추진한 새마을운동 과정에서 생산된 대통령의 연설문과 결재 문서, 행정부처의 새마을 사업 공문, 마을 단위의 사업서류, 새마을 지도자들의 성공사례 원고와 편지, 시민들의 편지, 새마을교재, 관 련 사진과 영상 등 약 22,000여 건의 자료를 총칭한다.

新村运动记录是韩国政府和国民以1970年至1979年推进的新村运动 为背景的活动记录，共包括总统的演讲和批准文书、行政部门的新村事 业公文、村居单位的事业资料、新村运动领导者的成功事例原稿和信 函、市民们的书信、新村教材、有关照片和视频等22,000余件资料。

12. 유교 책판(儒敎冊版, 2015) 儒教册版(2015)

유교 책판은 조선 시대 유학자들의 저작물을 간행하기 위해 판각한 책판으로 305개 문중·서원 등에서 기탁한 718종 64,226장이다. 현재는 한국국학진흥원에서 보존, 관리하고 있다. 유교 책판은 선학과 후학이 책을 통하여 서로 소통하는 'Text Communication'의 원형으로 국가주도로 제작되어 종교적인 목적을 담은 한국의 기록유산인 팔만대장경과는 달리 유교 책판은 국가가 아닌 각 지역의 지식인 집단들이 시대를 달리하여 만든 것이다. 수록 내용도 문학을 비롯하여 정치, 경제, 사회, 대인관계 등 다양한 분야를 다루고 있지만 모든 분야의 내용은 궁극적으로 유교의 인륜공동체를 실현하기 위한 공통성을 지니고 있다.

儒教册版是为了刊行朝鲜时期儒学家们的著作而制作的版刻书籍，在305个家庭和书院等地寄存共计718种64,226章。现今在韩国国学振兴院保存管理。儒教册版是先学者和后学者通过书籍，以互相沟通的"文本通信"为原型，与国家主导编纂、带有宗教目的的韩国记录遗产——

八万大藏经不同，儒教册版由各个地区的知识团体顺时编纂而成。收录的内容以文学为首，包含政治、经济、社会、人际关系等各个方面，但所有方面的内容都带有最终实现儒教伦理共同体的一致性。

출처: 한국국학진흥원

13. KBS 특별생방송 '이산가족을 찾습니다' 기록물(記錄物, 2015) KBS电视台特别直播节目 ≪寻找离散家属≫记录遗产(2015)

기록물은 KBS가 1983년 6월 30일 밤 10시 15분부터 11월 14일 새벽 4시까지 방송기간 138일, 방송시간 453시간 45분 동안 생방송한 비디오 녹화원본 테이프 463개와 담당 프로듀서 업무수첩, 이산가족이 직접 작성한 신청서, 일일 방송진행표, 큐시트, 기념음반, 사진 등 20,522건의 기록물을 총칭한다.

该记录遗产是KBS电视台于1983年6月30日晚10点15分至同年11月14日凌晨4点为止历时138天的直播，直播时间达453时45分，其包括463个直播录像原本录像带、主要制作人业务手册、离散家属填写的申请书、每日直播进程表、广播提示单、纪念唱片、照片等20,522件记录物品。

14. 조선왕실 어보와 어책(朝鮮王室御寶及御冊, 2017) 朝鮮王室御宝及御册(2017)

유네스코 세계기록유산 등재 신청 대상은 금, 은, 옥에 아름다운 명칭을 새긴 어보, 오색 비단에 책임을 다할 것을 훈계하고 깨우쳐 주는 글을 쓴 교명, 옥이나 대나무에 책봉하거나 아름다운 명칭을 수여하는 글을 새긴 옥책과 죽책, 금동판에 책봉하는 내용을 새긴 금책 등이다. 이런 책보(册寶)는 조선조 건국 초부터 근대까지 570여 년 동안 지속적으로 제작되고 봉헌되었다. 1392년부터 1966년까지 570여 년이라는 장기간에 걸쳐 지속적으로 책보를 제작하여 봉헌한 사례는 한국이 유일무이하다.

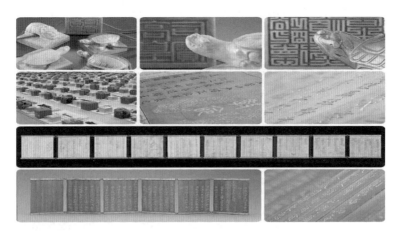

출처: 한국문화재청

    联合国教科文组织世界记录遗产名录申请对象包括在金银玉上镌刻名称的御宝，在五色绸缎上写有重责任的戒律教诲文，在玉或竹子上写有册封或授予称号文字的玉书、竹书，在镀金铜板上刻有册封字样的金书等。册宝是朝鲜王朝建国初期至近代共570多年间呕心制作而成的，从1392年到1966年历时570多年时间制作完成的册宝事例，在世界上绝无仅有。

15. 국채보상운동 기록물(國債報償運動記錄物, 2017)
国债偿还运动记录遗产(2107)

한국의 국채보상운동 기록물은 국가가 진 빚을 국민이 갚기 위해

1907년부터 1910년까지 일어난 국채보상운동의 전 과정을 보여주는 기록물이다. 19세기 말부터 제국주의 열강은 아시아, 아프리카, 아메리카 등 모든 대륙에서 식민지적 팽창을 하면서 대부분의 피식민지 국가에 엄청난 규모의 빚을 지우고 그것을 빌미로 지배력을 강화하는 방식을 동원하였다. 아시아 동북쪽의 작은 나라였던 한국도 마찬가지로 일본의 외채로 망국의 위기에 처해 있었다. 당시 한국인들은 이미 베트남, 인도, 폴란드, 이집트, 오키나와 등의 국가들도 외채로 나라를 잃은 역사적 사실을 주목하고 있었다. 한국 국민은 외채로 인한 망국의 위기를 극복하고자 국채보상운동을 일으켰다. 한국의 남성은 술과 담배를 끊고 여성은 반지와 비녀를 내어놓았고 기생과 걸인, 심지어 도적까지도 의연금을 내는 등 전 국민의 약 25%가 이 운동에 자발적으로 참여하였다. 한국인들은 전국민적 기부운동을 통해 국가가 진 외채를 갚음으로써 국민으로서의 책임을 다하려 하였다.

韩国的国债偿还运动记录是为了让国民偿还国家债务，于1907年至1910年兴起的国债偿还运动过程的记录。19世纪末开始，帝国主义列强在亚洲、非洲、美洲等大陆进行殖民地掠夺，大部分被殖民地国家都欠下了规模巨大的债务，列强以此为由，强化殖民地支配权。亚州东北部的小国家——韩国也同样受到日本的侵略，陷入了亡国的危机之中，当时韩国民众目睹了越南、印度、波兰、埃及、冲绳等国家因外债痛失国家的历史事实，因此韩国人为了克服外债亡国危机，兴起了国债偿还运动。韩国男性戒掉了烟酒，女性交出了戒指、簪子，妓女、乞丐甚至是盗贼都捐出了善款，约25%的国民自发参与到了这次运动中。韩国人通过全民性质的捐款运动，偿还了国家外债，承担了国民应尽的责任。

출처: 한국문화재청

16. 조선통신사 기록물(朝鮮通信使記錄物, 2017)

朝鮮通信使记录遗产(2017)

조선통신사에 관한 기록은 1607년부터 1811년까지, 일본 에도막부의 초청으로 12회에 걸쳐 조선국에서 일본국으로 파견되었던 외교사절단에 관한 자료를 총칭하는 것이다. 이 자료는 역사적인 경위로 인해 한국과 일본에 소재하고 있다.

조선통신사는 16세기 말 일본의 도요토미 히데요시(豊臣秀吉)가 조선을 침략한 이후 단절된 국교를 회복하고 양국의 평화적인 관계 구축 및 유지에 크게 공헌했다. 조선통신사에 관한 기록은 외교기록, 여정기록, 문화교류의 기록으로 구성된 종합자산이며 조선통신사의 왕래로 두 나라의 국민은 증오와 오해를 풀고 상호이해를 넓혀 외교뿐만 아니라 학술, 예술, 산업, 문화 등의 다양한 분야에 있어서 활발한 교류의 성과를 낼 수 있었다.

朝鲜通信使相关记录是指自1607年至1811年，受日本江户幕府的邀请，历经12回，朝鲜王朝往日本派遣外交使节的相关资料。这份资料因历史原因，被收藏在韩国和日本两地。

在16世紀末期，日本的豊臣秀吉侵略朝鮮以后，朝鮮通信使在恢复国家交往，构建维持两国和平关系方面做出巨大贡献。朝鮮通信使相关记录是由外交记录、旅程记录、文化交流记录构成的综合资产，因朝鮮通信使的往来，两个国家的国民消除误解憎恶，加深相互理解，不仅在外交领域，在学术、艺术、产业、文化等各个领域也留下了活跃交流的成果。

출처: 한국문화재청

17. 4.19혁명기록물（2023）四一九革命记录遗产（2023）

4·19혁명 기록물은 1960년 4월 19일 한국에서 학생이 중심이 되어 일어난 시민혁명 자료를 말한다. 1960년 2·28 대구 학생시위부터 3·15 부정선거에 항의하여 독재정권을 무너뜨린 4·19혁명까지의 전후 과정과 관련된 일체의 기록물이다.

4·19혁명 기록물은 민주주의가 불가능하다는 역사적 조건에서 10살 안팎의 아이부터 70대 노인에 이르기까지 자발적으로 독재에 맞서 비폭력으로 민주주의를 이루면서 제3세계에서 최초로 성공한

비폭력 시민혁명인 동시에 유럽의 1968년 혁명, 미국의 반전운동, 일본의 안보투쟁 등 1960년대 세계 학생운동에 영향을 미친 기록 유산으로서 세계사적 중요성을 인정받았다.

<사진출처 : 4.19혁명 유엔유네스코 등재 및 기념사업회추진위원회>

출처: 한국문화재청

四一九革命记录遗产是指1960年4月19日在韩国以学生为中心发生的市民革命资料。这是从1960年二月二十八日大邱学生示威到四月十九日革命前后，为了抗议三月十五日不正当选举而推翻独裁政权过程的所有相关资料。

四一九革命记录遗产是在民主主义不可能实现的历史条件下，从10岁左右的孩子到70多岁老人，自发对抗独裁，以非暴力实现民主主义，在第三世界首次成功的非暴力市民革命，同时对欧洲的1968年革

命、美国的反战运动、日本安保斗争等20世纪60年代世界学生运动，
产生影响，其记录遗产，以世界史上的重要性得到了认可。

18. 동학농민혁명기록물（2023） 东学农民革命记录遗产
（2023）

동학농민혁명기록물은 1894년~1895년 조선에서 발발한 동학농
민혁명과 관련된 기록물이다. 동학농민혁명은 부패한 지도층과 외
세의 침략에 저항하고 평등하고 공정한 사회를 건설하기 위해 민중
이 봉기한 사건이다.

동학농민혁명 기록물에는 동학농민군이 작성한 문서, 정부 보고
서, 개인 일기와 문집, 각종 임명장 등이 포함된다. 이러한 자료들
을 통해 다양한 관점에서 농민운동의 진행과정과 그 의미를 찾아볼
수 있다. 특히 시간과 장소를 초월하여 인간의 권리와 평등, 식민주
의에 대한 반대 등을 다양한 시각에서 종합적으로 보여주는 기록물
로서 희귀성이 있다.

《东学农民革命记录遗产》是1894年至1895年，在朝鲜爆发的有关
东学农民革命的记录档案。东学农民革命是民众为了抵抗腐败领导层
和外来势力的侵略，为了建设平等公正的社会而发起的革命起义。

东学农民革命记录遗产包括东学农民军撰写的文件、政府报告、个
人日记和文集、各种任命书等。从这些资料，可不同角度探寻农民运
动的进程及其意义。特别是其记录遗产超越时间和空间，从多层角度
综合展现人类权利和平等、反对殖民主义等具有稀有性。

사진출처 : 동학농민혁명기념재단
출처: 한국문화재청

◆ 유네스코에 등재된 한국의 유산 列入联合国教科文组织的韩国
遗产

유형 类型	등재유산(등재연도) 遗产名录(年度)
세계유산 (15건) 世界遗产 (15件)	석굴암 · 불국사 石窟庵 · 佛国寺(1995) 종묘 宗庙(1995) 해인사 장경판전 海印寺藏经板殿(1995) 창덕궁 昌德宫(1997) 화성 华城(1997) 경주역사유적지구 庆州历史遗址(2000) 고창 · 화순 · 강화 고인돌 유적 高敞和顺江华支石墓遗址(2000) 제주 화산섬과 용암동굴 济州火山岛与熔岩洞窟(2007) 조선왕릉 朝鲜王陵(2009) 한국의 역사마을 하회와 양동 韩国历史村庄河回村良洞村(2010) 남한산성 南汉山城(2014) 백제역사유적 百济历史遗址(2015) 산사, 한국의 산지 승원 山寺，韩国山地僧院(2018) 한국의 서원 韩国书院(2019) 한국의 갯벌 韩国滩涂（2021）
무형유산 (22건) 非物质 文化遗产 (22件)	종묘제례 및 종묘제례악 宗庙祭礼与宗庙祭礼乐(2001) 판소리 板索里，清唱(2008) 강릉단오제 江陵端午祭(2005) 강강술래 强羌水越来，圆圈舞(2009) 남사당놀이 男寺党游戏(2009) 영산재 灵山斋(2009) 제주칠머리당 영등굿 济州七头堂灵登神跳(2009) 처용무 处容舞(2009)

유형 类型	등재유산(등재연도) 遗产名录(年度)
	가곡 歌曲(2010) 대목장 大木匠(2010) 매사냥 猎鹰(2010) 줄타기 走绳(2011) 택견 跆跟(2011) 한산모시짜기 韩山夏布织造(2011) 아리랑 阿里郎(2012) 김장문화 泡菜文化(2013) 농악 农乐(2014) 줄다리기 拔河(2015) 제주해녀문화 济州海女文化(2016) 씨름 摔跤(2018) 연등회 燃灯会(2020) 한국의 탈춤 韩国的假面舞（2022）
기록유산 (18건) 记录遗产 (18件)	훈민정음 训民正音(1997) 조선왕조실록 朝鲜王朝实录(1997) 직지심체요절 直指心体要节(2001) 승정원일기 承政院日记(2001) 조선왕조의 의궤 朝鲜王朝仪轨(2007) 해인사 고려대장경판과 제 경판 海印寺大藏经版与诸经版(2007) 동의보감 东医宝鉴(2009) 일성록 日省录(2011) 5·18민주화운동 기록물 5·18民主化运动记录遗产(2011) 난중일기 乱中日记(2013) 새마을운동 기록물 新村运动记录遗产(2013) 유교 책판 儒教册版(2015) ＫＢＳ 특별생방송 '이산가족을 찾습니다' 기록물 ＫＢＳ特别直播节目《寻找离散家属》记录遗产(2015) 조선왕실 어보와 어책 朝鲜王室御宝及御册(2017) 국채보상운동 기록물 国债偿还运动记录遗产(2017) 조선통신사 기록물 朝鲜通信使记录遗产(2017) 4.19혁명기록물 四一九革命记录遗产（2023） 동학농민혁명기록물 东学农民革命记录遗产（2023）

연도별 한국 세계유산 현황 韩国世界遗产年度状况表

[단위: 건] 單位: 件

한국의 2015년부터 2023년까지의 세계유산(기록유산,무형유산의) 현황 표입니다

	2015	2016	2017	2018	2019	2020	2021	2022	2023
계	43	44	47	49	50	51	52	53	55
세계유산	12	12	12	13	14	14	15	15	15
기록유산	13	13	16	16	16	16	16	16	18
무형유산	18	19	19	20	20	21	21	22	22

※ 유네스코에 등재된 한국의 유산에 대해 더 알아보려면 문화재청(http://www.cha.go.kr)홈페이지를 참고 하시기 바랍니다.

※关于列入联合国教科文组织的韩国遗产, 若想要了解更多, 请参考文物厅的网页(http://www.cha.go.kr)。

연습문제

☞ ❶ OX 퀴즈

1. 세계유산은 세계 문화 및 자연유산의 보호에 관한 협약에 의거하여 세계유산목록에 등재된 유산을 지칭한다. (   )
2. 남한산성은 유네스코에 등재되어 있다. (   )
3. 한국의 도산서원은 서울에 있다. (   )
4. 널뛰기는 한국의 인류 무형무산이다. (   )
5. 세계기록유산의 종류로는 서적(책)이나 문서, 편지 등 여러 종류의 동산 유산이 포함된다. (   )

☞ ❷ 선택문제

1. 다음 유형문화재에 속하지 않는 것은 어느 것인가?
   ① 석굴암　　　　　　　　　② 불국사
   ③ 팔만대장경　　　　　　　④ 봉산탈춤

2. 신라 시대의 대표적인 불교문화재는 어느 것인가?
   ① 불국사　　　　　　　　　② 팔만대장경
   ③ 직지심체요절　　　　　　④ 광개토대왕릉비

3. 신라 시대 문화재가 아닌 것은 어느 것인가?

① 석굴암   ② 무령왕릉 왕관

③ 성덕대왕 신종   ④ 불국사

4. 신라 시대 불국사와 석굴암의 건립을 발원하고 설계, 건축 등 전반에 걸쳐 관여했지만 완공을 보지 못하고 죽은 이는 누구인가?

① 김홍도   ② 김유신   ③ 이순신   ④ 김대성

5. 다음 문화재 중 경주에 있는 문화유산은 어느 것인가?

① 창덕궁   ② 숭례문   ③ 석굴암   ④ 독립문

6. 다음 중 고려 시대의 문화재는 어느 것인가?

① 무령왕릉   ② 장군총

③ 백자   ④ 팔만대장경

7. 고려 시대의 문화재가 아닌 것은 어느 것인가?

① 금속 활자   ② 석굴암

③ 팔만대장경   ④ 직지심체요절

8. 팔만대장경이 있는 곳은 어디인가?

① 법주사   ② 해인사   ③ 통도사   ④ 봉은사

9. 다음 중 조선 시대의 대표적인 문화재가 아닌 것은 무엇인가?

① 경복궁   ② 측우기   ③ 불국사   ④ 분청사기

10. 강화도의 문화재와 관계없는 것은 무엇인가?

　① 고인돌　　② 초지진　　③ 적진진　　④ 해미읍성

11. 전통문화의 기능을 지닌 사람들 중에 특별히 뛰어난 사람을 나
　라에서 지정 보호하고 있다. 이를 무엇이라고 하는가?

　① 유형문화재　　　　　② 무형문화재

　③ 인간문화재　　　　　④ 일반문화재

12. 궁궐 중 유네스코 문화유산에 등재된 것은 무엇인가?

　① 경복궁　　② 창덕궁　　③ 창경궁　　④ 경희궁

13. 한국의 조상들은 큰 돌을 괴어서 무덤을 만들고 신앙의 상징으
　로 삼았는데 이러한 돌무덤을 무엇이라 하는가?

　① 장승　　② 고인돌　　③ 돌무덤　　④ 적석돌

14. 유네스코에 등재된 시대별 문화유산을 잘못 연결한 것은 무엇인
　가?

　① 고인돌 — 고조선 시대　　② 불국사 — 신라 시대

　③ 팔만대장경 — 고려 시대　　④ 화성 — 고구려 시대

15. 유네스코에 등재된 한국의 문화유산에 대한 설명으로 틀린 것은
　어느 것인가?

　① 고인돌은 한국 청동기시대의 대표적인 무덤 양식이다.

　② 석굴암은 신라 시대에 20여 년에 걸쳐 건립되었으며 이를 통

해 당시 유교가 번성했음을 알 수 있다.

③ 세계 인류의 문화유산인 팔만대장경은 고려 시대에 만들어
졌다.

④ 유네스코에 등재된 한국의 기록유산으로 훈민정음, 동의보감
등이 있다.

16. 세계기록유산에 등재된 한국 역사상 가장 규모가 큰 역사서는
어느 것인가?*

① 고려대장경 ② 승정원일기 ③ 삼국유사   ④ 조선왕조실록

17. 국보 제70호로 세종대왕이 한글을 가져야 할 필요성을 느끼고
만든 이것은 무엇인가?

① 훈민정음   ② 세종실록   ③ 승정원일기 ④ 조선왕조실록

18. 한국의 가장 대표적인 민요는 무엇인가? *

① 아리랑   ② 방아타령   ③ 흥부가   ④ 강강술래

19. 아래 노랫말은 어느 민요에서 나오는 것인가?

나를 버리고 가시는 님은
십 리도 못 가서 발병 난다.

① 흥부가   ② 춘향가   ③ 아리랑   ④ 심청가

20. 한국에는 아리랑이라는 이름이 붙은 민요가 여러 고장에 전승되
고 있는데 아래 지명 중 아닌 것을 고르시오.

① 전라도 진도   ② 강원도 정선

③ 경기도   ④ 충청도 청주

21. 북장단에 맞추어 이야기의 줄거리를 노래로 하는 한국 고유의 음악을 무엇이라 하는가?

① 흥타령   ② 사물놀이   ③ 판소리   ④ 시조창

22. 판소리 다섯 마당에 속하지 않는 것은 어느 것인가?

① 춘향가   ② 수궁가   ③ 양반전   ④ 흥보가

23. 아버지의 눈을 뜨게 하려고 공양미 300석에 몸을 팔아 인당수의 제물이 되었으나 바다의 용왕에 의하여 구출되어 왕비에 오르게 되고 왕비가 된 후 맹인 잔치를 열어 아버지를 만나고 아버지는 눈까지 뜨게 되어 행복하게 끝나는 고전소설이 있다. 이 소설에서 나오는 효녀의 이름은 무엇인가?

① 흥부   ② 춘향   ③ 심청   ④ 홍련

24. 아래 판소리의 가사에 맞는 제목은 무엇인가?

> 놀부놈 거동 봐라 지리산 몽둥이를 번쩍 들고 "네 이놈 흥부놈아, 잘사는 것도 네 복이요, 못하는 것도 네 팔자니라, 굶고 먹는 것 나는 모른다."

① 흥부가   ② 양반가   ③ 춘향가   ④ 심청가

25. 다음 중 한국의 전통문화가 아닌 것은 무엇인가?

① 판소리   ② 탈춤   ③ 경극   ④ 농악

26. 특별히 뛰어난 작품들은 국가차원에서 관리와 보호를 하고 국보
   로 지정한다. 대한민국의 국보 1호는 2008년 방화사건으로 불
   에 타 현재 복구공사를 하였다. 이 국보의 이름은 무엇인가?
   ① 돈의문   ② 숙정문   ③ 숭례문   ④ 광화문

27. 조선 시대 서울 도성의 사방에 세운 성문 중 북쪽에 세운 문의
   명칭은 무엇인가?
   ① 숭례문   ② 숙정문   ③ 흥인문   ④ 돈의문

28. 한양을 둘러싼 성곽의 4대문26)에 속하지 않는 것은 어느 것인
   가?
   ① 숭례문   ② 흥인문   ③ 돈의문   ④ 독립문

29. 한국에서는 문화재 중 그 가치가 으뜸인 것을 무엇으로 지정하
   여 보호하는가?
   ① 국보   ② 보물   ③ 명품   ④ 소장품

30. 다음 국보와 보물에 관한 설명 중 가장 적합한 것은?
   ① 보물은 물건에 부여하고 국보는 건축물에 부여한다.
   ② 국보는 보물보다 역사적, 문화적 가치가 높다.
   ③ 보물은 지방자치단체에서 관리하고 국보는 국가에서 관리한다.
   ④ 국보와 보물은 다르지 않다.

---

26) 4대문(四大門)옛이름: 숭례문(崇禮門) - 남대문, 흥인지문(興仁之文)-동대문, 숙정문(肅正門)-북
   대문, 돈의문(敦義門)-서대문

제7장
第七章

한국의 교육
韩国的教育

제1절 한국의 학교
第一节 韩国的学校

1. 한국의 초·중등 교육기관 韩国的初·中等教育机构

한국의 초등교육 기관으로는 초등학교가 있고 중등교육 기관으로는 중학교, 고등학교가 있다. 각 학년은 1학기와 2학기의 두 개 학기로 운영되며 매해 3월에 1학기가 시작된다. 초등학교와 중학교 교육은 의무교육으로서 한국 국민이라면 꼭 받아야 한다.

한국 초등학교 역사는 갑오개혁 이후 근대적 교육제도를 도입하는 과정에서 생긴 소학교에서 시작되었다. 1894년 최초의 관립소학교인 한성사범학교 부속소학교가 설립되었다. 현재 초등학교의 명칭은 1911년에는 보통학교, 1938년에는 소학교, 1941년에는 국민학교, 1996년에는 초등학교로 바뀌었다.

초등학교 입학은 만 6세부터 가능하다. 자녀가 만 6세가 되면 각 지역의 주민센터에서 취학통지서를 받아 자녀의 초등학교 입학을 준비한다. 자녀의 입학을 미루거나 앞당기고 싶은 경우에는 주민센터에 신청서를 제출하면 된다.

초등학교는 6년 과정으로 국공립 초등학교와 사립 초등학교로 구분된다. 정부에서는 집과 학교 사이의 거리를 고려하여 집에서 멀지 않은 곳에 있는 국공립 초등학교에 배정한다. 사립 초등학교의 수는 국공립 초등학교에 비해 매우 적어서 희망자 중 추첨을 통해 다니게 되는 경우가 많다.

중학교는 3년 과정으로 일반 중학교와 특수목적 중학교가 있다. **일반 중학교**가 대부분이며 학생들은 초등학교와 마찬가지로 대체로 집에서 가까운 곳에 있는 일반 중학교에 배정된다. **특수목적 중학교**는 예술, 체육, 외국어 등의 분야에 대한 교육에 특화[27]되어 있다.

고등학교는 3년 과정으로 일반계 일반 고등학교(인문계 고등학교), 특성화 전문계 고등학교, 특수목적 고등학교 등으로 구분된다. 일반계 고등학교는 고입선발고사나 학교별 입학시험을 치른 후 진학한다. 전문계 상동 고등학교는 직업 교육을 강조하는 학교이고 특수목적 고등학교는 과학, 외국어 등의 분야를 집중 교육하는 학교이다.

韩国的初等教育机构是指小学，中等教育机构是指初级中学(初中)和高级中学(高中)。各年级分为第一学期、第二学期两个学期，每年3月开始第一学期。小学和初级中学的教育为义务教育，只要是韩国国民就必须接受其教育。

---

27) 특화(特化): 한 나라의 산업 구조나 수출 구성에서 특정 산업이나 상품이 상대적으로 큰 비중을 차지함 또는 그런 상태
特化，专业化: 在一个国家的产业结构或出口构成上，以特定产业或产品为对象，占据巨大比重或其状态。

韩国的小学从甲午改革后引进近代化教育制度的过程中产生了小学校(旧称)。1894年成立了最初的官立小学校——汉城师范学校附属小学。小学的名称先后改为普通学校(1911年)、小学校(1938年)、国民学校(1941年)、初等学校(1996年)。

儿童满6周岁可以入小学，子女满6周岁时，父母到各地区的居民中心拿入学申请书，准备入学。若想要延期或提前入学，向居民中心递交申请书即可。

6年制小学分为国·公立小学和私立小学。政府考虑到住所和学校间的距离，把学生安排到离家不远的国·公立小学。与国·公立小学相比，私立小学的数量非常少，更多时候需要通过抽签决定入学。

3年制初级中学包括一般初级中学和专门初级中学。大部分是一般初级中学，学生们和小学一样，被安排到离家不远的初级中学；专门(特殊目的)初级中学是将艺术、体育、外语等领域教育专业化的学校。

3年制高级中学分为普通高级中学(人文系高中)、特定职业高级中学、专门(特殊目的)高级中学等。普通高级中学进行高中入学选拔考试或各学校入学考试通过后才可入学；特定职业高级中学强调职业教育，特殊目的高级中学集中进行科学、外语等领域的教育。

2. 한국의 고등교육기관 韩国的高等教育机构

한국의 고등교육기관으로는 대학교와 대학원이 있다. 대학교에서는 다양한 분야의 학문, 기술 등을 가르친다. 대학교는 학문 분야와 특성에 따라 2년제, 3년제, 4년제 등으로 구분된다. 현재 한국에는 4년제 대학이 가장 많다. 특화된 직업교육을 하는 2년제, 3년제 대학들도 있다. 대학교를 졸업하면 학사학위를 받는다.

한편, 최근에는 학교에 출석하지 않고 방송이나 인터넷을 통해 학습하는 대학도 늘고 있는데 방송통신대학, 디지털대학, 사이버대학 등이 여기에 해당한다. 원하는 시간에 자유롭게 수업을 들을 수 있기 때문에 직장인이나 일반 성인들에게 인기가 높다.

대학교에 입학하기 위해서는 우선 일반적으로 **대학수학능력시험**을 치른다. 고등학교 졸업 예정자 및 이에 상응하는 학력을 가진 사람이면 누구나 대학수학능력시험을 볼 수 있다. 한국의 고등학교 졸업자의 대학진학률은 2010년에는 경제협력개발기구(OECD) 국가 중 최고 수준인 약 82%였다. 2019년에는 70.4%, 2021년에는 79.8%, 2022년에는 79%이다.

대학교의 등록금은 대학마다 차이가 있지만 국립대학교의 경우 1년에 300~600만 원 정도, 사립대학교의 경우 1년에 600~1,000만 원 정도 된다. 비싼 등록금 때문에 각 대학에서는 다양한 장학금 제도를 마련하고 있다. 최근에는 외국 유학생들이 늘고 있다. 2020년 4월 말 기준으로 한국에 외국인 유학생은 165,743명이고 그중 중국 유학생이 59,893명이다.

대학원은 대학교를 졸업한 사람이 입학할 수 있다. 석사 과정과 박사 과정으로 구분되며 각각 2~5년 정도씩 공부하게 된다. 대학원에서는 대학교에서보다 더욱 전문적인 연구를 통해 다양한 분야의 전문가를 배출한다.

学校的高等教育机构包括大学和研究生院。大学里讲授各个领域的学问和技术等，根据大学专业领域和特性，有2年制、3年制和4年制的区别。现在韩国的4年制大学居多，也有2年制、3年制的专业化职业教育，大学毕业能得到学士学位。

近来不去学校学习，而是通过电视广播或网络学习的大学增多，包括广播电视大学、数字大学、虚拟大学等。因时间可以自由选择，在职业人士和普通成人之间广受关注。

为了进入大学，首先要通过大学入学考试。预高中毕业及具有相应学历的人，无论是谁都可以参加大学入学考试。2010年，韩国的升学率在OECD国家中约占82%，占据最高水平。2019年占70.4%，2021年占78.9%，2022年占78%。

大学学费根据大学不同而各有差异。国立大学1年大概收取300万—600万韩币；私立大学一年收取600万—1000万韩币。因学费高昂，各个大学还设置了多种多样的奖学金制度。近来外国留学生也在逐渐增多。截止2020年4月末，在韩外国留学生人数为165,743名，其中中国留学生为59,893名。

研究生院是大学毕业的人才可以入学。其分为硕士和博士学位，分别需学习2～5年。比起大学，研究生院能通过更加专业的研究培养各个领域的专家人才。

제2절 한국의 대학교
第二节 韩国的大学

한국의 고등교육기관은 중국문화의 영향을 받아 이미 삼국시대부터 존재하였다. 신라의 화랑교육과 국학, 고려 시대의 국자감, 조선 시대의 성균관 등이 바로 그것이다. 이런 기관은 당시의 지도적 인물을 양성함에 있어 훌륭한 고등교육기관이었다고 할 수 있다.

한국의 정규 고등교육기관에는 4년제로서 대학, 교육대학, 2년제로서 전문대학, 그리고 대학원이 있으며 특별 학제의 고등교육기관으로서 방송통신대학과 산업대학이 있다. 그리고 한국 고등교육의 3/4을 사립대학이 차지하고 있다.

대학의 교육과정은 계열과 학과에 따라 다르나 일반적으로 전공과 교양으로 구분되고 교과목의 내용, 종류, 선택 범위 등은 대학별로 다양하다. 대학의 졸업 이수 학점은 140~160학점으로 되어있다.

교육대학은 초등학교 교원을 양성하기 위해 국가에서 설립한 특수목적의 대학이다. 중학교와 고등학교의 교원은 4년제 사범대학에서 양성되고 있다.

전문대학은 단기 직업교육을 위한 고등교육기관으로 전문분야에서 필요로 하는 중견 직업인을 양성하는 것을 목적으로 하고 있다.

고등교육 단계의 특별 학제에 해당되는 방송통신대학(1972년 설치)과 산업대학(학제상의 명칭은 개방대학, 1980년 설치)은 산업체 근로자 및 성인을 위한 계속 교육기관이다.

韩国的高等教育机构受中国文化的影响，自三国时期就已经存在，如新罗的花郎教育和国学，高丽时期的国子监，朝鲜时期的成均馆等。这些机构在当时培育领袖人物方面，可以说是杰出的高等教育机构。

韩国的正规高等教育机构包括4年制大学，教育大学，2年制专科学院和研究生院，还有特别学制的电视广播大学和产业大学等。韩国高等教育的四分之三是私立大学。

大学的教育过程根据系和学院不同，一般分为专业课程和教养课程。课程的内容、种类、选择范围根据大学各不相同，大学毕业所修学分需达140~160学分。

教育大学是为了培养小学教师， 国家设立的有特殊目的的大学。初级中学和高级中学的教师由4年制师范大学培育而成。

专科学院作为短期职业教育为主的高等教育机构， 以培育专业领域所需要的中坚职业人士为目的。

隶属高等教育阶段特殊学制的电视广播大学(1972年设立)和产业大学(学制名称: 开放大学, 1980年设立)是为了产业群体劳动者及成人设立的继续教育机构。

한국 명문대 대학 평가 순위 韩国名牌大学评价排名

· 한국 국내 평가 韩国国内评价

중앙일보는 2010년부터 연례적으로 대학평가를 발표해 오고 있다. 매년 가을에 발표하고 있다. 인문·사회·자연·공학 등 4개 계열 이상을 갖춘 종합 4년제 대학 대상 최근 4년 동안 5위권 대학 평가를 보면 아래와 같다.

自2010年起, 中央日报发布历年大学评价, 每年秋季公布。以具有人文、社会、自然、工学等四个专业及以上的4年制综合大学为对象, 近四年排名前5名的大学图示如下。

	2018	2019	2020	2021	2022
1위	서울대학교 首尔大学	서울대학교 首尔大学	서울대학교 首尔大学	서울대학교 首尔大学	서울대학교 首尔大学
2위	성균관대학교 成均馆大学	성균관대학교 成均馆大学	성균관대학교 成均馆大学	연세대학교 延世大学	연세대학교 延世大学
3위	한양대학교 汉阳大学	한양대학교 汉阳大学	한양대학교 汉阳大学	한양대학교 汉阳大学	성균관대학교 成均馆大学
4위	고려대학교 高丽大学	연세대학교 延世大学	연세대학교 延世大学	성균관대학교 成均馆大学	한양대학교 汉阳大学
5위	연세대학교 延世大学	고려대학교 高丽大学	고려대학교 高丽大学	고려대학교 高丽大学	고려대학교 高丽大学

대학	서울대학교 首尔大学	연세대학교 延世大学	성균관대학교 成均馆大学	한양대학교 汉阳大学	고려대학교 高丽大学
휘장 校徽					

· 국제 평가 国际评价

QS 세계 대학 순위는 영국의 대학평가기관 Quacquarelli Symonds (QS)가 1994년부터 매년 시행한 대학들에 대한 평가표로 전 세계 상위권 대학들의 학사 및 석사 랭킹을 매기고 있다. 한국 내에서는 서울대학교가 2013년 세계 35위를 기록하였다. 2019년 평가에서는 63위로 예전에 비해 하락하였다.

QS世界大学排名是英国的大学评价机构Quacquarelli Symonds (简称QS), 自1994年开始, 每年对各大学进行评价, 给全世界著名的大学及研究生院进行排名。韩国国内首尔大学于2013年占世界第35位, 2019年评价中下降为第63位。

제3절 한국의 교육열

第三节 韩国的教育热潮

1. 한국이 대학진학률이 높은 이유 韩国大学升学率高的原因

한국에서 초등학교와 중학교는 의무교육으로 이루어지기 때문에 일부 특수목적 중학교를 제외하면 대부분 시험을 보지 않고 입학한다. 고등학교는 의무교육에 해당되지는 않지만 거의 모든 학생들이 고등학교에 진학하고 있고 그 비율은 OECD 회원국 중에서 가장 높다.

대학교 진학률도 80%를 오르내리는데 그 비율 역시 OECD 회원국 중 가장 높다. 대학교에 진학하기 위해서는 대학에서 공부할 수 있는 능력을 평가하는 대학수학능력시험(수능)을 치른다. 수능은 고등학교 졸업에 해당하는 학력을 가진 사람이라면 누구나 볼 수 있고 매년 11월에 실시된다. 수능은 대학 진학을 위한 가장 중요한 시험이라고 할 수 있다.

한국에서 교육은 사회적 지위를 바꿀 수 있는 중요한 방법 중 하나이다. 지금도 학력이 취업과 임금에 많은 영향을 주고 있다. 실제로 한국의 학력별 임금차이가 OECD 회원국 중에서 가장 큰 것으로 나타났다. 대학을 나와야 사회적인 지위가 상승하고 좋은 대우를 받을 수 있다는 생각 때문에 많은 부모들이 비싼 등록금을 내더라도 자녀를 대학에 보내려고 한다. 이런 이유로 인해 한국의 대학진학률은 다른 나라에 비해 매우 높은 편이다.

在韩国，小学和初级中学属于义务教育阶段，除部分特殊目的的初级中学外， 大部分不需要考试就能入学。高级中学不属于义务教育阶段，但几乎所有的学生都能在高中读书， 其升学率在OECD国家中占比最高。

韩国大学升学率达80%， 在OECD会员国中占比最高。为升入大学，会进行大学入学考试(高考)， 韩国高考是只要具备高中毕业学历的人都可以参加考试， 每年11月举行。韩国高考可以说是进入大学最重要的一场考试。

在韩国， 教育是个人获得社会地位的重要的方法之一。至今学历也会影响就业和工资， 实际上比起其他OECD会员国， 韩国的学历高低对工资影响最大。因为大部分人觉得上大学毕业才能提高社会地位和得到优越的待遇， 所以很多父母即使交昂贵的学费， 也要送他们的子女上大学。由此一来， 与其他国家相比， 韩国大学的升学率非常高。

2. 한국에서 인기 있는 합격 기원 선물 在韩国祈祷考试录取的人气礼物

한국에서는 중요한 시험을 보는 사람들에게 시험을 잘 보라는 의미로 여러 가지 선물을 한다. 엿과 찹쌀떡은 잘 붙고 쉽게 떨어지지 않기 때문에 옛날부터 합격을 기원하는 선물로 많이 주고받았다. 요즘에는 잘 찍으라는 의미의 포크, 잘 풀라는 의미의 휴지, 시험을 잘 보라는 의미의 거울 등도 선물한다.

在韩国， 为鼓励参加重要考试的人们， 大家以寓意考试顺利为由， 送各种各样的礼物。麦芽糖和糯米糕因其具有黏性、不易掉落的特性， 从古至今作为寓意通过的礼物广受瞩目。近来，很多人也会送寓意考试百"又"百中的叉子、象征考试解题顺利的卫生纸、比喻考试看清题目的镜子等。

제4절 한국의 평생교육
第四节 韩国的终身教育

사회가 빠르게 변화하면서 학교 교육만으로는 사회에서 필요한 지식과 기술을 얻을 수 없게 되었다. 그래서 본인에게 필요한 지식과 기술을 찾아서 배우는 사람들이 늘어나고 있다. 이렇게 본인이 필요할 때 원하는 분야를 계속해서 배울 수 있는 것을 평생교육이라고 한다. 평생교육은 글자 그대로 평생 동안 배울 수 있고 누구나 참여할 수 있다.

평생교육은 다양한 장소에서 이루어진다. 대학의 평생교육원은 주로 각 분야의 전문가과정이나 자격증과정 등을 운영한다. 각 지역에 있는 구민회관, 주민센터, 평생학습센터 등에는 지역주민 모두가 참여할 수 있는 프로그램이 많고 수업료도 저렴하다. 음악, 미술, 외국어, 컴퓨터, 운동, 문화체험 등 다양한 수업이 연령층에 따라 구성되어 있다. 최근에는 사회 변화에 맞게 노년층을 위한 스마트폰 교육, SNS교육도 실시하고 있다. 백화점이나 대형 마트의 문화센터는 여성이나 아이들이 주로 이용한다. 여기서는 요리교실, 노래교실, 스포츠댄스교실, 사진교실처럼 여가나 취미생활을 위한 과정을 많이 제공한다.

인터넷을 이용한 평생교육도 늘어나고 있는데 사이버대학이나 원격평생교육원 등에서 실시하고 있다. 인터넷을 이용하면 교육 기관을 직접 찾아가지 않아도 되고 본인이 원하는 시간에 들을 수 있다는 것이 장점이다.

随着社会的不断变化，学校教育已经不能获得社会上必需的知识和技术，因此，寻找自身需要的知识和技术的人越来越多。像这种应人需求，继续学习所需领域的知识和技术的教育便是终身教育。终身教育如字面意思，是终身学习下去谁都可以参与的过程。

终身教育由各种场所构成。大学的终身教育院主要开设各领域的专家课程和资格证课程。在各地区的区民会馆、居民中心、终身学习中心等，有众多地区居民都可以参加的教育活动，价格也相对便宜。根据年龄层不同，有音乐、美术、外语、计算机、运动、文化体验等各种课程。近来，为与时俱进，为老年人阶层开设了智能手机教育、SNS (Social Network Sites: 社交网站)教育；百货商店或大型超市里的文化中心主要是女性或儿童在使用，设立了料理教室、唱歌教室、体育舞蹈教室、摄影教室等丰富兴趣生活的学习课程。

利用网络进行的终身教育逐渐增多，开设了虚拟大学或远程终身教育院等。这类大学的优点是：利用网络的话，不必亲自去找寻教育机构，而且可以选择本人希望的时间授课。

제5절 한국의 다문화학생이 늘고 있다
第五节 韩国多元文化学生，呈现增长趋势

한국 다문화학생 10만 명 돌파 韩国多元文化学生，已突破10万

한국 교육부의 '2017년 교육기본통계'에 따르면 학령[28]인구가 계속 줄어든 반면 다문화 학생은 2012년 조사를 시작한 이후 계속 늘어 2017년에 10만 명을 넘어섰다.

다문화학생이란 부모 중 한 사람이 외국인이거나 부모 모두가 외국인인 학령기 청소년을 말한다. 한국에서 태어난 다문화 학생이 있는가 하면 외국에서 태어나 외국에서 공부하다가 중도에 입국한 학생도 있다. 중도입국한 학생이더라도 한국 학교에 입학하기 쉽다. 한국학교 입학 후 한국 학생들과 동등한 대우를 받는다. 중학교까지 일부 다문화학생이 많은 학교에서는 다문화 교사를 두어 한국어 특별지도는 물론 학생의 모국어로 학교생활지도를 한다.

중국 출신 학생들이 가장 많은 학교는 서울의 대동초등학교이다. 전교생의 50% 이상이 중국 출신이다. 초등학교 학급 정원이 25명이고 숙제부담이 없는 등 자유롭고 창의적인 한국교육 우수성이 전해지면서 앞으로 다문화학생이 점점 늘 것으로 예상하고 있다.

据韩国教育部 "2017年教育基本统计"显示，学龄人口数持续下降的同时， 多元文化学生自2012年开始调查后持续上升， 2017年已经突破10万。

多元文化学生是指父母一方为外国人或父母双方都是外国人的学龄期青少年。有在韩国出生的多元文化学生，也有在外国出生学习之后中

---

28) 학령(學齡): 초등학교에 들어가야 할 나이, 한국에서는 만 6세이다. 취학(就學)연령이라고도 한다. 学龄: 进入小学的年龄, 在韩国需满6周岁。也称为就学年龄。

途入国的学生。即使是中期入国的学生，在韩国入学也很容易，进入韩国学校后，与韩国学生享受同等待遇。到初中为止，部分多元文化学生众多的学校会委任多元文化教师，对他们特别进行韩语指导学习，以及用他们的母语进行学校生活指导。

在韩国，中国学生最多的学校是首尔的大同小学，全校的50%以上是中国出身的学生。小学班级人数为25名， 没有作业负担等自由创意的韩国教育，其优越性得到广泛传播，预计今后多元文化学生数量将会逐渐增加。

연습문제

☞ ❶ OX 퀴즈

1. 한국에서는 학교는 1년 2학기로 운영된다. (   )
2. 한국의 의무교육 기간은 6년이다. (   )
3. 초등학교 입학을 위한 취학 통지서는 각 지역의 주민센터에서 받는다. (   )
4. 한국의 대학 진학률은 다른 나라에 비해 낮은 편이다. (   )
5. 한국에서 교육은 사회적 지위를 바꿀 수 있는 중요한 방법 중 하나이다. (   )

☞ ❷ 선택문제

1. 한국의 학교에서는 새 학기의 시작을 몇 월에 하는가?
   ① 1월   ② 2월   ③ 3월   ④ 4월

2. 현재 한국에서 초등 교육을 진행하는 학교는 어디인가?*
   ① 소학교   ② 초등학교   ③ 초급학교   ④ 국민학교

3. 한국의 초등학교에 대한 설명으로 올바르지 않은 것은 어느 것인가?
   ① 일반적으로 한국에서 초등학교 입학이 가능한 나이는 만 6세이다.

② 한국의 초등학교에서 학생들이 배우는 기간은 5년이다.

③ 한국의 초등학교 명칭은 보통학교, 소학교, 국민학교, 초등학교로 변경되어왔다.

④ 학부모들은 각 지역의 주민센터에서 취학통지서를 받아 자녀의 입학을 준비한다.

4. 한국의 중학교에 관한 설명으로 올바르지 않은 것은 어느 것인가?

① 중학교는 4년 공부한다.

② 중학교는 일반중학교와 특수목적 중학교로 나눈다.

③ 일반중학교는 대체로 집과 가까운 거리에서 일반 교육을 받는 학교이다.

④ 특수목적중학교는 예술, 체육, 외국어 등의 분야에 대한 교육에 특화되어 있다.

5. 고등학교에 대한 설명으로 올바르지 않은 것은 어느 것인가?

① 고등학교는 3년 과정이다.

② 고등학교는 일반계 일반 고등학교와 특성화 전문계 고등학교, 특수목적 고등학교로 구분된다.

③ 일반계 고등학교는 고입선발고사나 학교별 입학시험을 치른 후 진학한다.

④ 전문계 상동 고등학교는 과학, 외국어 등의 분야를 집중 교육하는 학교이고 특수목적 고등학교는 직업교육을 강조하는 학교이다.

6. 한국에서 대학교에 진학하기 위해서 보는 시험의 이름은 무엇인가?
   ① 모의고사   ② 중간고사
   ③ 대학수학능력시험   ④ 기말고사

7. 한국의 고등교육에 관한 설명으로 올바르지 않은 것은 어느 것인가?
   ① 대학을 졸업하면 받는 학위의 호칭은 석사이다.
   ② 한국 고등교육의 3/4은 사립대학이 차지하고 있다.
   ③ 교육대학은 초등학교 교원을 양성하고 4년제 사범대학은 중학교와 고등학교 교원을 양성한다.
   ④ 전문대학은 전문분야에서 필요한 중견 직업인을 양성한다.

8. 한국의 고등교육 기관으로 석사 과정, 박사 과정 등을 운영하는 교육기관은 무엇인가?
   ① 대학원   ② 연구생   ③ 대학   ④ 연구원

9. 한국의 교육열에 대한 설명으로 올바른 것은 어느 것인가?
   ① 한국의 교육열은 매우 낮은 편이다.
   ② '입시지옥'은 한국 학생들의 힘든 입시 생활을 표현한 말이다.
   ③ 조기유학이란 고등학교를 졸업한 학생들이 외국 대학에 진학하는 것이다.
   ④ 다문화학생이란 부모 중 한 사람이 외국인이거나 부모 모두가 외국인인 학령기 청소년을 말한다.

10. 다음 중 평생교육에 대한 설명으로 올바르지 않은 것은 어느 것 인가?

① 평생교육은 다양한 기관에서 받을 수 있다.

② 평생교육을 받을 수 있는 나이가 정해져 있다.

③ 인터넷을 이용해서 평생교육 프로그램에 참여할 수 있다.

④ 평생교육 프로그램에는 여가나 취미활동을 위한 교육도 포함 된다.

제8장
第八章

한국의 대중매체
韩国的大众媒体

1. 한국 방송 韩国电视台

한국에서 한국텔레비전방송국 KBS와 문화텔레비전방송국 MBC는 한국을 대표하는 공영텔레비전방송이다. 그리고 서울

텔레비전방송국 SBS도 비교적 규모가 큰 텔레비전방송국이다. **EBS**는 주로 교육과 관련된 프로그램을 제공하고 있다. 보통 KBS, MBC, SBS, EBS 등 TV 방송은 어느 지역에서나 시청할 수 있다. 상기 4개 방송은 모두 지상파 방송이다.

韩国放送公社KBS和韩国文化广播公司MBC是代表韩国的公营电视台，同时，首尔广播公司SBS也是规模相对较大的电视台，而EBS主要提供教育相关的节目，一般来说，KBS，MBC，SBS，EBS等电视放送在任何地区都可以收看，上述4类均为无线电视。

KBS (서울 여의도) KBS(首尔汝矣岛)

촬영 하연

(1) KBS 韓国放送公社

KBS는 현재 KBS 1TV와 KBS 2TV 그리고 KBS World 등 3개의 TV채널과 7개 라디오 채널, 지상파 DMB 4개 채널, 데이터방송 및 인터넷 등 뉴미디어 서비스를 실시하고 있다.

서울 여의도에 있으며 전국 9개 주요 도시에 방송총국, 9개 지역에 방송국을 운영하고 있고, 미국, 유럽, 중국, 일본 등 16개 지역에 해외지국을 개설해 기자와 PD 특파원을 상주시키고 있다.

KBS는 1927년 경성방송국으로 라디오 방송을 송출하기 시작해 해방 후 1947년 국영 서울중앙방송으로 재출범하였고 1961년 TV 방송을 시작했으며 1973년 한국방송공사로 공영방송 체제를 갖춰 오늘에 이르고 있다. 국내 외부기관의 조사에 따르면 KBS는 지난 2001년 이후 한국 내에서 가장 영향력이 큰 언론매체로 인정받고 있다.

KBS는 TV수신료와 광고 수입으로 운영하고 있으나 공영성 강화를 위해 1TV와 1라디오에는 1994년 10월 이후 광고를 하지 않고 있다.

KBS现有KBS 1TV, KBS 2TV和KBS World等3个电视频道和7个广播频道, 4个地面DMB(数字多媒体广播)频道, 为数据放映及网络等新媒体服务。

KBS位于首尔汝矣岛, 现今在全国9个主要城市设立电视总局, 9个地区设立电视台。在美国、欧洲、中国、日本等16个国家地区开设海外分局, 长期派遣记者和PD(制作人)特派员。

KBS于1927年首设以京城放送协会为名的广播放映, 解放后于1947年以国营首尔中央放送协会为名再次运营, 1961年开始电视放映, 1973年作为韩国放送公社, 具备了国营放送体制并发展至今。据韩国国内外部机关的调查显示, KBS自2001年后作为国内最具影响力的舆论媒体, 广受大众瞩目。

KBS以电视收视费和广告收入维持运营, 但为了强化国营性, 1TV和1广播自1994年10月以后不再播放广告宣传。

MBC (경기 고양시) MBC (京畿道 高阳市)
촬영 하연

(2) MBC 韩国文化广播公司

1959년 4월 15일에 개국한 부산문화방송국이 그 효시이다. 일본 민간상업방송의 전파가 남해안 일대에까지 미침으로써 방송을 통한 일본문화의 침투가 우려되던 1950년대 말 부산의 실업가이던 김상용과 라디오 상회를 운영하던 정환옥이 1958년 1월 체신부에 설립허가원을 제출하여 개국을 하게 되었다. 1961년 2월 21일 한국문화방송주식회사가 발족하였고 같은 해 12월 2일 라디오 방송을 개국하고 정규방송을 시작하여 서울에서도 최초의 민간상업 방송이 이루어지게 되었다. 1969년 8월 8일 텔레비전 방송이 개국되었다.

MBC는 경남, 부산, 대구, 대전, 광주, 울산 등 17개 지역계열사와 MBC 아카데미, MBC 아트, MBC 플러스, MBC 나눔, MBC 경인 등 7개 자회사가 있다.

韩国文化广播公司其前身是1959年4月15日成立的釜山文化放送局，日本民间商业放送的影响力传到了黄海(韩国称其南海)一带，1950年末釜山的实业家——金尚镕担心日本文化侵入渗透，和当时运营广播商会的郑焕玉于1958年1月向信息通信部递交了成立许可证，最终成立了电视台。1961年2月21日，成立了韩国文化放送株式会社，同年12月2日设立了广播放映，正式开始了正规放送，成为首尔最初的民间商业放送。1969年8月8日设立了电视放映。

MBC在庆尚南道、釜山、大邱、大田、光州、蔚山等17个地区有附属公司，包括有MBC Academy, MBC Art, MBC Plus, MBC分享和MBC京仁等7个分公司。

(3) SBS 首尔广播公司

1980년 전두환을 위시한 신군부는 언론 통폐합을 단행하여 민영 방송을 폐지했다. 그 후 6월 민주화운동을 거쳐 제6공화국이 출범하게 되었다. 새 정부는 1989년 8월 1일 개정된 방송법에 따라 민영 방송국을 다시 허용하기로 하고 1989년 10월 말 건설업체인 주식회사 태영을 대주주로 선정·발표했다.

31개사가 주주로 참여한 서울방송은 1990년 11월 14일 민간 상업방송국으로 탄생하였다. 이 방송은 '건강한 방송·건강한 사회'를 방송지표로 "국민의 새롭고 다양한 정보·문화의 욕구를 충족시

키고 참신한 방송문화의 창달과 방송사업 발전에 기여하겠다"라는
목표를 내걸고 출발했다.

 1980年，以全斗焕为首的新军部独断专行舆论管制，废止了民营放
送，其后6月经过民主化运动，第六共和国上台执政。新政府根据1989
年8月1日成立的放送法重新开启了民营放送，1989年10月末正式选定
并公布建筑行业株式会社——泰荣建设为大股东。
 由31个股东参与的首尔放送于1990年11月14日成为民间商业放送局，
其以 "健康放送，健康社会"为方针，以 "满足国民新颖丰富的信息·
文化需求，为崭新的放送文化的昌盛和放送事业的发展而努力"为目标
开始运营。

(4) EBS 韩国教育放送公社

 주로 교육과 관련된 프로그램을 제공하
고 있다.
 主要提供教育相关的节目。

(5) 한국의 종합편성 채널: 韩国的综合频道 JTBC, MBN, CHANNEL A, TV CHOSUN

2. 한국의 신문 韩国的报纸

한국에서 발행되는 신문들을 발행 규모로 분류하면 크게 전국지와 지방지로 나눌 수 있다. 전국지는 분산 인쇄를 통하여 전국으로 배달이 가능한 중앙지들이고 지방지는 각 지역에서 발행되는 지방 신문들을 말한다.

신문은 발행 형태의 정기성에 따라 일간지와 주간지로 구분되는데 대부분의 신문이 일간지 형태로 발행되고 있다. 2008년 통계에 따르면 한국에서는 110여 종의 신문이 발행되고 있는데 그 가운데에서 역사가 오래되고 발행부수가 많고 영향력도 있는 전국적인 신문들로는 **조선일보, 중앙일보, 동아일보,** 한국일보, 서울신문, 경향신문(京乡新聞京乡), 한겨레신문(韓民族新聞) 등이 있다.

韩国发行的报纸按发行规模分类， 广义上可分为全国性报纸和地方性报纸。全国性报纸是指通过分散印刷，送往全国各地的中央报纸；而地方性报纸是指各地区发行的地方报纸。

根据发行形态和发刊周期，报纸可分为日刊和周刊，大部分的报纸都是以日刊的形式发行。据2008年统计调查显示，韩国大约发行110多种报纸， 其中历史悠久、 发行数众多、 影响力大的全国性报纸有朝鲜日报、中央日报、东亚日报、韩国日报、首尔日报、京乡新闻、韩民族新闻等。

조선일보 朝鲜日报	중앙일보 中央日报	동아일보 东亚日报

3. 기타 매체 其他媒体

1. 인터넷 주요 검색사이트: 네이버 网络主要检索网站: NAVER

2. 카카오톡 무료 통화 및 메신저 프로그램 Kakao Talk 免费 通话及通信程序

카카오톡은 한국인들이 가장 많이 사용하는 소통 수단이다. 카카오톡은 무료통화, 문자, 동영상을 주고받을 뿐만 아니라 소액결재, 택시 호출 등 기능이 무궁무진하다.

Kakao Talk是韩国人最常使用的交流手段。Kakao Talk不仅提供免费通话、文字、视频, 而且还具备小额结账、打车等功能。

연습문제

☞ ❶ OX 퀴즈

1. 한국의 지상파 방송은 4개 KBS, MBC, SBS, JTBC이다. (　)
2. 카카오톡은 한국인들이 가장 많이 사용하는 소통 수단이다. (　)
3. MBC는 한국을 대표하는 공영텔레비전방송이다. (　)
4. 한국에서 발행되는 신문들을 발행 규모로 분류하면 크게 국내지와 국외지로 나눌 수 있다. (　)
5. 카카오톡은 유료 어플이다. (　)

☞ ❷ 선택문제

1. 한국의 대표적인 신문들로는 (　　), 중앙일보, 동아일보 등이 있다.*
   ① 서울신문　② 경향신문　③ 한국일보　④ 조선일보

2. 한국을 대표하는 3대 신문은 어느 것인가? (　　)
   ① 조선일보, 중앙일보, 동아일보
   ② 조선일보, 연합뉴스, 동아일보
   ③ 한겨레신문, 매일신문, 서울신문
   ④ 한국일보, 서울신문, 중앙일보

3. 통신과 인터넷이 발달하면서 사람들은 다양한 기술을 통해 소통하고 있다. 소통 수단으로 한국 사람들이 가장 많이 사용하는 메신저는 무엇인가?

① 라인　　　　② 위챗　　　　③ 밴드　　　　④ 카카오톡

4. 한국인들이 가장 많이 사용하는 인터넷 주요 검색 사이트는 어느 것인가?

① 다음　　　　② 네이버　　　　③바이두　　　　④ 구글

5. 다음 중 한국의 대중매체에 대한 설명으로 올바른 것은 어느 것인가?

① KBS, MBC, SBS, EBS는 특정지역에서만 볼 수 있다.

② 신문은 사회에서 일어나는 새로운 사건이나 화제를 음성으로 전달한다.

③ TV는 뉴스나 드라마 등을 영상으로 제공한다.

④ 주로 교육과 관련된 프로그램을 하는 방송국은 MBC이다.

제9장

한국의 생활문화
韩国的生活文化

제1절 한국인의 의식주
第一节 韩国人的衣食住

1. 전통음식 传统饮食

한국음식의 기본은 밥과 국, 그리고 여러 가지 반찬이다. 대체로 이것들을 한상에 차려놓고 숟가락과 젓가락을 사용하여 같이 밥을 먹는다. 한식은 밥과 반찬을 먹기 때문에 다양한 영양소를 고루 섭취할 수 있어 건강을 유지하는 데 좋다.

한국인의 주식은 밥이다. 오랜 세월 농경생활을 해왔기에 쌀을 재료로 하는 밥을 주식으로 삼았다. 한국인들은 밥을 먹을 때 국과 반찬을 함께 먹는다. 국은 보통 고기, 생선, 채소 등 다양한 재료로 만들어서 끓여 먹지만 여름에는 시원하게 해서 먹는 경우도 있다. 그리고 상 위에서 직접 끓여 먹는 전골이나 국보다 국물을 적게 내어 끓여내는 찌개를 먹기도 한다.

반찬으로는 주로 채소를 이용하여 만든 나물이나 김치가 있다.

하지만 겨울에는 채소가 없고 보관도 어려웠기 때문에 추운 겨울 동안 채소를 먹을 수 있도록 하기 위해 김장을 했다. 김장이란 늦가을부터 초겨울 사이에 많은 양의 김치를 담그는 것이다. 김치는 지역에 따라 다양한 재료를 사용하기 때문에 그 종류가 매우 다양하다. 또한 한국에서는 김치 이외에도 일정 시간 저장해 두었다가 먹는 발효음식이 발달해 있다. 발효음식으로는 된장, 간장, 고추장 같은 장류나 새우젓, 멸치젓 등의 젓갈류가 대표적이다. 이와 같이 한국인은 밥과 함께 국, 반찬을 주로 먹지만 특별히 요리하여 먹는 음식도 많다. 이들 음식은 때로 밥과 함께 먹기도 하지만 별도로 즐기는 음식이기도 하다. 대표적인 것으로 불고기, 삼겹살구이, 삼계탕, 비빔밥 등을 들 수 있다.

　　韩国基本饮食包括米饭、汤和各种小菜。将之摆放在饭桌上， 使用汤匙和筷子与米饭一起食用。在韩国饮食中，吃米饭和小菜能够均衡摄取多样营养素，有利于维持身体健康。

　　韩国人的主食是米饭， 长久的农耕生活使韩国人把大米当作材料做成主食——米饭。韩国人吃米饭时会配上汤类和小菜，汤类一般用肉、生鲜、蔬菜等各种材料烹煮制成，夏季也可能做成冰爽可口的冷汤。韩国人也吃直接烹煮的砂锅或汤水极少的炖菜。

　　小菜有主要利用蔬菜制成的素菜或泡菜。冬季没有蔬菜， 储存起来也很困难，为了寒冷期间能够吃上蔬菜，便将之做成腌泡菜。腌泡菜是晚秋至初冬时节腌制大量泡菜的活动，因为各个地区使用材料不同，所以泡菜种类繁多。韩国除泡菜之外，需贮存一段时间食用的发酵食物也颇受欢迎，具有代表性的发酵食物包括大酱、酱油、辣椒酱等酱类和虾酱、鳀鱼酱等鱼虾酱类。虽然韩国人主要吃米饭、汤和小菜，但精心料理的饮食也极其繁多。这些饮食有时和米饭一起吃， 有时也会单独食用。具有代表性的便是烤牛肉、烤五花肉、参鸡汤和拌饭等。

쌀밥 米饭	김치 泡菜	불고기 烤牛肉	찌개 炖菜
비빔밥 拌饭	해물파전 海鲜葱煎饼	잡채 什锦炒菜	떡볶이 炒年糕
구절판 九折坂	삼계탕 参鸡汤	수정과 水正果	막걸리米酒, 马格利酒

(1) 김치 泡菜

김치는 배추·무 등을 굵은 소금에 절여 씻은 다음 고춧가루, 파, 마늘, 생강 등의 양념과 젓갈을 넣어 버무려 저장한 한국의 저장 발효식품이다.

泡菜是指将白菜、萝卜等撒入粗盐腌制冲洗后放入辣椒面、葱、蒜、生姜等调料和虾酱搅拌储存的韩国发酵食物。

■김치종류 泡菜种类

·김장김치 : 겨울을 대비하여 담그는 김치를 말한다.

过冬泡菜: 是指为过冬做准备而腌制的泡菜。

·깍두기와 열무김치 萝卜块泡菜和萝卜缨泡菜

깍두기는 무를 이용한 김치이고 열무김치는 열무를 이용한 김치이다.

萝卜块泡菜是用萝卜制成的；萝卜缨泡菜是用小萝卜制成的。

깍두기 萝卜块泡菜	열무김치 萝卜缨泡菜

·물김치(동치미, 나박김치 등) 水泡菜(盐水萝卜泡菜、萝卜片水泡菜等)

동치미와 나박김치는 비슷한 물김치이다. 다만 동치미는 무만을 가지고 만들고 나박김치는 무와 쪽파, 사과와 배 등을 넣어서 국물을 달게 만들고 바로 먹는다는 점이 다르다.

盐水萝卜泡菜和萝卜片水泡菜是相似的水泡菜，但盐水萝卜泡菜只是用萝卜制成，萝卜片水泡菜是放入萝卜、香葱、苹果和梨等制成，汤水较甜，可直接食用。

·기타 김치 其他泡菜

- 오이김치 : 말 그대로 오이를 이용한 김치로 오이소박이라고도 불린다.

- 갓김치 : 주로 전라남도 지방에서 즐겨 먹는데 갓으로 담근 김치이다.

- 파김치 : 쪽파로 담그는 김치이다.

黄瓜泡菜: 正如字面意思，用黄瓜制成的泡菜，也称为夹料黄瓜泡菜。

芥菜泡菜: 主要是全罗南道地区喜欢食用，用芥菜腌制而成。

葱泡菜: 用小葱腌制而成的泡菜。

(2) 찌개 炖菜

국물을 국보다 적게 잡아 고기, 채소, 어패류 등 각종 식재료를 넣어 끓인 반찬이다. 한국의 밥상에서는 국이나 찌개가 기본적으로 포함된다. '찌게'라고 표현하기도 하는데 이는 잘못된 표현이다.

炖菜是指汤水较少，放入肉、蔬菜、鱼贝类等各种食材烹煮的小菜。在韩国人的饭桌上必备汤或炖菜。炖菜的韩语也有 "찌게"这样的说法，是错误的表达。

· 찌개종류 炖菜种类

된장찌개, 순두부찌개, 버섯찌개, 김치찌개 등이 있다.

包括大酱炖菜、嫩豆腐炖菜、蘑菇炖菜和泡菜炖菜等。

(3) 구절판(九折坂) 九折坂

구절판 찬합에 담아 먹는 한국 고유의 음식이다. 옛 선조들은 진달래가 필 때쯤이면 산과 들로 꽃놀이를 갔는데 그때 주로 구절판을 드셨다고 한다. 둘레의 여덟 칸에 각각 여덟 가지 음식을 담고 가운데 둥근 칸에는 밀전병을 담아 두어 둘레의 음식을 골고루 조금씩 전병에 싸서 먹는다.

九折坂是盛在九折坂食盒里食用的韩国传统食物。古时韩国人在金达莱花盛开之际去山野田间赏花时主要食用九折坂。九折坂周围围成一圈的八个小格里装食物，中间圆圈里装煎饼。每种食物平均取少许，卷在煎饼里吃。

(4) 삼계탕(蔘鷄湯) 参鸡汤

삼계탕은 여름철의 대표적인 보양음식이다. 삼계탕은 닭 한 마리를 통째로 인삼, 대추, 생강, 마늘 등의 재료와 함께 고아 만든다. 한국에서는 삼복(초복, 중복, 말복)날에 즐겨 먹는다.

参鸡汤是夏季具有代表性的滋养食物。参鸡汤是把整只鸡与人参、大枣、生姜、蒜等材料放在一起长时间煮制而成。在韩国， 三伏时期(初伏、中伏、末伏)人们经常食用。

(5) 수정과 水正果

수정과는 한국 고유의 음료 중 하나이다. 물에 생강과 계피를 넣고 달인 뒤에 설탕이나 꿀을 타고 곶감을 담아 마신다.

水正果是韩国传统饮料之一。在水里放入生姜和桂皮熬制， 之后加入白糖或蜂蜜，再泡上柿饼饮用。

(6) 떡 年糕

한국인들은 오랜 옛날부터 쌀을 주재료로 해서 만든 떡을 즐겨 먹었다. 평소에도 떡을 먹는 경우가 많지만 특히 결혼식이나 제사, 명절, 생일 등을 맞이했을 때 떡은 꼭 있어야 할 음식 중 하나로 여겨지고 있다. 떡은 가족끼리 먹기도 하고 이웃, 친척 등과 함께 나누어 먹거나 선물을 하는 경우도 많다. 백설기, 인절미, 절편, 가래떡 등이 한국에서 자주 볼 수 있는 대표적인 떡이다.

自古以来大米便是用来制作食物的主食材， 故韩国人喜欢以此制作而成的年糕。韩国人平时也会吃很多年糕，但尤其是在婚宴、祭祀、节日、生日等重要时刻，年糕便是必须上桌的食物之一。年糕既可以和家人一起吃，也能和邻居、亲戚等一起分享食用或当做礼物送出。白米蒸糕、切块糯米糕、片糕、条形糕等是韩国常见的具有代表性的年糕。

(7) 막걸리 米酒, 马格利酒

막걸리는 한국의 전통 술로 탁주 혹은 농주라고도 한다. 보통 쌀이나 밀에 누룩을 첨가하여 발효시켜 만든다.

作为韩国传统酒，　米酒也被称为浊酒或农酒。一般是在大米或小麦里添加酵母发酵而成。

읽어보기

한국 술과 술 예절

한국의 전통적인 술은 막걸리이다. 다른 말로 탁주, 농주라고 부르기도 한다. 막걸리는 삼국시대부터 있던 것이라고 하는데 역사가 아주 오랜 술의 일종이다. 막걸리의 색깔은 쌀뜨물 같은데 유백색이다. 이화주는 고려 시대부터 광범위하게 전해져 오는 가장 대표적인 막걸리이다. 막걸리는 알코올 함량이 낮아서 마실 때에는 뚝배기에 담아서 물처럼 단숨에 쪽 들이켜고 "크~ 시원하다" 하고 칭찬한다.

막걸리의 주요 원재료는 찹쌀이다. 막걸리는 사람들의 건강과 밀접한 관계가 있다. 막걸리는 식욕을 자극하고 정신을 차릴 수 있다. 게다가 부기와 보혈의 기능이 있다. 이 밖에 미용에 너무 큰 효능을 나타낸다.

한국 사람들이 가장 좋아하는 술은 소주이다. 소주의 원료는 쌀이며 보리와 밀 혹은 사탕수수를 배합해 만든다. 색상이 투명한 진로(眞露, 현재 참이슬)주는 한국의 가장 대표적인 소주이고 80년의 역사를 가지고 있다. 한국에서 소주의 지위는 중국의 모태주 지위와 흡사하다. 한국의 첫 번째로 큰 소주공장은 진로이고 그다음은 두산이다.

옛날부터 "예의의 나라"로 불리어 오고 있는 한국에서는 아름다운 마음씨를 나타내는 여러 가지 예절이 있다. 술 예절은 한국인의 기본예절의 하나이다.

한국 사람은 술을 마실 때 많은 설법이 있다. 한국 사람과 함께 술을 마실 때 자신에게 술을 따를 수 없다. 상대방이 나에게 술을 부어준다. 그리고 내가 상대방에게 술을 따라준다. 이렇게 하는 이유는 서로 술 따르는 행위를 통해 우의와 존중을 표시함이다. 젊은 사람과 손윗사람이 같이 술을 마실 때 우선 손윗사람에게 술을 권한다. 손윗사람은 먼저 마신 다음, 후배는 술잔을 옆으로 돌려 술을 마시는데 이는 손윗사람에 대한 존중을 나타낸다. 다른 사람에게 술을 따라 줄 때는 꼭 오른손으로 술병을 든다. 한국 사람들은 왼손으로 술을 따르면 상대방을 깔본다고 생각한다. 술을 따를 때는 오른손으로 술병을 들고 왼손으로 오른손을 붙잡아서 존중을 나타낸다. 술을 받는 사람도 양손으로 술잔을 잡아서 감사의 뜻을 표시한다.

2. 한복(韓服) 韩服

한복은 삼국시대부터 입었던 한국 고유의 의복이다. 오늘날 일반 적으로 한복을 명절이나 특수한 날에만 입게 되었으며 사람들이 편 하게 입을 수 있는 생활 한복이 보급되기도 하였다. 첫돌, 환갑, 칠 순, 팔순 등의 일부 생일에는 생일을 맞는 사람이 입기도 한다.

남자 한복은 저고리, 바지, 마고자, 두루마기, 행전으로 이루어지 며 외출 시나 세배, 차례, 제사 등 의례에는 두루마기를 입는다. 여 자 한복은 저고리와 치마로 이루어진다. 치마 속에는 속바지와 속 치마를 겹쳐 입었다. 버선은 남녀 모두 신던 양말이지만 오늘날 일 상생활에서는 사용하지 않게 되었으나 여성들이 한복을 입을 때에 는 여전히 사용되고 있다.

韩服是自三国时期传承下来的韩国传统服饰。如今一般在节日或特 殊日子里穿韩服，为使人们穿着方便，生活韩服(又称改良韩服)得到普 及。迎来周岁、花甲、古稀、耄耋等生日的人也会穿韩服。

男士韩服由短衣、裤子、马褂、长袍、绑带构成，一般是外出时或 进行拜年、祭祀等仪式时穿上长袍；女性韩服由短衣和裙子构成，裙子 内有裤子和衬裙，男男女女以前都穿布袜，如今日常生活中不再穿，但 在女性身穿韩服时依然穿布袜。

촬영 하연

전통혼례에서 신부는 다홍치마, 연두색 저고리에 원삼이나 활옷을 입고 큰머리를 얹고 용잠을 꽂으며 댕기를 늘이고 화관이나 족두리를 쓴다. 거기다 한삼을 길게 늘여 손을 가린다. 신랑은 바지·저고리·조끼·마고자·옥색 두루마기·관복·각대·사모를 쓰고 목화를 신으며 포선을 손에 든다.

在韩国传统婚礼上，新娘身穿深红色裙子、浅绿色上衣、圆衫或阔衣等韩国传统礼服。盘发而插上龙簪(龙样图案的簪子)，发端系上发带，再戴上花冠或冠子，之后用长水袖盖住双手。新郎身穿裤子、上衣、马甲、马褂、翡翠色长袍、官衣，系玉带戴纱帽，穿木靴，手拿四边形布扇。

사모: 고려 말부터 조선 시대까지 문무백관이 관복을 입을 때 갖추어 쓴 모자로 혼례 때에는 서민에게도 착용이 허락되었다.

纱帽：从高丽末至朝鲜时代文武百官身穿官服时佩戴的帽子，一般百姓在婚礼上也可使用。

2. 한옥과 온돌 韩屋和韩式暖炕

한옥은 한국의 전통적인 집이다. 집의 위치를 중요하게 생각하는 한국에서는 집 뒤에 산이 있어 바람을 막을 수 있고 집 앞에는 강이 있어 물을 구하기 쉬운 곳에 지은 집을 좋은 집이라 생각했다. 또한 햇볕이 잘 들어오도록 남쪽으로 바라보고 지은 남향집을 선호했다.

한옥은 사계절이 뚜렷한 한국의 기후에 맞게 온돌(溫突)과 대청마루를 갖고 있다. 온돌은 아궁이에 불을 때면 가마솥이 데워지고 불길이 고래를 타고 구들장을 덥힌다. 마루는 집채 안에 바닥과 사이를 띄우고 널빤지를 깔아 놓은 곳이다. 마루는 땅바닥보다 높게 설치하여 마루 밑으로 통풍이 가능하며 집안으로 스며드는 습기를 제거하는 역할을 한다. 한국인들은 추운 겨울에는 한국 고유의 난방 장치인 온돌이 있어 방에서 따뜻하게 지냈고 더운 여름에는 바람이 통하는 대청마루에서 주로 생활하며 시원하게 보냈다.

한옥은 지붕을 만드는 재료에 따라 기와집과 초가집으로 나뉜다. 초가집은 가을에 추수를 한 볏짚을 이용해 지붕을 만들었는데 주로 서민들의 집으로 사용되었다. 기와집은 흙으로 만들어 구운 기와를 얹은 집으로 주로 양반들이 살았다.

한옥마을은 현재까지 남아있는 전통 한옥을 볼 수 있는 곳이다. 대표적인 곳으로 전주에 있는 한옥마을, 서울의 북촌과 남산에 있는 한옥마을이 있다. 전주한옥마을에서는 한옥생활체험관에서 하룻밤을 지내며 한옥생활을 경험해볼 수 있다. 북촌 한옥마을은 걸어서 구석구석을 즐길 수 있다. 남산골한옥마을은 조선 시대 한옥을 그대로 복원해 놓아서 전통적인 주거 모습을 볼 수 있다.

韩屋是韩国传统的房子，韩国人重视房屋的地理位置，他们认为好房屋需要后依山，可以防风，前傍水，取水便利。而且韩国人为使屋中光线充足，偏爱坐北朝南的房屋。

韩屋为适合韩国四季分明的气候，建造了韩式暖炕(温突)和厅板。韩式暖炕利用灶炕烧柴热锅产生地热气，热气顺着烟道而行，将炕板加热。厅板是房屋内与地板之间隔开的，用木板铺设的地方。比起地板来说，厅板稍高，其间可以通风，起到很好的除湿效果。因为韩国人拥有韩国传统的取暖装置——暖炕，所以即使在寒冷的冬季也能温暖度过；在炎热的夏季，厅板具有通风效果，为生活送来凉爽。

根据屋顶建料的不同，韩屋分为瓦房和草房。草房利用秋收的稻草建成屋顶，主要用于庶民百姓的房屋；瓦房的屋顶是用土烤成的瓦片建成，主要居住两班贵族。

韩屋村是保存至今的可以观览到韩国传统韩屋的地方。具有代表性的地方便是全州韩屋村、首尔的北村和南山的韩屋村。在全州韩屋村设有韩屋生活体验馆，游客可以过夜，亲自体验到在韩屋生活的感觉；北村韩屋村可以步行观览各处；南山谷韩屋村保存下来了朝鲜时代韩屋的样貌，可以直接看到传统的居住环境。

■ 옛 한국인들의 여름나기 물건 古时韩国人的祛暑物品

구분 区分	이미지 图片	설명 说明
등등거리 藤坎肩		등에 가볍게 걸치는 것으로 옷이 살갗에 닿지 않고 바람이 잘 통하여 시원하게 해주는 도구이다. 轻挂于背, 不触碰皮肤, 通风极好, 是祛暑好工具。
죽부인 竹夫人		대나무로 만들어진 도구로 잠잘 때 끼고 자면 바람이 잘 통해 시원하게 해준다. 以木制成, 偎其入眠, 通风凉爽。
토시 藤袖		조선 후기 여름철에 적삼 속에 땀이 배지 않고 시원하게 하기 위하여 등나무의 줄기를 가늘게 쪼개어 엮어 만든다. 朝鲜后期为防夏季汗水浸透单衫而砍下藤条编制成的藤袖, 兼具防暑透凉效果。

■한국인들의 지혜 韩国人的智慧

· 떡살 : 떡에 여러 가지 무늬를 찍어내는 도구

年糕模具: 把年糕制成多种图样的工具

· 지게 : 짐을 얹어 사람이 지고 다니는 기구

背用框架: 人们把背囊放置其上, 背着到处行走的工具

· 등잔(燈盞) : 기름을 담아 등불을 켜는 데에 이용하는 그릇

灯盏: 盛灯油, 点燃烛灯时使用的工具

· 연적(硯滴) : 벼루에 먹을 갈 때 사용할 물을 담아두는 용기

砚滴: 往砚台倒水时盛水的容器

· 한지(韓紙) : 한국의 고대 종이

韩纸: 韩国古代纸制品

· 석빙고(石氷庫) : 얼음을 저장하기 위해 돌로 만든 창고

石冰库: 为了储存冰块, 用石头制成的仓库

·첨성대(瞻星臺) : 하늘의 움직임을 관찰하는 받침대

瞻星台: 观察天文景象的支架

·해시계 : 태양광선에 의해 생긴 물체의 그림자로 시간을 나타내는 장치

日晷: 根据太阳光线产生的物体影子来计算时间的装置

·측우기(測雨器) : 빗물을 그릇에 받아 강우량을 재는 기기

測雨器: 用容器接水, 测定降雨量的器械

3. 개인 일과 생활이 균형을 이루는 워라밸 문화

实现个人工作家庭关系平衡的Work&Life Balance文化

요즈음 한국에는 워라밸이라는 신조어가 유행이다. **워라밸은 개인의 일(Work)과 생활(Life)이 조화롭게 균형(Balance)을 유지하고 있는 상태**를 의미한다. 한국은 지난 수십 년 동안 노동집약 산업화 과정을 거치면서 열악한 노동환경에서 장시간 근무하는 것이 일상이 되었다. 기업은 '가족같이 일하기' 등 슬로건을 내걸고 직원들이 아침 일찍부터 저녁 늦게까지 야근하는 것을 격려하였다.

잦은 야근은 또 잦은 회식자리를 만들게 되었다. 회식은 단순히 식사만 하는 것이 아니라 업무연장으로 여기는 사람이 많았다. 이처럼 장시간 근무, 잦은 회식으로 하루의 대부분 시간을 직장에서 보냈고 자기만의 여가 시간과 가족과 함께하는 시간이 절대적으로 부족했다.

한국의 1인당 소득이 3만 달러를 넘으면서 삶의 질에 대한 기준

이 높아지기 시작했다. 사람들은 더 이상 하루의 대부분 시간을 직장에서 보내지 않아도 된다. 법적으로 야근과 초과근무를 규제하고 있다. 법정 기본 근무 시간은 40시간, 최대 주 52시간만 가능하다. 직장에서 야근이 줄고 회식이 주는 대신 가족들과의 외식이 늘고 있다. 또 퇴근 후 남는 시간에 자기계발을 위해 운동, 독서, 음악회 등 다양한 활동에 참여한다.

　　最近在韩国，"워라밸"这样的新造词流行起来。워라밸（Work& Life Balance），即个人工作和家庭生活维持均衡状态。韩国在过去数十年历经劳动密集型产业过程，在恶劣的劳动环境中长期劳作已经成为日常，企业打出"像家族一样工作"的口号，激励职员们披星戴月地为其工作。

　　频繁的夜班导致频繁进行公司聚餐。很多人认为公司聚餐不是单纯吃饭，而是在延长工作时间。像这样长时间工作，频繁的聚餐活动，使得一天中的大部分时间都在职场度过，严重缺乏自己的空闲时间以及和家人在一起的时间。

　　随着韩国人均收入超过3万美元，人们开始追求生活质量。人们不必在职场上度过大部分时间，而且法律规定管制夜班和加班，法定基本工作时间是40个小时，最多一周不超过52个小时。职场夜班减少，不在公司聚餐，而是和家人们一起外出吃饭的趋势上升。并且下班后的时间可以参与运动、读书、音乐会等各种自我开发活动。

제2절 한국의 국경일, 기념일 그리고 명절

第二节 韩国的法定节日、纪念日和传统节日

구분 区分	국경일 法定节日	기념일 纪念日	명절 节日
1월 1月			신정(1)新正, 元旦(1日) 설날(음1) 新年(阴历初一) 정월보름(음15) 正月十五(阴历15)
2월 2月			
3월 3月	3·1절 三一节		
4월 4月		식목일(5) 植树节(5日) 석가탄신일(음8)释迦诞辰日, 佛诞节(阴历8)	
5월 5月		근로자의날(1) 劳动节(1日) 어린이날(5) 儿童节(5日) 어버이날(8) 双亲节(8日) 스승의날(15) 教师节(15日) 세계인의 날(20) 世界人节(20日)	
6월 6月		현충일(6) 显忠日(6日)	
7월 7月	제헌절(17) 制宪节(17日)		
8월 8月	광복절(15) 光复节(15日)		추석(음15) 中秋节(阴历15)
9월 9月			
10월 10月	개천절(3) 开天节(3日) 한글날(9) 韩文节(9日)		
11월 11月			
12월 12月		성탄절(25) 圣诞节(25日)	

1. 국경일(國慶日) 法定节日

국가적인 경사를 기념하기 위하여 법으로 정한 경축일이다. 이날을 공휴일로 정하고 국가에서 경축행사를 하고 있다. 국경일에는 3·1절(3·1), 제헌절(6·17), 광복절(8·15), 개천절(10·3), 한글날(10·9) 등이 있다. 제헌절은 국경일이지만 공휴일이 아니다.

法定节日是为纪念国家盛事法律规定的节庆日，这天定为公休日，国家上下举行庆祝活动。法定节日包括三一节(3月1日)、制宪节(6月17日)、光复节(8月15日)、开天节(10月3日)、韩文节(10月9日)等等。制宪节虽然是法定节日，但却不是公休日。

2. 기념일 纪念日

정부가 각종 기념일 등에 관한 규정에 의거하여 특별히 정한 날을 말한다.

식목일(4월 5일)은 국민 식수에 의한 애림의식을 높이고 산지의 자원화를 위해 나무를 심는 날이다. **석가탄신일**(음력 4월 8일)은 불교의 기념일로 석가모니의 탄생을 기념하는 날이다. 사월 초파일이라고도 한다. **현충일**(顯忠日, 6월 6일)은 나라를 위해 목숨 바친 애국선열과 국군장병들의 넋을 위로하고, 그 충절을 추모하기 위해 지정한 기념일이다. **성탄절**(聖誕節, 12월 25일)은 기독교(천주교 포함)의 기념일로 예수그리스도 탄생을 기념하는 날이다. 그 외에도 **어린이날**(5월 5일), **어버이날**(5월 8일), **스승의날**(5월 15일) 등이 있다.

纪念日是指政府根据各种纪念日的规定，特别制定的日期。植树节，

4月5日，是为提高人们的护林意识和改善山地的自然景观，种植树木的一天。佛诞节(阴历4月8日)，作为佛教的纪念日，是纪念释迦牟尼诞辰的日子，也称为四月初八日。显忠日，6月6日，是慰问那些为国捐躯的爱国先烈和国军官兵们，悼念他们的忠节而规定的纪念日。圣诞节，12月25日，是基督教(包含天主教)的纪念日，纪念救世主耶稣诞辰的日子。除此之外，韩国还有儿童节(5月5日)、双亲节(5月8日)、教师节(5月15日)等。

제3절 한국의 세시풍속
第三节 韩国的岁时风俗

1. 설날(정월 초하루, 1월 1일) 韩国春节(正月初一, 1月1日)

이날은 한 해의 첫날이다. 이날 아침에는 설빔(설날 입는 새 옷)을 입고 설날 차례를 지낸 후 어른들께 세배를 드린다. 설날세배를 받으면 '올해는 예쁜 색시를 얻어서 장가를 들겠네'라고 말해주는데 이런 말을 덕담이라고 한다. 이날 먹는 음식에는 떡국, 수정과, 식혜 등이 있다. 특히 떡국을 먹어야 나이를 한 살 먹게 된다는 생각으로 아이들에게 '떡국 몇 그릇 먹었느냐' 묻기도 한다. 돌아가신 조상께는 차례로 세배를 대신하는데 4대조까지만 지낸다. 그 이상의 조상은 대개 문중에서 10월에 함께 제사를 지낸다. 정초에는 윷놀이, 널뛰기, 연날리기 등의 놀이를 한다.

这天是新一年的开始，人们晨起穿好新衣(春节穿的新衣服)，祭祀祖先, 之后向长辈拜年。那些长辈们也会说 "今年能娶个好媳妇了"这样的祝愿。春节这天吃的食物有年糕片汤、水正果、甜米露等等, 尤其是年糕片汤寓意着辞旧迎新, 又长一岁, 所以大人们总会问孩子 "吃几碗了"这样的话。对于那些已经逝世的祖先, 用祭祀活动代替拜年, 祭祖范围仅至四世高祖, 再其上的祖先一般要到10月份整个家族一起进行祭祀活动。正月初, 人们玩尤茨游戏、跳板游戏、放风筝等各种游戏。

2. 정월 대보름(음력 1월 15일) 韩国正月十五(阴历1月 15日)

새해 처음으로 보름달을 보게 되므로 동산에 올라가 횃불을 들고 달맞이를 한다. 달이 떠오르는 것을 먼저 본 사람이 그 해의 재수가 좋다고 한다. 달이 뜨면 모든 사람들은 다리를 열두 번 지나다닌다. 이렇게 다리를 밟고 다니면 그 해는 다리를 앓지 않고 지낸다 하여 '다리 밟기'라고 불렀다. 이날 아침 일찍 일어나 먼저 본 사람을 불러서 대답하면 '내 더위 사가라' 한다. 그러면 그해에는 더위를 먹지 않는다고 한다.

음력 14일 저녁에는 약식과 오곡밥(五穀飯) 그리고 14가지의 나물을 먹는다. 그리고 보름날 이른 새벽에 날밤, 호두, 은행 등의 부럼을 깨물면 부스럼도 나지 않고 이도 튼튼해진다고 한다. 정월 대보름에는 귀밝이술을 먹으며 잣불 켜기, 차전놀이, 놋다리밟기 등의 놀이가 있다.

新的一年初次迎来满月, 为此人们手举火把登山望月。有传说称, 第一个见到月亮升起的人一年都会好运连连。月亮升起的话所有的人都要在桥上走12回，这样踩桥而过寓意着腿脚健康，一年无灾，也被称为"踏桥"。

正月十五这天，早起后呼唤第一个见到的人，他一回答，对他说"买走当年的暑气吧"，即卖暑，这样可免去当年中暑。阴历正月十四晚，吃韩式八宝饭和五谷饭以及14种野菜，正月十五清晨，要是咬开生栗子、核桃、银杏等坚果的外壳，便可预防皮肤疾病，而且牙齿也会健康。正月十五这天要喝"清耳酒"，还有鼠火戏、车战游戏、过人桥等游戏。

놋다리밟기: 놋다리밟기에서 공주로 뽑힌 여자가 밟고 가도록 부녀자들이 허리를 굽혀 만든 다리

过人桥游戏: 游戏中被选的一名女子扮作公主，公主踩着走其他妇人弯下腰连成的人桥。

3. 삼월 삼진날(음력 3월 3일) 重三节(阴历3月3日)

음력 3월 3일에 강남으로 갔던 제비가 돌아온다는 날이다. 또한 풀도 새로 돋아나고 시냇물도 많이 흐르기 시작한다. 이때 나비도 새로 나오는데 만일 흰 나비를 보면 그 해에 상복을 입게 되고 노랑나비나 호랑나비를 보면 그 해의 운수가 좋고 건강해진다고 한다. 새로 핀 진달래꽃을 따다가 찹쌀가루에 반죽하여 둥근 떡을 만든다. 이것을 참기름에 지져 '화전'을 만들어 먹는다.

阴历3月3日是在江南过冬的燕子飞回来的日子。这时，新草发芽，冰雪开始融化，流水潺潺万物复苏，同时蝴蝶也再次出现，关于蝴蝶有些传说：如果看见灰色蝴蝶，那么那一年便家有丧事；如果看见黄蝶或金凤蝶，那么那一年便幸运至极，身体健康。人们会采摘来金达莱花，揉好糯米粉面团，沾上花瓣制作圆饼，再撒上香油煎一种叫作"花煎"的饼来吃。

4. 단오(음력 5월 5일) 韩国端午节(阴历5月5日)

단오는 음력 오월 오일이다. 이날 여자들은 창포를 잘라 물에 담가서 머리를 감고 창포 뿌리는 깎아 비녀를 만들어 머리에 꽂기도 한다. 이렇게 하면 두통을 앓지 않는다고 한다. 또한 몸에 좋다고 하여 창포 삶은 물을 마시기도 했다. 단옷날 여자들은 그네를 탔고 남자들은 씨름을 했다. 이날 쑥으로 수레바퀴 모양의 떡을 만들어 먹었는데 그 떡을 수리치라고 불렀다. 단오를 수릿날이라고 부르는 것은 이 떡을 해먹기 때문이다.

남부에서는 추석이 중요한 명절인데 반하여 북부에서는 단오가 보다 중요한 명절이다. 이것은 계절과 농사 시기의 차이에서 비롯된 것이다. 북부에서는 긴 겨울에서의 해방을 축복하는 의미가 있어서 황해도의 경우 봉산탈춤을 추었다.

端午，阴历五月五日，这天女人们砍下菖蒲浸在水中用来洗头，菖蒲根制成簪子插在头发上，寓意不会患头痛。而且菖蒲对身体好，人们也经常喝菖蒲水。端午这天，女人们荡秋千，男人们进行摔跤比赛。人们用艾蒿制成车轮模样的糕点来吃，这种糕也被称为"艾子糕"。正是因为人们制作这样的糕点吃，端午的韩语也称为"수릿날(吃艾子糕日)"。

在韩国南部地区，中秋节是比较重要的节日，但北方地区认为端午节是更重要的节日，这源于季节和农耕时期的差异。北方地区像黄海道附近，通过跳凤山假面舞，表达结束漫长冬季的祝愿。

5. 유두(음력 6월 15일) 流头节(阴历6月15日)

유월 보름날에 동쪽으로 흐르는 물에 머리를 감아 더러운 때를 씻어버린다. 그리고 교외 물가에서 술을 마시며 '수단'이란 떡을 만들어 꿀물에 넣어 먹는다. 또 이날 호남과 영남 여러 곳에서 농신제를 논이나 밭에 나가 지낸다. 농사 잘되라고 빌고 곳에 따라서는 떡을 논가에 뿌리기도 한다. 이러한 유두 뒤에 삼복더위가 온다.

农历六月十五，女人们到向东流的河里洗头，去郊外水边饮酒，制作"水团"糕加入蜂蜜水来吃。在这一天，湖南和岭南地区在水田旱地举行农神祭活动，以祈愿农事顺利，风调雨顺；根据地区的不同，有的地区也会把糕撒在稻田边。流头节过去之后便迎来三伏天。

6. 칠석(음력 7월 7일) 七夕节(阴历7月7日)

음력 7월 7일은 칠석이라고 하여 농가에서는 비 오는 날로 전해져 온다. 그 이유로는 '견우'와 '직녀'의 전설이 전한다. 그들은 하늘의 은하수를 사이에 두고 만나고 싶어 애태우다가 일 년에 한 번 이날에야 만나게 된다. 이날 그 둘을 만나게 하기 위하여 지상의 모든 까마귀와 까치가 하늘로 올라가 은하수에 다리를 놓는다. 이 다리 이름을 '오작교'라고 한다. 이날 오는 비는 견우와 직녀가 너무 기뻐서 흘리는 눈물이라고 하고 이튿날 아침의 비는 이별의 눈물이라고 한다.

阴历7月7日是七夕， 传说是农田会降雨之日。其缘由便是牛郎和织女的神话故事，他们之间隔着天上的银河，因思念如焚便在此相见，一年中只有这一天才可以见面。为了帮助两人相见，地上的所有喜鹊便飞到天上，在银河上搭成一座桥，这座桥叫做"鹊桥"，传说，这天降下的雨滴便是牛郎和织女相见喜极而泣落下的眼泪，第二天清晨的雨滴是离别伤心的泪水。

7. 추석(음력 8월 15일) 中秋节(阴历8月15日)

팔월 대보름날은 정월 초하루와 함께 특히 농촌의 가장 큰 명절이다. 더위가 물러가고 새 곡식이 익어 추수를 할 때이므로 일년 중에서 가장 풍성한 시기이다. 신라 때는 음력 7월 15일에 시작한 여자들의 베짜기 시합을 이날 끝내고 진 편에서 술과 음식 특히 송편을 대접하고 놀았다. 보통 한식(음력 4월 6일경)과 추석날 성묘를 한다. 호남지방에서는 한가위 날 밝은 달밤에 젊은 여자들이 "강강술래"라는 놀이를 한다. "강강술래"란 후렴이 있는 노래를 부르며 둥글게 서서 돌면서 춤을 추는 것인데 바닷가에서 왜적이 쳐들어오는 것을 조심하라는 뜻으로 생겼다고 한다.

农历八月十五和正月初一是农村地区最有名的节日， 中秋暑气散去，庄稼成熟丰收，是一年中最丰盛喜悦的时期。新罗时期，自农历7月15日开始，女人们之间进行织布比赛，至中秋这天结束，比赛输掉的一方要准备酒和食物，尤其是松饼。一般寒食(阴历4月6日)和中秋要进行扫墓。湖南地区中秋满月当夜，年轻的女性之间会玩一种"强羌水越来"的游戏，清唱以"强羌水越来"为副歌的歌曲，围成一个圆圈跳舞，其来源是警示在海边有外敌入侵的危险。

8. 상달 上月

상달이란 음력 시월의 속어이다. 일년 농사를 다 마치고 새로 나온 햇곡식과 과일로 신과 조상에게 추수 감사의 제사를 지내는 달이다. 집안에서 '고사'를 지내고 산소에 가서 '시제'를 지내고 마을 공동으로 '당산제'를 올린다. 시제는 대개 음력 시월 십오일에 전후하여 지낸다. 이때는 문중이 모여 5대조 이상의 조상께 제사를 지낸다. 이달에 먹는 음식으로는 만두와 강정이 있다. 그리고 가장 큰 가정 행사로는 김장 담그기가 있다.

上月是农历十月的俚语，一年劳作结束后，拿新产的粮食和水果祭祀神和祖先，以表达五谷丰登的感激之情。在家里进行告祀，来到墓地进行时祭，整个村落举行山神祭。时祭大约在农历十月十五日前后进行，这时，整个家族聚在一起，为五世以上先祖举行祭祀仪式，这个月吃的食物包括蒸饺和馃子，最大的家庭活动便是腌泡菜。

9. 동지 冬至

양력 12월 22일에 해당한다. 일 년 중 낮이 가장 짧고 밤이 가장 긴 날이다. 팥죽을 쑤어 새알심을 넣어 액땜을 위해 팥죽을 뿌리기도 한다. 이때 대달력을 만들어 나누어 갖는다.

冬至，阳历12月22日，是一年中白昼最短黑夜最长的一天。这天要放
入汤丸熬红豆粥，为了驱灾辟邪也会撒红豆粥。而且这时会制作月历并
分享给他人。

10. 제야 除夕

12월 말일을 섣달그믐이라고 하고 이날 밤을 제야라고 한다. 어
른께는 묵은 세배를 드리고 제야의 종을 33번 친다. 이날 밤에는
밤새도록 잠을 자지 않는다. 이것을 수세라고 하는데 만약 잠을 자
면 눈썹이 센다는 것이다. 어쩌다 잠이 든 아이가 있으면 흰 가루
를 눈에 몰래 바른 다음, 깨워서 거울을 보이면 정말로 속아서 우
는 것을 보고 놀려준다. 이러다가 새벽닭이 울면 다시 새해의 아침
이 밝아 오는 것이다.

12月的最后一天被称为除夕，那天晚上称为"除夕夜"，给长辈拜年，
敲33回除夕夜的钟。这天晚上通宵不眠，也被称为"守岁"，万一睡着
了的话，传说眉毛就会变白。要是有孩子睡着的话，便在其眼上偷偷涂
上白粉戏弄他们，当他们醒来照镜子一看，相信眉毛真的会变白便哭了
起来。拂晓时分鸡叫之时，便是新的一年的开始。

제4절 한국의 의례
第四节 韩国的仪礼

어느 사회에서나 사람이 태어나고 결혼하고 죽는 것 등은 삶에서
매우 중요한 일이다. 한국에는 그러한 일을 특별히 기억하는 의례
가 있는데 생일잔치, 결혼식, 장례식, 제사 등이 있다.

无论身处哪种社会， 人们出生、结婚、死亡等都是人生中非常重要
的事情。在韩国，有礼仪专门记载这些事，包括生日宴、结婚典礼、葬
礼、祭祀等等。

1. 생일잔치 生日宴

한국에서는 생일에 대해 가족이나 친구들이 함께 모여 식사를 하
고 선물을 주고받으며 생일을 축하한다. 생일에는 일반적으로 **미역
국**을 끓여 먹는다. 한국에서는 아이를 낳은 산모가 미역국을 먹으
면서 몸을 회복하는데 생일날 먹는 미역국에는 그때를 기념하며 부
모에게 감사하는 의미가 담겨있다. 한국에서는 첫 번째 생일이나
60번째 생일에는 좀 특별한 의미를 부여한다.

옛날에는 아기가 태어난 지 얼마 안 돼 죽는 경우가 많았다. 그
래서 아이가 태어난 지 100일 만 되어도 그때까지 건강하게 자란
아이를 축하하기 위해 백일잔치를 벌였다. 시간이 더 지나 첫 번째
생일을 맞이하면 돌잔치를 갖는다. 이날에는 가족과 친구들이 모여
같이 음식을 먹으며 건강하게 자란 아이를 축하해준다. 특히 돌잔
치에서는 돌잡이 행사를 치르며 즐거워한다.

태어나서 60번째 맞이하는 생일을 환갑이라고 한다. 평균 수명이 짧던 옛날에는 사람이 환갑 때까지 사는 것만 해도 큰 복이라고 생각했다. 그래서 부모가 환갑을 맞이하면 자녀들은 잔치를 열어 부모가 오래 사시기를 기원했다. 평균 수명이 길어진 요즘에는 환갑 잔치보다도 70번째 생일인 칠순 잔치를 더 크게 여는 경우가 늘고 있다.

在韩国, 有人过生日的时候, 家人或朋友聚在一起吃饭, 收送礼物, 庆祝生日。生日时一般要煮海带汤喝, 在韩国, 生下孩子的产妇喝海带汤恢复身体, 生日喝的海带汤也是纪念那个时候, 以表达对父母不易的感激之心。在韩国, 人们第一个生日和60大寿是具有比较特别意义的。

以前, 有很多孩子出生没多久就死去, 所以孩子出生一百天时, 为庆祝孩子健康成长而举办百日宴。再过一段时间迎来孩子的第一个生日时再举行周岁宴。 这天家人朋友聚在一起吃饭庆祝孩子健康长大, 尤其是周岁宴抓周活动成为一大看点。

迎来60岁的生日被称为 "花甲"。以前人们的平均寿命短, 能活到花甲年纪已经是很大的幸事了, 所以在父母花甲之际, 子女们举办宴会祈愿父母长寿。近来, 人们平均寿命变长, 比起花甲宴, 更加隆重地举办七十岁生日——七旬宴的人越来越多。

돌: 아이가 태어나서 처음 맞이하는 생일 一周岁: 孩子出生后的 第一个生日

돌잡이 물건: 돌잡이 물건에는 저마다 뜻이 있어서 돌을 맞은 아기가 무엇을 잡을지 지켜보는 것도 무척 재미있다. 예를 들어 실을 잡으면 장수를, 돈을 잡으면 부를 상징한다.

抓周物品: 抓周物品意义各不相同，周岁宴观看孩子抓周是非常有趣的事。例如: 线象征长寿，钱象征富有。

■ 돌잔치에 갈 때 준비하는 선물 参加周岁宴时，准备的礼物

한국에서는 돌을 맞이한 아이에게 금반지를 선물하는 경우가 많다. 금은 세월이 지나도 잘 변하지 않는다. 금반지는 아기가 금처럼 가치 있고 순수한 모습으로 변치 말고 잘 자라라는 의미를 담고 있다. 돌잔치에 받은 금반지를 모아 아이가 결혼할 때 결혼반지로 만들어 주기도 한다. 금값이 크게 오른 요즘에는 금반지 대신 축의금을 내는 경우도 많다.

在韩国, 周岁时送给孩子金戒指当做礼物的人有很多。金制品不会随着岁月流逝而褪色变化，金戒指寓意着: 希望孩子像金子一样闪闪发光，历经时光蹉跎依然保持纯真笑容，能够健康成长。把周岁宴上收到的金戒指收好，到孩子结婚的时候，再打造成结婚戒指。近来金价大幅上涨，有很多人送礼金代替金戒指。

2. 결혼 结婚

남녀가 정식으로 부부가 되는 의례를 결혼식이라 한다. 법적으로는 시, 군, 구청에 혼인 신고를 해야 부부가 되지만 그와는 별도로 가족, 친구 등 많은 사람들 앞에서 결혼식을 치른다. 결혼식은 예식장이나 종교 시설 등에서 주로 하는데 결혼식에 초대받은 사람들은 축의금을 내며 결혼식이 끝난 후 음식을 먹으면서 신랑 신부의 결혼을 축하해 준다. 결혼식 후 양가 가족에게 전통적인 인사인 폐백을 한 후에 신랑과 신부는 신혼여행을 떠난다.

男女正式成为夫妻的礼仪被称为结婚典礼(婚礼)。法律规定，向市、郡、区政府等地进行婚姻申报后，才能成为夫妻，也有在家人、朋友等许多人面前举办婚礼。婚礼主要在礼堂或宗教建筑内进行，受到婚礼邀请的人附上礼金。婚礼仪式结束后，人们一边吃饭一边对新郎新娘给予祝福。婚礼结束后，新郎新娘分别拜访两家家人并送以礼品，之后就去蜜月旅行。

청첩장: 결혼식에 초대하는 편지 邀请函: 婚礼邀请的书信

축의금: 축하하는 뜻을 나타내기 위해 내는 돈이나 물품 礼金: 为表达祝贺之意，送出的钱或物品

3. 장례 葬礼

사람이 죽으면 죽은 사람에 대한 예를 갖추어 그를 떠나보내는데 이를 장례라 한다. 요즘에는 주로 병원의 장례식장에서 문상객을 맞이한 후 죽은 사람을 땅에 묻거나 화장한다. 유족들 중 남자는 검은색 양복을, 여자는 흰색 또는 검은색 한복을 입는다. 유족을 위로하기 위해 방문하는 문상객도 대부분 검은색 옷을 입고 조의금을 준비한다. 문상객은 죽은 사람의 사진에 두 번, 유족에게는 한 번의 절을 한다. 문상객들은 유족이 준비한 음식을 먹으면서 죽은 사람에 대한 이야기를 나누고 유족을 위로한다.

为了对那些死者表达基本的礼仪， 送他们安息的仪式称为葬礼。近年来主要是在医院的殡仪馆里接待吊唁者， 对死去的人进行土葬或火

葬。遗属中男性穿黑色西服，女性穿白色或黑色韩服，慰问遗属的吊唁
者大部分也穿黑色衣服，还要准备吊唁金，吊唁者朝向照片鞠躬跪拜两
次，朝遗属们慰问鞠躬跪拜一次，他们一边吃着遗属们准备的食物，一
边和他人讲述关于死者的事，向遗属致以慰劳。

> 문상: 죽은 사람과 그 가족을 위로하기 위해 방문하는 일
>   吊唁: 对去世的人及其遗属表达安慰，前来吊丧的事
> 유족: 죽은 사람의 남아 있는 가족 遗属: 死者的其他家人
> 조의금: 상을 당한 가족에게 위로의 뜻을 나타내기 위해 내는 돈
>   이나 물품 吊唁金: 为安慰吊唁的家人，送上的钱或物品
> 화장: 죽은 사람을 불에 태워 장례를 치름 火葬: 对死者进行用火
>   焚烧的葬礼

4. 제사 祭祀

부모, 조부모 등 조상이 돌아가신 날이나 설 또는 추석과 같은
명절에 조상을 추모하는 것을 제사라 한다. 이날에는 가족이 모여
조상을 생각하며 제사 음식 앞에서 조상에게 두 번의 절을 한다.
제사 음식은 가족이 함께 나누어 먹는다. 이는 조상의 덕을 기리고
조상의 덕을 통해 가족이 좀 더 행복할 수 있게 되기를 바란다는
의미를 갖는다. 제사상은 종교에 따라 제사 모습이 다르다.

父母、祖父母等先祖逝世的日子或春节、中秋等节日时悼念先祖的
事称为祭祀。这天，家人聚在一起回忆先祖，准备祭礼食物，在先祖面
前跪拜两次。祭祀食物由家人一起分着吃掉，　这意味着歌颂先祖的恩

德，并通过先祖佑护使家人能更加幸福安康。祭桌根据宗教不同而有所
变化。

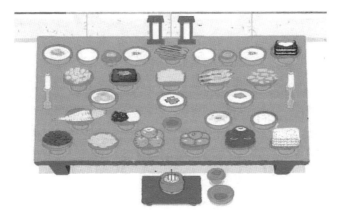

제사상

■ 성묘(省墓) 扫墓

조상의 묘를 돌보는 일을 말한다. 대개 설·한식·추석에 행하는
데 설날에는 묵은해를 보내고 새해를 맞이했다는 인사로서 차례를
지내고 한식에는 겨울동안 돌보지 못한 산소를 돌보는 성묘를 한
다. 추석에는 햇과일과 곡식을 조상에게 바치는 차례와 성묘를 지
낸다.

扫墓是指祭扫先祖们的墓地，在春节、寒食、中秋时进行，春节有辞
旧迎新的意味，作为慰问先祖之意进行祭祀活动；寒食时，把冬季时节
顾及不到的墓地再次进行祭扫；中秋时，给先祖供奉上水果和食物，进
行祭祀扫墓活动。

■ 결혼식이나 장례식에 돈을 가지고 가는 이유 带钱参加婚礼或葬礼的原因

결혼식이나 장례식에 가는 사람들은 대부분 축하하는 마음 또는 위로하는 마음을 담아 축의금이나 조의금을 전달한다. 이것은 다른 사람에게 기쁜 일이나 슬픈 일이 생겼을 때 서로 돕는 한국 전통에서 비롯된 것이다. 여러 사람이 조금씩 내는 축의금이나 조의금은 결혼식이나 장례식의 비용으로 사용된다.

参加婚礼或葬礼的人为表达自己的祝贺或惋惜，送上礼金或吊唁金，这始于韩国传统——互帮互助的精神，每个人送出的一点礼金或吊唁金，便可以作为婚礼或葬礼的费用。

연습문제

☞ ❶ OX 퀴즈

1. 김치는 한국의 발효식품이다. (　　)
2. 한국의 전통적인 술은 소주이다. (　　)
3. 옛 한국인들의 여름나기 물건은 등등거리, 죽부인, 온돌 등이 있다.
   (　　)
4. 12월 말일을 섣달그믐이라고 하고 이날 밤을 제야라고 한다. (　　)
5. 한국인들은 생일에 일반적으로 미역국을 끓여 먹는다. (　　)

☞ ❷ 선택문제

1. 추석에 주로 만들어 먹는 떡으로 쌀가루로 빚고 콩이나 깨 등의
   속을 넣어 만드는 떡의 이름은 무엇인가?
   ① 송편　　　　② 절편　　　　③ 가래떡　　　　④ 인절미

2. 한국 고유의 명절인 설날에 주로 먹으며 이것을 먹으면 나이를
   한 살 먹는다고 하는 음식의 이름은 무엇인가?*
   ① 떡국　　　　② 만둣국　　　　③ 칼국수　　　　④ 찹쌀밥

3. 밤이 가장 긴 날인 동지에 한국에서 전통적으로 먹는 음식은 무엇인가?
   ① 송편   ② 팥죽   ③ 만두   ④ 감주

4. 한국 고유의 명절과 이날 주로 먹는 음식을 틀리게 이어놓은 것은 어느 것인가?
   ① 설 — 떡국   ② 추석 — 송편
   ③ 단오 — 떡국   ④ 동지 — 팥죽

5. 콩으로 만든 메주를 주재료로 하여 만드는 한국 전통 양념은 무엇인가?
   ① 다데기   ② 된장   ③ 춘장   ④ 쌈장

6. 배추나 무를 고춧가루 등의 양념에 버무려 만드는 한국 전통 발효음식은 무엇인가?
   ① 김치   ② 선지국   ③ 전주비빔밥   ④ 해장국

7. 한국에서 여름에 즐겨먹는 음식이 아닌 것은 어느 것인가?
   ① 보신탕   ② 콩국수   ③ 삼계탕   ④ 동치미

8. 한국의 전통음식이 아닌 것은 어느 것인가?
   ① 불고기   ② 회덮밥   ③ 잡채   ④ 비빔밥

9. 한국의 대보름날 먹는 음식이 아닌 것은 어느 것인가?

　① 오곡밥　　② 송편　　　③ 나물　　　④ 약식

10. 음력 정월 대보름에 깨무는 밤, 호두, 땅콩 등을 무엇이라 하는
　　가?

　① 고수레　　② 부스럼　　③ 부럼　　　④ 액막이

11. 다음 중 '부럼'에 대해 알맞은 설명은 어느 것인가?

　① 몸이나 얼굴에 난 부스럼의 줄임말

　② 부끄러운 일을 당했을 때의 심정

　③ 정월 대보름에 까먹는 땅콩, 밤, 호두 등

　④ 남 부러운 일이 있을 때를 이르는 말

12. 세계적으로 널리 알려진 한국 전통 음식으로 여러 가지 나물과
　　양념을 넣어 만들며 전라북도 전주에서 유명한 것은 다음 중 어
　　느 것인가?

　① 비빔밥　　② 막국수　　③ 신선로　　④ 불고기

13. 껍질 벗긴 감을 햇볕과 바람에 잘 말려 만든 음식으로 호랑이가
　　무서워한다는 옛날이야기가 전해지는 이것은 무엇인가?

　① 연시　　　② 곶감　　　③ 홍시　　　④ 땡감

14. 한국 음식만을 전문적으로 판매하는 식당을 일컫는 말은 무엇인가?

① 일식집　　② 한식당　　③ 냉면집　　④ 분식집

15. 발효식품이 아닌 것은 어느 것인가?

① 청국장　　② 김치　　③ 요구르트　　④ 우유

16. 다음의 의존명사에 관한 것으로 올바르지 않은 것은 어느 것인가?

① 톳은 김을 묶어 세는 단위이다. 김 한 톳은 100장이다.

② 두름은 조기 따위의 물고기를 짚으로 10마리씩 두 줄로 엮은 것이다.

③ 접은 채소나 과일 따위를 세는 단위다. 한 접은 채소나 과일 100개를 이른다.

④ 단은 짚, 땔나무, 채소 따위의 묶음을 세는 단위이다. 시금치 한 단은 서너 근을 이른다.

17. 추운 겨울 동안 채소를 먹을 수 있게 늦가을부터 초겨울 사이에 많은 양의 김치를 담그는 것을 무엇이라 하는가?

① 제사　　② 김장　　③ 초절이　　④ 겨울나기

18. 한국인이 웃어른과 함께 식사할 때의 예절로 올바른 것은 어느 것인가?

① 웃어른보다 늦지 않게 빨리 먹는다.

② 웃어른이 첫 수저를 뜰 때까지 기다린다.

③ 국물은 소리가 나지 않도록 그릇을 들고 마신다.

④ 다 먹은 후에는 밥그릇을 뒤집어 놓는다.

19. 다음에서 설명하는 것은 무엇인가?

한복의 곡선미나 색상 등 전통의 멋을 살리면서 불편한 점을 개선하여 편하게 입을 수
있도록 만든 요즘 한복을 말한다.

① 활옷　　　　　　　　　② 두루마기

③ 전통한복　　　　　　　　④ 생활한복

20. 한국에서 명절이나 경조사에 입는 전통의상을 무엇이라 부르는
가?

① 도포　　　② 한복　　　③ 예복　　　④ 정장

21. 다음 설명에서 올바르지 않은 것은 어느 것인가?

① 조선 시대에 지위가 높은 양반이나 유생들이 예복으로 입던
웃옷은 도포이다.

② 옛날 한국의 양반들이 외출할 때 머리에 썼던 모자는 갓이다.

③ 옛날 한국 성인 남자들이 일반적으로 머리 모양으로 긴 머리
를 틀어 머리 위에서 감아 묶은 형태를 감투라 한다.

④ 신발로 옛날에 비가 올 때 신었던 나무로 만든 신발은 나막신
이다.

22. 옛날 한국의 시집 안 간 처녀가 머리를 길게 땋고 그 끝에 매달 았던 장식은 어느 것인가?

① 댕기   ② 연지   ③ 비녀   ④ 족두리

23. 한국 전통혼례에서 신부가 얼굴에 동그랗게 하는 화장을 무엇이라 하는가?

① 연지곤지   ② 청실홍실
③ 전후좌우   ④ 팔방미인

24. 설에 차례를 마치고 부모님과 친척 어른들에게 새해 첫인사를 드리는 것을 무엇이라고 하는가?

① 세배   ② 설빔   ③ 설인사   ④ 문안

25. 한국의 전통적인 가옥을 무엇이라 하는가?*

① 양옥   ② 한옥   ③ 기와집   ④ 초가집

26. 한국 한옥의 고유한 구조로 구들을 통해 온기를 전하는 난방장치는 무엇인가?*

① 가스보일러   ② 난로   ③ 전기담요   ④ 온돌

27. 다음 설명에서 올바르지 않은 것은 어느 것인가?

① 숯이나 질그릇, 기와, 벽돌 등을 구워 내는 아궁이와 굴뚝이 있는 시설은 가마다.

② 옛 한국인들이 한겨울의 얼음을 여름에 사용하기 위해 보관했

던 창고는 석빙고이다.

③ 호미, 다듬이, 쟁기, 낫은 옛 한국인들이 즐겨 쓰던 농기구이다.

④ 방아, 절구, 공이, 맷돌은 곡물 등을 잘게 가는데 사용하는 한국 재래식 도구이다.

28. 다음 설명 중 올바르지 않은 것은 어느 것인가?
① 한식의 기본 식단은 밥, 국, 반찬이다.
② 한국 음식 중에는 발효식품이 많다.
③ 한복을 입을 때 남자만 버선을 신는다.
④ 한옥은 지붕의 재료에 따라 기와집과 초가집으로 나뉜다.

29. 다음 설명 중 올바르지 않은 것은 어느 것인가?
① 두레, 계, 협동조합은 농촌에서 마을 사람들이 농사일을 서로 도와주기 위해서 만든 조직이다.
② 한지의 주원료가 되는 나무는 닥나무이다.
③ 천하대장군, 지하여장군, 과거급제, 이정표는 장승과 관련이 있다.
④ 명당을 찾아 좋은 못자리(산소자리)를 골라주는 사람의 직업을 지관이라 한다.

30. 전통문화에 대한 설명이 틀린 것은 어느 것인가?
① 단오 : 창포물에 머리를 감는 전통이 있다. 대표인 축제로는 강릉단오제가 있는데 이는 무형문화재로 유네스코에 등재되

었다.

② 정월대보름 : 이날 밤·호두·잣·은행 등 껍질이 단단한 과
실을 먹는데 1년 동안 무사태평하고 만사가 뜻대로 되며 부
스럼이 나지 말라는 뜻이다.

③ 추석 : 양력으로 8월 15일인데 한가위라고도 한다.

④ 동지 : 1년 중 밤이 가장 긴 날로 팥죽을 먹는 풍습이 있다.

31. 한국의 최대 전통 명절은 언제인가?*
① 한식　　　② 추석　　　③ 정월 보름　　④ 단오

32. 10월 9일은 (　　)창제와 반포를 기념하기 위해 제정한 법정 명
절의 하나이다.*
① 이두　　　② 구결　　　③ 한글　　　④ 한자

33. 한국의 명절에 관한 설명에서 올바르지 않은 것은 어느 것인가?
① 추석, 광복절, 단오, 설은 한국 고유의 명절이다.
② 한국의 매년 5월 5일은 어린이날이다.
③ 한국 스승의날은 5월 15일이다.
④ 한국의 개천절은 10월 3일이다. 이는 강화도 마니산의 제단에
서 제사를 지내는 국경일이다.

34. 단오, 추석과 같은 민속 명절에 한국 여성들이 즐기는 민속놀이
는 어느 것인가?*
① 그네　　　② 윷놀이　　　③ 장기　　　④ 씨름

35. 음력 7월 7일은 칠석이라고 부른다. 견우와 직녀가 만난다는 날인데 그들이 건너는 다리의 이름은 무엇인가?

① 오작교　　② 광한루　　③ 오죽교　　④ 까치다리

36. 매년 6월 6일로 한국에서 나라를 위하여 목숨을 바친 애국선열과 국군장병들의 넋을 위로하고 충절을 추모하기 위하여 정한 기념일은 무엇인가?

① 개천절　　② 현충일　　③ 제헌절　　④ 한글날

37. 국민 식수에 대한 애림 사상을 높이기 위해 한국이 지정한 나무 심는 날의 명칭과 그 날짜가 바르게 연결된 것은 어느 것인가?

① 식목일 — 4월 8일　　　　② 애림일 — 4월 5일
③ 식목일 — 4월 5일　　　　④ 애림일 — 4월 8일

38. 예로부터 전해지는 한국 고유의 술은 어느 것인가?*

① 막걸리　　② 포도주　　③ 고량주　　④ 양주

39. 임진왜란 때 적에게 군사가 많음을 보여주기 위하여 행해지던 것으로 현재에는 여자들이 추석에 즐기는 놀이를 무엇이라 하는가?

① 공기놀이　　② 다리밟기　　③ 널뛰기　　④ 강강술래

40. 한국의 윷놀이는 윷과 말 그리고 말판으로 노는 민속놀이인데 몇 쪽으로 만들었는가?*

① 두 쪽   ② 세 쪽   ③ 네 쪽   ④ 다섯 쪽

41. 다음 중 한국의 명절에 관한 설명으로 올바른 것은 어느 것인가?

① 설날은 음력 1월 1일로 대표적인 음식은 송편이다.

② 정월대보름에 부럼 깨물기를 하면 귀가 건강해진다.

③ 추석에 떡국을 잘 끓이면 예쁜 딸을 낳는다는 말이 전해진다.

④ 대표적인 명절인 설날(구정)과 추석에는 많은 사람들이 고향을 찾아간다.

42. 한국의 주요 의례를 틀리게 설명한 것은 어느 것인가?

① 결혼식은 남녀가 부부가 되는 행사이다.

② 장례식은 사람이 죽어 장례를 치르는 행사이다.

③ 제사는 돌아가신 분을 추모하는 행사이다.

④ 한국 사람들은 결혼식, 장례식, 제사 등의 큰일을 치르며 함께 기뻐한다.

43. 한국에는 (   )에 상 위에 여러 가지 물건들을 놓고 아이가 쥐는 물건에 따라 그 아이의 미래를 예측하는 풍습이 있다.*

① 결혼 잔치   ② 생일 잔치   ③ 백일 잔치   ④ 돌잔치

44. 부모가 만 60세가 되는 날 자녀들은 (   )을 차려 장수를 기원
    한다.*
    ① 금혼 잔칫상   ② 환갑 잔칫상
    ③ 생일 잔칫상   ④ 은혼 잔칫상

45. 한국 사람들은 남에게 결혼, 장례 등 기쁜 일이나 슬픈 일이 생
    겼을 때 (   ), (   ) 선물 등을 주며 함께 기뻐하고 슬퍼한다.
    ① 축의금, 조의금   ② 100일 잔치, 환갑
    ③ 결혼, 장례   ④ 돌, 장례

제10장
第十章

한국의 대중문화
韩国的大众文化

제1절 한국의 대중문화
第一节 韩国的大众文化

1. 대중문화 大众文化

사회마다 다수의 사람들이 즐기고 소비하는 문화가 있는데 이를 대중문화라고 한다. 한국에서도 드라마, 노래, 춤, 영화, 공연, 전시, 스포츠, 게임 등 다양한 대중문화를 접할 수 있다.

한국인들은 자신의 취향에 따라 가곡, 트로트, 발라드, **R&B** 등 다양한 장르의 음악과 노래를 즐기고 있다. 중장년층은 대체로 트로트나 발라드풍의 노래를 좋아하는 사람이 많다. 힙합이나 댄스 음악은 주로 청소년이나 청년층을 중심으로 큰 인기를 끌고 있다. 최근에는 춤과 노래 실력을 두루 갖춘 아이돌 스타가 방송에 많이 등장하고 있다.

드라마를 즐겨보는 한국인도 많다. 한국에서는 아침 연속극, 일일 연속극, 월화 드라마, 수목 드라마, 주말 연속극 등이 방송되고 있다. 사랑을 소재로 한 드라마, 인상적인 대사와 빠른 전개를 특징으로 하는 드라마가 많은 편이다. 시청률 40~50%를 오르내리며 전국민의 관심을 받는 드라마는 이른바 국민드라마로 불리기도 한다.

社会中多数人喜闻乐见的消费文化被称为大众文化。在韩国大众文化包括电视剧、歌曲、舞蹈、电影、演出、展示会、运动、游戏等各种类型。

韩国人根据自身喜好，喜欢享受韩国声乐、韩国演歌(Trot)、叙事曲(ballade)、节奏布鲁斯(R&B)等各种类型的音乐和歌曲，中老年层喜欢韩国演歌或叙事曲风歌曲的居多；嘻哈舞曲(Hip Hop)或舞蹈音乐主要是在少年或青年层广受欢迎。最近，舞蹈唱歌实力兼备的偶像明星正活跃在各电视台。

也有很多韩国人喜欢看电视剧，韩国放映的剧种有早间连续剧、日日连续剧、月火剧、水木剧、周末连续剧等。电视剧的特征诸多是以爱情为主题，台词使人印象深刻，故事情节展开迅速等，若收视率达40~50%，便是全国上下都受欢迎的电视剧，这类电视剧被称为国民电视剧。

2. 한류 韩流

1990년대 말부터 아시아를 중심으로 한국대중 문화가 확산되었는데 이것을 한류라고 한다. 한류의 중심에는 한국 드라마가 있다. <겨울연가>, <대장금>, <풀하우스> 등이 일본, 중국, 동남아시아 등에서 큰 인기를 끌었는데 이후에 제작된 수많은 한국드라마들이 아시아의 많은 나라에서 방송되고 있다. 한국 드라마의 인기는 서남아시아 지역까지 이어져 이란에서는 <대장금>이 80%가 넘는 시청률을 기록하기도 하였다. 한국 드라마는 한국적인 특색과 가치를 담고 있으면서 특히 아시아 여러 나라 사람들의 정서에도 호소할 수 있는 특징을 지닌 것으로 평가받고 있다.

케이팝은 아시아는 물론 유럽, 북미, 남미 등 전 세계에서 주목을 받고 있다. 케이팝은 2000년대 이후 본격적으로 해외에 진출하였는데 특히 아이돌 그룹 노래의 인기가 높다. 아이돌 그룹의 음악은 대체로 단순하고 경쾌한 리듬, 따라 부르기 쉬운 멜로디, 재미있는 노랫말, 멋진 춤 실력 등이 어우러진 특징을 띠고 있다.

케이팝은 대체로 2000년대 이후 한국 대중음악 중 댄스 음악, 힙합 등 대중가요를 폭넓게 이르는 말이다. 특히 세계적으로 인기를 끄는 아이돌 그룹의 케이팝은 서구의 다양한 음악 장르와 아시아적 감수성에 한국 문화가 담겨있는 흥미로운 가사, 멋진 춤 등을 결합한 것이다. 케이팝은 오랫동안 준비된 것일 뿐 아니라 아시아 문화요소와 서구 문화요소가 두루 들어있어 경쟁력이 높다. 아시아뿐 아니라 서구, 남미 등에서도 인기를 끄는 비결이다.

1990年末开始，韩国大众文化以亚洲为中心得到扩散，这便是韩流。韩流的中心是韩国电视剧。在日本、中国、东南亚等地，像《冬季恋歌》、《大长今》、《浪漫满屋》等电视剧受到热烈欢迎，之后制作的大量韩国电视剧在亚洲众多国家开始放映，韩国电视剧的人气甚至延伸到西南亚地区，在伊朗《大长今》的收视率超过了80%，人们对韩国电视剧作出很高的评价，韩剧不仅具有韩国特色和价值，而且能够使亚洲各国人民产生情感共鸣。

韩国流行音乐(K-POP)不仅在亚洲，在欧洲、北美、南美等地正受到全世界的瞩目，韩国流行音乐自2000年以后正式进军海外，尤其是偶像组合歌曲呼声极高，偶像组合的音乐具有众多特色：节奏单纯轻快，旋律简单易跟唱，歌词有趣，舞蹈表演出色等。

韩国流行音乐自2000年以后，在韩国大众音乐中又逐渐扩展到歌舞音乐、说唱等大众歌谣领域，尤其是在全球出名的偶像组合的流行音乐包罗万象，包括西方各种音乐体裁，韩国流行音乐在亚洲情感基础上将带有韩国文化特色的歌词、出色的舞蹈等相结合，不仅准备充分，而且融合了亚洲和西方文化要素，极具竞争力。这正是吸引亚洲、西欧、南美等地的人们的秘诀。

3. 한국 영화 韩国电影

1) 광복 이전 光复之前

한국에 영화가 처음 등장한 것은 1903년경이며 극장은 1906년에 처음 생겼다고 한다. 물론 이때는 아직 무성영화 시대로 변사가 영화 해설을 했다. **흥행을 목적으로 한 한국 최초의 영화는 1919년 10월 단성사에서 개봉된 김도산 감독의 <의리적 구토>로서 이것을 보통 한국 영화의 효시로 본다.** 그러나 이것은 아직 연극에서 표현하기 어려운 야외장면이나 활극 장면을 영화로 찍어 무대 위 스크린에 삽입하여 연극과 영화가 연쇄되어 줄거리를 이어가는 형식이어서 '연쇄극'이라고 하였다. 본격적인 무성영화의 효시는 1923년에 상영된 <월하의 맹서>와 <춘향전>이었다. 그 뒤 수많은 무성영화가 제작 상영되었으나 1934년 일제의 식민지 정책에 어긋나는 작품은 상영이 금지되면서 영화 발전이 위축되었다.

1935년에 **최초의 발성영화**인 **＜춘향전＞**이 나왔으나 많은 기술상의 문제점을 드러내고 있으며 일제의 조선어말살정책으로 한층 제약을 받았다. 그러다가 1946년의 ＜자유만세＞를 시작으로 ＜독립전야＞에 이르기까지 해방과 자유의 기쁨을 표현한 작품들이 쏟아져 나왔고 ＜마음과 고향＞, ＜파시＞와 같은 예술영화도 속속 나왔다.

韩国电影于1903首次登场，剧场于1906年出现。那时处于无声电影时期，凭借电影解说者解说才能理解。以上映为目的制作出的韩国第一部电影，是于1919年10月在团成社上映的，金陶山导演的 ≪义理的仇讨≫，这被看做是韩国电影的先河。那些野外场面或动作戏难以在话剧中表现出来，而用电影的手法拍摄，呈现到舞台的大屏幕上，把话剧和电影相呼应，从而把故事情节延续下去的方式被称为 "连续剧"。无声电影真正的先祖是1923年上映的 ≪月下的盟誓≫和 ≪春香传≫，之后大量无声电影被制作上映，1934年，与日本殖民地政策相违背的作品全部被禁止，从而电影的发展逐渐萎缩。

1935年，最初的有声电影——≪春香传≫登场，但却出现了诸多技术上的问题，又因日本实施的朝鲜语抹杀政策受到了进一步的制约。但于1946年 ≪自由万岁≫作品出现开始，至 ≪独立前夜≫为止，有大量呼吁解放和自由的作品涌现，像 ≪内心和故乡≫ ≪波市≫等艺术电影如雨后春笋般出现。

2) 1950～1970년대 1950～1970年

1950년 한국전쟁의 발발로 한국영화는 다시 한번 위축되었다가 1955년 이규환 감독의 ＜춘향전＞이 제작되어 흥행에 성공함으로써 1950～1960년대의 영화 붐을 일으키는 신호탄이 되었다. 1960년까지 70여 개의 영화사가 설립되어 많은 영화가 상영되었다. 한국 영화는 민족 분단의 비극과 6·25 동란의 상처를 영상에 투영하기 시작하였으나 제작 자본의 영세성으로 세계적인 작품을 만들지 못하였다.

그러나 1960년 유현목 감독의 <오발탄>, 김기영 감독의 <하녀>, 그리고 1961년 신상옥 감독의 <사랑방 손님과 어머니>는 매우 우수한 영화로 평가받았으며 흥행에도 성공했다. 1961년 5·16 직후 제정된 영화법으로 인해 시설 기준, 기재, 인적 자원 등의 요건을 갖추어야만 제작이 가능하게 되었는데 1960년대는 양적으로 팽창하여 세계 4대 영화 양산국이 되기에 이르렀다.

그 후 1970년대 들어 영화가 산업화되면서 상업주의를 표방하게 되어 질적으로 하락하면서 관객으로부터 호응을 잃게 되자 외국 영화가 밀물처럼 들어오기 시작해 한국 영화는 침체기를 맞게 되었다. 특히 TV가 일반화되면서 영화는 더욱 위축되었다.

1950年朝鲜战争爆发，韩国电影再次萎缩，1955年李圭焕再度将《春香传》搬上银屏，1950~1960年电影开始进入回春期，至1960年为止，共有70多个电影公司成立，上映了多部电影。韩国电影开始挖掘民族分裂带来的悲剧和6·25战争下的伤痛，其搬上电影屏幕，但因电影资本缺乏，无法制作出世界级的作品。

1960年俞贤穆导演的《误发弹》和金绮泳导演的《下女》，1961年申相玉导演的《厢房客人和妈妈》都是非常优秀的作品，受到了广泛关注并成功上映。因1961年5.16之后制定的电影法，必须具备基础设备、器材、人力资源等条件才能制作电影，20世纪60年代电影量产膨胀，韩国当时成为了世界四大电影量产国之一。

进入20世纪70年代，电影开始产业化发展，效仿商业主义，电影质量下降，失去观众的支持，外国电影开始大量涌入，韩国电影进入了萧条期，电视成为生活日常后，电影市场更加萎缩。

3) 1980년대 이후 1980年以后

1980년대 후반부터 한국 영화는 질적인 도약기를 맞이한다. 1989년 배용균 감독의 <달마가 동쪽으로 간 까닭은>이 로카르노 국제영화제에서 작품상을 수상하였는가 하면 임권택 감독의 <씨받이>, <아제아제 바라아제>, <아다다>가 베네치아 모스크바 몬트리올 국제영화제에서 각각 여우주연상을 수상하였으며 1993년 임권택 감독의 <서편제>는 관객 100만 명을 돌파하고 외국에도 수출되었다. 그 후 <쉬리>, <공동경비구역 JSA> 등이 그 뒤를 이어 한국 영화의 질적 도약이 일어나면서 동남아시아를 비롯한 외국에서도 어느 정도 호응을 얻게 되었다. 또한 임권택 감독의 <춘향전>과 <취화선>은 칸 영화제 본선에 진출하였으며 특히 임권택 감독은 한국 역사상 처음으로 칸 영화제에서 감독상을 수상하게 되었다. 이 작품은 앞서 제작된 <서편제>와 함께 한국적, 한국문화를 찾고자 하는 일관된 주제를 보여주는 우수한 작품으로 평가되고 있다. 또한 2002년 베니스 영화제에서는 인간애를 다룬 이창동 감독의 <오아시스>가 세계적으로 높은 평가를 받았고 그는 감독상을 받았다. 2004년도에 들어와 <실미도>, <태극기 휘날리며> 등이 1000만 명 관객을 동원하였고 2006년도 초에 <왕의 남자>가 1000만 명 관객 동원에 성공하였다. 그리고 2007년 이창동 감독의 <밀양>이 프랑스 칸 영화제 여우주연상을 수상했고 2010년 프랑스 칸 영화제에서 이창동 감독의 <시>가 각본상을 수상하면서 '한국 것과 세계화'에 다시 박차를 가할 수 있었다. 2010년 이후 1000만 명 관객을 동원한 영화로는 <명량>, <극한직업>, <신과 함께: 죄와 벌>, <국제시장>, <베테랑>, <도둑들>, <7번 방의 선물>, <암살>, <광해>, <신과 함께: 인과 연>, <택시운전사>, <부산행>, <변호인> 등이다.

영화 <기생충>은 2019년 제72회 프랑스 칸 국제영화제에서 한국 영화 역사 최초로 황금종려상을 수상하였고 2020년 제92회 미국 아카데미 시상식에서 작품상, 감독상, 각본상, 국제영화상 4관왕에 올랐다.

1980年后半期开始，韩国电影迎来了质的飞跃，1989年裴镛均导演的《达摩为什么东渡？》在洛迦诺国际电影节获奖，林权泽导演的《种女》《揭谛揭谛，波罗揭谛》《痴女阿达》在威尼斯莫斯科蒙特利尔国际电影节上分别荣获最佳女主角奖，1993年林权泽导演的《悲歌一曲》观看人数突破100万，并在国外上映。《生死谍变》《共同警备区》紧随其后，使得韩国电影有了质的飞跃，以东南亚地区为首的国外也对韩国电影有了些认可，并且林权泽导演的《春香传》和《醉画仙》入围戛纳国际电影节，林权泽导演也成为了韩国历史上第一个获得戛纳国际电影节最佳导演奖的人，这些作品与先前制作的《悲歌一曲》，被评为以韩国文化为主题的优秀作品。追求人道主义的李沧东导演2002年在威尼斯国际电影节上，凭借《绿洲》受到世界的高度评价，并荣获最佳导演奖。2004年，《实尾岛》《太极旗飘扬》等电影的观看人数超过了1000万名(韩国总人口为5000多万)，2006年初期，《王的男人》吸引了1000万名观众，2007年李沧东导演的《密阳》在法国夏纳电影节上荣获最佳女主角奖，2010年的《诗》在法国夏纳电影节获最佳编剧奖，进一步加速了"韩国与世界化"进程。2010年之后超过千万观影人次的电影有《鸣梁海战》《极限职业》《与神同在：罪与罚》《国际市场》《老手》《盗贼同盟》《七号房的礼物》《暗杀》《双面君王》《与神同在：因与缘》《出租车司机》《釜山行》《辩护人》等。

在2019年第72届法国夏纳电影节颁奖典礼上，韩国电影《寄生虫》首获金棕榈奖；随后的2020年第92届美国奥斯卡颁奖典礼上，影片《寄生虫》又荣获了"最佳影片""最佳导演""最佳原创剧本""最佳国际影片"等四项大奖。

영화 <기생충> 포스터
电影《寄生虫》海报

제2절 한국의 스포츠
第二节 韩国的体育运动

한국 고유의 대표적인 스포츠는 태권도와 씨름, 활쏘기이다. 이
가운데 태권도는 올림픽 종목으로까지 채택되었으나 씨름은 아직
한국에서만 행해지고 있다.

韩国传统代表性的运动包括跆拳道、摔跤和射箭。其中跆拳道被列
为奥林匹克项目，摔跤至今仅在韩国盛行。

1. 태권도 跆拳道

태권도는 한국의 전통 무술로 오늘날 세계 스포츠가 된 격투 경
기다. 전신 운동인 태권도는 상대방으로부터 공격을 받았을 때 맨
손과 맨발을 인체의 관절과 함께 무기화하여 자신을 방어하고 공격
하는 무도다. 또한 태권도는 수련을 통하여 심신을 단련하고 강인
한 체력과 굳은 의지로 정확한 판단력과 자신감을 길러 강자에게
강하고 약자에게 유하며 예절 바른 태도로 자신의 덕을 닦는 행동
철학이다. 태권도 정신은 수련으로 얻어지는 기술의 소산이다.

跆拳道作为韩国传统武术，如今已成为世界体育运动格斗竞技项目
之一。跆拳道是全身运动，是当受到对方攻击时，凭借手脚把身体关节
变成利器，进行自我防御和攻击的武道。跆拳道是一种行为哲学，人们
通过跆拳道训练锻炼身体，以强劲的体魄和坚定的意志提高判断能力，
培育自己的自信心，遇强则强遇弱变弱，以正确的礼节态度苦练自身的
道德。跆拳道精神是通过训练得到的产物。

태권도 跆拳道

촬영 하연

2. 씨름 摔跤

씨름은 두 사람이 원형의 모래판(지름 8m) 위에서 상대방의 샅바(허리에 맨 헝겊 끈)를 잡고 주심의 지시에 따라 서로의 기술과 힘을 겨루어 상대방의 신체 부위 중 무릎 이상이 지면에 먼저 닿게 하는 것으로 승패를 결정하는 경기다. 지방대회와 전국 단위의 대회가 있다. 가족이나 친구끼리 가볍게 하기도 한다. 이것은 남성들만이 하는 스포츠로 오래전부터 내려온 한국 고유의 스포츠다. 서양의 구기 종류와 달리 몸을 서로 부딪쳐서 하는 운동이고 순간적으로 승패가 결정되는 독특한 스포츠다.

摔跤, 两人位于圆形沙盘(直径8米)上, 抓住对方的腿带(绑在腰上的布条), 根据主裁判的指示, 互相使用技术和力量, 将对方膝盖以上的部位摔倒在地决定胜负的一种竞技活动。摔跤分为地区大会和全国大会，家人朋友之间也可以稍微娱乐一下。这项体育运动为男性运动，是具有悠久传统的，与西方球类运动种类不同，是身体互相碰撞的运动，并且是瞬间决定胜负的独特的运动。

3. 기타 其他

한국에서는 공설운동장이 많지 않아 축구같이 큰 공간이 필요한 스포츠는 일반 대중이 평소에 즐기기는 어렵지만 농구, 탁구, 배드민턴, 자전거 타기 같은 것은 흔히 볼 수 있다. 중상류층은 남녀 구별 없이 골프를 많이 한다. 운동장이 적기에 등산객이 제일 많다. 물론 더운 여름에는 해수욕을 많이 하고 추운 겨울에는 스키 인파가 많다. 최근에는 사철 모두 가능하고 건강에 좋다고 하여 달리기를 하는 인구가 많이 불어나고 있다.

在韩国，公立体育场不多，像足球等需要广阔空间的运动平常很难进行，但像篮球、乒乓球、羽毛球、骑自行车等运动却很常见。中上流阶层不分男女皆喜欢打高尔夫球，因为运动场少，所以登山的人最多。当然，在炎热的夏季，更多的人选择去海水浴场；在寒冷的冬季，滑雪的民众络绎不绝。近来，跑步成为热门运动，因为四季都能够进行，对健康也有好处。

4. 한국에서 열린 스포츠 국제대회 在韩国举办的体育 运动国际大会

1988년 제24회 서울 올림픽대회 1988年第24届首尔奥林匹克运动会

1999년 동계 아시아게임 1999年冬季亚运会

2002년 월드컵 및 4강 진입 2002年世界杯及进入4强

2010년 동계 올림픽 종합 5위 2010年冬季奥林匹克 综合第5位

2011년 대구세계육상대회 2011年大邱国际陆上竞技大会

2014년 인천아시안게임 2014年仁川亚运会

2018년 평창 동계올림픽대회 개최 2018年平昌冬季奥林匹克运动会

■ 붉은 악마 红魔

2002년 한일 월드컵을 개회하면서 축구는 한국 전 국민이 좋아하는 스포츠가 되었다. 국가대표 축구선수단을 응원하는 공식단체인 '붉은 악마'는 국가 간 축구경기가 있을 때면 붉은색 T셔츠를 입고 열광적으로 한국을 응원하였다. 일반 국민들도 이런 날이면 붉은색 T셔츠를 입고 나가 함께 응원을 하는 풍경을 볼 수 있다. 이처럼 축구는 한국인이 가장 대중적으로 즐겨 관람하는 경기이다.

足球是韩国全民喜爱的运动，2002年在韩国举办了韩日世界杯。应援代表团——"红魔"在韩国有足球竞技时，身穿红色T恤为韩国队应援。韩国足球队有比赛的那一天能看到哪怕是普通民众也会身穿红色T恤一起参加应援活动的场景。在韩国，足球运动是最普及大众的，足球比赛的收视率也是最高的。

제3절 한국의 음악
第三节 韩国的音乐

1. 한국음악의 종류와 특징 韩国音乐的种类和特征

한국 음악은 크게 국악과 양악으로 구분된다. 국악은 1900년대 이전에 그 전통과 양식이 이루어진 한국음악이고 양악은 1900년대 이후에 한국에 유입된 서양 음악 전통을 바탕으로 한국인의 사상과 감정을 표현한 음악이다.

국악은 다시 궁중의식 음악, 종교 음악, 정악, 민속 음악, 창작 음악 등으로 나뉜다. 한국음악의 특징은 선율, 장단, 형식, 즉흥연주 등이다.

한국의 선율은 3.4.5음계로서 7음계인 중국이나 서양 음악과 다르다. 장단에서 일본이나 중국음악이 2박자나 4박자 계열로 구성된 반면, 국악은 3박자 계통의 리듬이 많다.

韩国音乐广义上分为国乐和西方音乐。国乐是指根据1900年之前传统和样式形成的韩国传统音乐；西方音乐是1900年以后流入韩国的，以西方音乐传统为基础，表现韩国人思想和情感的音乐。

国乐又分为宫廷乐、宗教音乐、正乐、民俗音乐、创作音乐等，韩国音乐的特征体现在旋律、长短、形式、即兴演奏等方面。

韩国音乐的旋律是3.4.5音阶，与7音阶的中国音乐或西方音乐不同。在音乐长短上，日本和中国音乐是由两拍或四拍构成，但韩国国乐更多的是三拍体系的节奏。

2. 사물놀이 四物游戏

사물놀이는 꽹과리, 장구, 북, 징의 4가지 악기로 연주하는 한국의 전통음악이다. 원래 사물은 불교의식 때 쓰이는 법고, 운판, 목어, 범종의 네 악기를 가리키던 말이었으나 지금은 위 네 가지의 민속 타악기로 연주하는 음악과 놀이를 말한다. 1978년 공간사랑에서 김용배, 김덕수, 최종실, 이광수 등 네 남사당패 후예들이 각각의 악기로 전통과 현대의 접목을 시도하면서 사물놀이가 시작되었다. 현재 사물놀이는 한국의 독특한 음악으로서 한국적 음악과 장단으로 알려져 인기가 높다. 사물놀이를 보고 들으면 절로 흥이 나고 신명이 난다.

四物游戏是用小锣、长鼓、鼓及大锣四物演奏的韩国传统音乐。原来的四物是佛教仪式时使用的法鼓、云版、木鱼、梵钟四类乐器，现为四种民俗打击乐器，用来演奏音乐，作为一种游戏。1978年金龙培、金德洙、崔俊实、李光洙四位男寺党后裔用各自的乐器将传统和现代结合改良，兴起了四物游戏。现在四物游戏作为韩国独特的音乐，以韩国形式的音乐和节奏广受欢迎，观看四物游戏时，自己也会不知不觉地变得兴趣盎然起来。

꽹과리 小锣	장구 长鼓	징 大锣	북鼓

3. 판소리 清唱(板索里, 盘骚里)

판소리는 문학과 음악, 무용, 연극을 통합한 장르로서 예술성과 대중성을 모두 갖춘 한국 특유의 종합예술 장르이며 민속악의 하나로 광대의 소리와 그 대사의 총칭이다. 따라서 판소리는 구비문학의 주요장르로 민속 음악의 장이고 몸짓이 있다는 면에서 연극적인 요소도 가지고 있다.

서양의 뮤지컬과는 달리 한국의 판소리는 주로 넓은 마당을 무대로 하여 한 사람의 고수가 치는 북 장단에 맞추어 창자가 소리, 아니리, 발림을 섞어가며 긴 이야기를 엮어가는 창극조로서 2~3시간에 걸쳐 연창되는 민속예술 형태의 한 갈래다. 주어진 대본에 따라 주로 연행되나 청중의 반응을 첨가하여 창자가 즉흥적으로 가감 수정을 하거나 윤색을 한다는 데 판소리의 특징과 묘미가 있다.

판소리는 한국 국민의 시대적 정서를 나타내는 전통예술로 삶의

희로애락을 해학적으로 음악과 어울려서 표현하고 청중도 참여한다
는 점에서 독특하다. 그 가치를 인정받아 중요문화재로 지정되었다.

판소리의 레퍼토리는 <춘향가>, <심청가>, <흥부가>, <적벽가>,
<배비장타령>, <변강쇠타령>, <장끼타령>, <옹고집타령>, <무숙이
타령>, <수궁가>, <강릉매화타령>, <가짜신선타령> 등 모두 12마
당이 있었는데 **현재는 충, 효, 의리, 정절 등 조선 시대의 가치관을
담은 <춘향가>, <심청가>, <수궁가(토끼타령)>, <흥부가(박타령)>,
<적벽가> 판소리 5마당만이 전수되고 있다.**

清唱是把文学、音乐、舞蹈、话剧整合的艺术， 兼具艺术性和大众
性特色，是韩国特有的综合艺术体裁。同时其作为民俗音乐之一，也是
民间艺人的声音和其台词的总称。因此， 清唱作为口述文学的主要形
式，是民俗音乐的平台，在动作上也具有话剧演绎的要素。

与西方音乐剧不同，韩国的清唱主要是以宽阔的院子为舞台，一人与
鼓手击鼓长短相配合，唱者通过动作、说、唱的形式讲述长篇故事，一
般演奏2-3个小时， 是民俗艺术形态中的一种类型。根据剧本进行演绎，
或者根据听众的反应，唱者即兴可以删减调整或润色，清唱有自己的特
征和妙趣。

清唱作为展现韩国民众时代情感的传统艺术， 将生活的喜怒哀乐诙
谐幽默与音乐相呼应，听众也会参与其中，这使得其价值得到认可，并
被列入重要文化遗产。

清唱的剧目包括《春香歌》《沈清歌》《兴夫歌》《赤壁歌》
《裴裨将打令》《横夫歌》《雄雉打令》《雍固执打令》《武淑
打令》《水宫歌》《江陵梅花打令》《伪神仙打令》等12场，现今
仅传承下来《春香歌》《沈清歌》《水宫歌(兔子打令)》《兴夫歌

(缚打令)≫ ≪赤壁歌≫等五首清唱，它们具有朝鲜时期的价值观——忠、孝、信义、贞节等要素。

제4절 한국의 미술
第四节 韩国的美术

미술이란 시각적인 미를 가진 모든 유형의 예술이다. 여기에는 회화, 건축, 조각, 공예와 같은 분야를 말하는데 이들 중 기능보다 미적 표현이 더 강조되는 **회화**와 **조각**은 대체로 **순수미술**이라 하고 **건축**이나 **공예**와 같이 작품의 기능 면이 우선되는 것은 **응용미술**이라 한다. 한국 미술에는 추상적인 성향과 자연주의적 성향이 공존하나 후대로 내려오면서 자연주의적 성향이 기본적으로 확립되었다.

한국화란 한국인의 손으로 그린 회화의 총칭으로 일반적으로 한국의 전통적 기법과 양식에 따라 그린 그림을 말한다. 이러한 한국 미술의 성격적 특징을 소박, 해학, 친근미로 보는 사람들이 많다. 조선 시대에는 서화로 부르다가 일제시대 이후에는 서양화에 대응하는 개념으로 동양화라 부르다가 회화의 주체성 확립 의지로 1980년대부터 한국화로, **동양화**라는 명칭과 함께 부르게 되었다.

한국화의 역사는 선사시대, 삼국시대, 통일신라 시대, 고려 시대, 조선 시대, 현대로 나눌 수 있다.

美术的定义是具备视觉美的所有类型的艺术。在这里主要包括绘画、建筑、雕刻、工艺等领域，其中美学表现大于功能的绘画和雕刻被称为观赏性艺术；像建筑和工艺功能优先的被称为实用性艺术。韩国美术兼备抽象性和自然主义倾向，随着流传于世，自然主义倾向基本得到确立。

韩国画是韩国人亲手绘画的总称，一般是按照传统技巧和样式绘制的图画。很多人认为韩国美术的性格倾向表现为简洁、诙谐、有亲切感。韩国画在朝鲜时期被称为书画，日本殖民地时期与西洋画概念相对应，称之为东洋画，为确立绘画的主体性，于1980年开始称为韩国画，兼称东洋画。

韩国画的历史分期大致为史前时期、三国时期、统一新罗时期、高丽时期、朝鲜时期和现代。

1. 선사시대 史前時期

한국 미술에서 신석기 시대 전기의 토기는 대체로 기형(器形)이나 문양이 간단하여 볼만한 것이 별로 없으나 **빗살무늬 토기**는 비교적 무늬가 정교하다. 신석기 시대 후기의 토기는 여러 가지 무늬가 나타나 미적 감각의 발전을 반영하고 흙으로 빚은 작은 동물, 인물상도 만들어졌다.

在新石器时期，前期陶器器具形状或纹样简单，没有多大价值，但梳齿纹陶器的花纹相对比较精巧；后期陶器出现各种花纹，体现出对美的追求，工匠用陶土捏制成小动物或人物等形状。

2. 삼국시대 三国時期

불교는 372년에 처음으로 고구려에 전해졌는데 이는 한국 미술의 중심적 추진력이 되었다. 불교건축을 계기로 목조기와 건축이 등장하였기 때문이다. **고구려**의 미술은 **고분벽화**에서 볼 수 있듯 힘차고 율동적인 특성이 있다. 이는 중국 북조(北朝)의 영향을 받았다.

백제는 남조(南朝)의 영향을 받아 둥그스름한 얼굴에 온화한 '**백제의 미소**'라고 할 수 있는 천진난만한 웃음을 머금은 **불상**이 만들어졌다. 백제의 회화는 고구려에 비해 부드럽고 완만한 율동감을 준다.

신라의 회화는 고구려의 영향을 받은 것으로 보인다. 고신라(古新羅)는 기본적으로 불교의 영향을 받아 엄숙하고 침울한 추상적인 작품을 주로 만들어냈다. 7세기 중엽 신라의 불상도 한국적 온화함을 되찾고 구리와 돌 조각 기술이 원숙해져 이후 통일신라의 황금기를 예고하였다. 회화는 벽화 고분에 남아있을 뿐이다. 이는 후한과 삼국시대의 중국 고분벽화에서 배워온 것이다. 4~5세기에 걸친 초기 고분벽화는 초상화가 주를 이루고 6세기에 접어들면 부부를 중심으로 한 중요 생활 기록 즉 풍속화로 바뀌며 7세기 전반에는 사신도(四神圖)와 수목, 연화를 제재로 한 풍경화가 주를 이룬다.

372年，佛教首次传入高句丽，这成为促进韩国美术发展的主要推动力。以佛教建筑为契机，木雕建筑出现在历史舞台。从古墓壁画中能看出高句丽的美术具有气势磅礴、韵律节奏感等特征，这是受到中国南北朝、中北朝的影响。

百济受中国南朝的影响，雕刻出的佛像脸型微圆，笑容温和，有"百济的微笑"之称。百济的绘画与高句丽相比感觉柔和，律动感缓慢。

新罗的绘画可以看出是受到高句丽的影响。古新罗受佛教影响， 主要是一些表现庄严忧郁的抽象作品。7世纪中叶， 新罗的佛像逐渐找回韩国式的舒缓平和， 铜刻和石雕技艺逐渐成熟， 之后迎来了统一新罗的鼎盛期。绘画仅仅存留下了从后汉和三国时期的中国古墓壁画中学习而来的壁画古墓。4-5世纪的初期古墓壁画主要由肖像画构成；进入6世纪， 壁画主要是向以夫妻为中心的生活日常记录， 即风俗画转变；7世纪前期， 壁画主要是以四神图和树木、莲花为题材构成。

3. 통일신라 시대 统一新罗时期

통일신라 시대에는 당나라와의 활발한 문화교류를 통하여 궁정 취향의 인물화와 청록산수화, 불교화가 활발히 제작되었다. **솔거는** 이 시대의 **뛰어난 화가로** 그가 그렸다고 전해지는 **황룡사의 <노송도**(老松圖)>에 대한 일화(새들이 진짜 소나무인 줄 알고 앉으려 했다)는 사실적 화풍을 말한다.

통일신라 시대의 고분 출토품은 거의 불교 미술뿐이며 불교는 더욱더 융성해져 거대한 사찰이 지어지고 석탑도 8세기 중엽의 대표로 되는 **불국사, 석가탑**의 아래위 2단의 기단 위에 세운 3층탑 형식으로 된다. 그리고 성당(盛唐) 양식을 반영하여 새로운 몸집과 동적인 아름다움을 지니기 시작한 대표적 작품인 **경주 석굴암 조각**이 등장한다.

9세기에 접어들어 불교 자체의 타락과 예술성의 쇠퇴로 석불은 목이 없는 기형적인 것이 되어버리고 금동불은 천편일률적인 소상이나 험상궂은 모습을 가진 것이 되어버렸다. **신라 공예 중 가장**

뛰어난 것은 범종(梵鐘)이다. 771년에 주조된 **봉덕사의 성덕대왕신종**은 포탄형의 아름다운 곡선을 가지고 무늬도 뛰어나 독창적이다. 토기는 여러 꽃무늬를 스탬프를 찍은 것이 많으며 기와 무늬도 연화 및 동물 등으로 장식한 것이 많다. 이러한 무늬 있는 기와는 다양하고 엄청나게 많이 발견되었다.

统一新罗时期与唐朝的交流活跃，宫廷人物画、山水画和佛像画层出不穷。率居作为这时期的著名画家，他所绘制并传承下来的皇龙寺《老松图》(传说飞来的鸟们把其画中松树当成真正的松树，并栖息而落)表现出写实主义的画风。

统一新罗时期的古墓壁画基本仅是佛教艺术，其时佛教兴盛，建起了规模巨大的寺院，石塔也开始出现，代表性的石塔便是8世纪中叶的佛国寺释迦塔，石塔结构为上下两层基台，基台上建有三层塔。模仿盛唐样式，开始展现新姿态和动作之美，其具有代表性的作品——庆州石窟庵雕刻出现。

9世纪，因佛教自身的堕落和其艺术性衰退，石佛成为没有脖子的畸形样貌，千篇一律的金铜像样貌凶恶。新罗工艺中最杰出的是梵钟，771年铸造的奉德寺圣德王大神钟形似巨大的炮弹，花纹样式独特出众。陶器多以各种花纹印盖而成，屋瓦纹理也多以莲花、动物装饰。像这种花纹的瓦片形式多样，考古发现了众多此类物品。

4. 고려 시대 高丽时期

고려 시대에 한국화는 더욱더 다양하게 전개되었다. 그림 소재도 인물, 초상, 산수, 영모, 화조, 궁중 누각, 묵죽, 묵매, 묵란 등 순수한 감상의 대상이 되는 거의 모든 분야로 확대되었다. 이 시대의 가장 대표적 화가였던 **이령**은 한국 산천을 소재로 하는 실경산수화(實景山水畵)인 **<예성강도(禮成江圖)>와 <천수사남문도(天壽寺南門圖)>**로 화명을 중국에까지 떨쳤다. **고려 시대의 화적(畵籍)**으로 일컫는 작품에는 **이제현의 <기마도강도(騎馬渡江圖)>와 공민왕의 <수렵도(狩獵圖)>** 등이 있는데 <기마도강도>는 여백의 미를, <수렵도>는 옛 고구려의 진취적인 기상을 보여준다. 고려 시대에 확산된 한국화의 전통은 조선 시대에 이르러 더욱 활발하고 폭넓게 전개되면서 확고한 기반을 형성하였다. 이때 확립된 한국의 독자적인 회화 전통은 후대 한국적 화풍 창조의 기초가 되었다.

高丽时期韩国画更加丰富多样，绘画素材包括人物、肖像、山水、翎毛、花鸟、宫廷楼阁、墨竹、墨梅、墨兰等，基本扩散到所有领域。这个时期最具代表性的画家李宁以韩国山川为素材，创作出写实山水画≪礼成江图≫和 ≪天寿寺南门图≫，其名声甚至流传到了中国。统称为高丽时期画籍的作品有李齐贤的 ≪骑马渡江图≫和恭愍王的 ≪狩猎图≫等，其中 ≪骑马渡江图≫展现了留白之美，≪狩猎图≫展现了高句丽时期积极进取的气象。韩国画于高丽时期得到发展，其传到朝鲜时期更加活跃、发展广泛，奠定了坚实的基础。这时确立的韩国特有的绘画传统成为了后代韩国画作创造的基础。

5. 조선 시대 朝鲜时期

조선 시대의 사대부들은 철저하게 유교 사상을 신봉하였으나 미술에서는 한국인의 가식 없는 천성을 마음껏 표현하였다. 조선 전기의 건축 대표작품은 서울 숭례문(남대문)과 경복궁이다. 숭례문에서는 정제한 가운데 강건함이 느껴지고 경복궁 건물에서는 섬세함이 돋보인다. 불교 조각은 처음에 원나라와 명나라를 직접 모방하다가 임진왜란 이후에는 극도로 형식화 또는 경직화됨으로써 무표정, 무감정이 되어 버렸다. 그러나 무덤 앞의 석인(石人)이나 궁전 앞의 석수(石獸) 등 비종교적 작품에서 오히려 소박한 미를 발견할 수 있다.

회화는 17세기를 경계로 하여 3기로 나눈다. 전기는 15세기 초에서 16세기 중엽까지 화원의 화사가 중심이 되어 송과 원나라의 화풍을 그대로 모방한 시기로 **안견**의 산수화가 대표적이다. 중기(16세기 중엽~17세기)에는 중국 계통이긴 하나 한국화의 특색을 가진 이정, 윤두서의 활약이 두드러진다. 후기(18~19세기)에는 남종문인화(南宗門人畵)의 영향이 뚜렷하였으나 한편으로는 화풍과 화제에서 조선화 시대이기도 하다. 정선은 금강산 등의 실경을 묘사한 진경산수로 유명하며 김홍도와 신윤복은 조선 후기인들의 생활과 애환을 해학적으로 그린 풍속화 대가였고 강세황같은 화가들은 참신하고도 이색적인 화풍을 조성하였다. 조선 시대 한국화의 전통은 말기의 천재 화가로 평가받는 장승업을 고비로 퇴조하기 시작하였다. 한국화는 일제시대의 전통 문화 말살 정책과 서양화의 대두 등으로 더욱 위축되었으나 서화협회를 조직하여 후진 양성에 힘썼던 안중식과 조석진을 비롯한 근대 초기의 화가들과 그들의 문하에서 배출되어 독자적인 세계를 형성한 이상범, 노수현, 변관식, 김은호 등에 의해 현대 화단에까지 맥을 이어왔다.

朝鲜时期士大夫们完全信奉儒教思想，在美术领域尽情表现韩国人真诚的天性。朝鲜前期的建筑代表作品是首尔崇礼门(南大门)和景福宫，崇礼门建造精致，使人感觉刚劲有力，景福宫建筑精巧。佛教雕刻开始直接模仿元朝和明朝，自壬辰倭乱之后，变得极度形式化，完全成为刻板的物品，但像在那些墓地前的石人或宫殿前的石兽等非宗教性的作品中，反而能够发现简约朴素的美感。

绘画以17世纪为界分为三个时期。前期(15世纪初至16世纪中叶)以画院的画师为中心，照样模仿宋朝和元朝的画风，其代表是安坚的山水画；中期(16世纪中叶至17世纪)的代表是兼备中国画风和韩国画特色的李霆和尹斗绪；后期(18-19世纪)南宗门人画影响突出。郑敾以实景山水手法描绘金刚山等风景而著名，金弘道和申润福是描绘朝鲜后期人们生活景象和哀欢离合的风俗画大家，同时像姜世晃一样的画家创造出了新颖而又奇特的画风。朝鲜时期韩国画的传统以有"末期天才画家"之称的张承叶为高潮，其后逐渐衰退。韩国画遭到日本帝国主义时期传统文化抹杀政策和西洋画逐渐兴起的影响，发展变得更加迟缓，但由成立书画协会，努力培养后人的安中植和赵锡晋为首的近代初期画家和其门下培育出来自成一派的李象范、卢寿铉、卞宽植、金殷镐等名家的画风不断延伸至现代画坛。

신윤복 <단오도> 申潤福 ≪端午图≫

■ 김홍도 金弘道

조선 시대의 화가로 산수화, 인물화, 신선화, 불화, 풍속화에 모두 능했고 특히 산수화와 풍속화에 새로운 경지를 개척했다.

金弘道作为朝鲜时期的画家， 擅长山水画、人物画、仙人画、佛教画、风俗画等，尤其在山水画和风俗画领域，开辟了一个新境地。

씨름도 摔跤图	서당도 私塾图

■ 남종문인화란 南宗门人画

중국 남송의 마원과 하규가 형성한 마하파 화풍을 토대로 조선 후기(1700~1850)의 화가들이 채색화를 배격하고 실제의 산수를 독특한 화풍으로 그린 그림을 말한다. 남종문인화풍에 따른 진경산수는 정선을 중심으로 크게 발달하였고, 김홍도, 신윤복, 강세황, 김정희에 의해 더욱 발달하였다. 특히 추사 김정희는 진경산수 풍속화를 쇠퇴시키고 참신하고 독창적인 화풍을 조성하여 남종문인화가 절정에 달하였다.

南宗门人画是指以中国南宋马远和夏圭创立的马夏派画风为基础，朝鲜后期(1700~1850)的画家们排斥彩色画，以独特画风描绘实际山水的画作。南宗门人画中实景山水以郑敾为中心取得巨大发展，金弘道、申润福、姜世晃、金正喜在此基础上使其更加繁荣。尤其是秋史金正喜，他淘汰了实景山水风俗画，创造了新颖独特的画风，使南宗门人画发展达到顶峰。

6. 현대 現代

현대 한국 미술은 국권 상실 이듬해인 1911년 전통 회화를 육성하기 위하여 서화미술원이 창립되고 조석진, 안중식 등이 제자를 양성하면서 시작되었다. 이 서화원은 일제에 의해 창설 8년 만에 해체되는 불운을 겪었지만 김은호, 이상범, 노수현 등 여러 대가를 배출하였다. 8·15 광복 후 1949년부터 대한민국 미술전이 열리기 시작했는데 이 무렵의 한국화는 남종문인화류의 수묵화가 주를 이루었다. 또한 1950년대부터는 서양화법 도입이 활발해지고 신구가

뒤섞인 온건파를 비롯하여 철저한 추상파까지 탄생하였다. 오늘날은 전통성을 바탕으로 서양화 기법을 절충한 독창적인 한국화로 발전하고 있다. 김기창, 이숙자 등이 그 한 예다.

国权丧失次年，即1911年，为发展传统绘画，国家成立了书画美术院，赵锡晋、安中植等绘画大师培育了弟子，这标志着现代韩国美术的开始。虽然这个书画院仅成立八年就被日帝解散，但培育出了金殷镐、李象范、卢寿铉等诸多大家。1945年8.15光复后，自1949年开始举办大韩民国美术展。这时南宗门人画派的水墨画成为韩国画的主流。于1950年开始引入西洋画法，以新旧画法相混合的温和派为首，诞生了彻底的抽象派。至今抽象派仍以传统性为基础，折中西洋画法，发展独特的韩国画。其代表画家之一有金基昶、李淑子等人。

연습문제

☞ ❶ OX 퀴즈

1. 한국 최초의 영화는 1919년에 개봉된 김도산 감독의 <의리적 구토>로 보통 한국 영화의 효시로 본다. (   )
2. 한국 고유의 대표적인 스포츠는 태권도와 씨름, 달리기이다. (   )
3. 한국 음악은 크게 국악과 가요로 구분된다. (   )
4. 사물놀이는 꽹과리, 장구, 북, 피리 4가지 악기로 연주한다. (   )
5. 한국화란 한국의 전통적 기법과 양식에 따라 그린 그림을 말한다.
   (   )

☞ ❷ 선택문제

1. 1990년대 말부터 아시아를 시작으로 하여 전 세계로 확산된 한국 대중문화 열풍을 (   )이라고 한다.
   ① 한류   ② 한풍   ③ 한강의 기적   ④ 신드롬

2. 한국 드라마와 노래에 대한 설명으로 올바른 것은 어느 것인가?
   ① 케이팝의 인기는 아시아 지역에 한정되어 있다.
   ② 한국의 청소년과 청년층은 주로 트로트를 즐겨 듣는다.
   ③ 케이팝의 인기는 특히 아이돌 그룹의 음악이 주도하고 있다.
   ④ 한국은 과거와 달리 외국의 대중문화를 수용하지 않고 있다.

3. 한국의 가장 대표적인 무술은 어느 것인가?*

 ① 유도　　　　② 씨름　　　　③ 태권도　　　　④ 공수도

4. 한국과 일본이 언제 공동으로 한일 월드컵을 주최하였는가?*

 ① 1998년　　② 2002년　　③ 2006년　　④ 2010년

5. 한국의 전통운동으로 허리와 허벅지에 샅바를 두르고 상대를 넘
 어뜨리면 이기는 운동경기는 어느 것인가?

 ① 씨름　　　　　　　　② 태권도

 ③ 유도　　　　　　　　④ 삼보(러시아 격투기)

6. 한국의 전통무술로 2000년 시드니 올림픽에서 정식종목으로 채
 택된 스포츠는 어느 것인가?

 ① 특공무술　　　　　　② 유도

 ③ 태권도　　　　　　　④ 이종격투기

7. 한국의 가장 대표적인 민요는 무엇인가?*

 ① 아리랑　　② 강강술래　　③ 새타령　　④ 도라지

8. 한국 판소리에서 가장 유명한 것은 어느 것인가?*

 ① 춘향가　　② 심청가　　③ 수궁가　　④ 흥부가

9. 조선 후기인들의 생활과 애환을 해학적으로 그린 풍속화 대가인
   신윤복이 그린 작품은 어느 것인가?
   ① 수렵도   ② 기마도강도
   ③ 단오도   ④ 인왕제색도

10. 조선 시대 화가로 산수화와 풍속화에 새로운 경지를 개척하였고
    <씨름도>와 <서당도>를 그린 화가는 누구인가?
    ① 김홍도   ② 신윤복   ③ 정선   ④ 백남준

제11장
第十一章

한국의 종교
韩国的宗教

한국에는 다양한 종교가 있다. 세계 종교이면서 한민족과 이미 1600년 이상을 같이한 유교와 불교가 있고 같은 세계 종교이면서 근대에 들어온 기독교가 있다. 또 이러한 세계 종교를 재해석한 동학이나 원불교 같은 한민족의 신종교, 가장 오래된 종교라는 무당이 종교인 무교도 있다.

예수의 탄신일인 크리스마스와 석가의 탄신일인 4월 초8일은 공휴일로 정해서 온 나라가 쉰다. 기독교인들과 불교 신자들은 각각의 축일에 교회와 사찰을 찾아 경배를 한다. 기층 무속 신앙도 여전히 자리하고 있다. 새로운 건물을 짓고 주요 새로운 기계를 들여놓고 새로운 사업을 시작하면서 돼지머리를 놓고 절을 하는 것이나 신생아의 이름을 작명인에게서 짓는다든가 결혼, 이사 가는 날은 무속인에게서 날 받는 게 보통이다. 기독교 집안을 제외한 대다수의 가정에서는 명절에 조상에게 차례를 지내고 기일에 제사를 지내며 특정한 종교가 지배하지 않으므로 남의 종교에 대하여 비교적 관대하다. 종교로 인한 사회적 갈등이 거의 없다. 오늘날 한국에는

국교가 없고 종교에는 우열이 없으며 모든 국민은 종교의 자유를
갖는다.

韩国宗教众多, 不仅有在韩国具有1600年以上历史的世界性宗教——
儒教和佛教, 而且还有近代引进的基督教。还有重释世界宗教的韩民族
的新宗教, 如东学或圆佛教；以及最古老的宗教——巫婆宗教巫教。

耶稣的诞辰——圣诞节和释迦的诞辰, 即阴历4月8日被定为国家公
休日, 基督教徒和佛教信徒在各自的祝日期间前往教会或寺庙进行礼
拜。至今仍存在传统的巫俗信仰, 当新建建筑、要搬进新设备或者开始
新事业时, 摆好猪头磕头祭祀；或者需要测字先生给新生儿起名字；再
就是结婚、搬家等需要巫师给定日期；这些已经成为常态。不信奉基
督教的大部分家庭, 在节日或忌日期间给先祖祭祀, 因为他们不信奉某
种宗教, 所以对其他宗教比较宽容, 基本没有因宗教而产生过社会矛
盾。现今, 韩国没有国教, 宗教之间也没有优劣之分, 所有国民宗教信
仰自由。

1. 무교(巫敎, 샤머니즘) 巫敎(萨满敎)

무교란 선사시대로부터 현재에 이르기까지 각양각색으로 나타났
던 샤머니즘적인 종교 현상 전체에 대한 총칭으로 사람들이 평상시
일반적인 방법으로 풀 수 없는 문제에 직면했을 때 무당의 중재를
빌려 신령들의 도움을 청하는 종교라고 정의할 수 있다. 현대까지
남아있는 무교의 모습으로 가장 대표적인 것은 개인이나 가족의 중
대사를 앞두고 흔히 점을 치거나 굿을 하거나 부적을 만드는 것과
같은 행위이다.

巫教是指自史前时期至今出现过的各种各样萨满教的总称，　是当人们面对一般方法无法处理的棘手问题时，借助巫婆的调解，寻求神灵帮助的宗教。现存的巫教中最具代表性的活动是个人或家族在重大事件前的占卜算卦、跳大神、作符咒等类似的行为。

2. 유교 儒教

유교는 공자에 의해 집대성된 가르침이다. 다른 종교가 현재의 삶보다는 죽은 뒤의 영생과 행복을 추구하는 것과는 달리 유교는 현실의 삶 속에서 어떻게 인간답게 살 것인가 하는 문제에 큰 비중을 둔다. 유교는 인을 모든 도덕을 일관하는 최고 이념으로 삼고 일상생활에서의 구체적이고 실천적인 삶을 강조한다. 한국은 기본적으로 동아시아 유교문화권에 속하는 나라이다. 일찍 중국에서 수입된 유교는 삼국시대 이래 2,000여 년간 국가통치와 지배층 양성을 위한 교육 수단이 되었다. 그러나 한국이 본격적으로 유교를 받아들인 것은 조선 시대에 이르러서이다.

조선왕조는 정치, 사회, 문화 전반에 걸친 유교화를 국가의 중요 정책으로 삼았다. 특히 조선사회는 유교를 통해 사회를 이루는 세 가지 기본적인 질서를 확립했다. 유교는 군신의 의리를 기초로 하는 국가 윤리, 부자와 부부를 중심으로 하는 가족 윤리, 벗들 사이의 믿음과 어른과 어린이 사이의 서열[29]을 기본으로 하는 향당[30] 윤

---

29) 서열(序列): 일정한 기준에 따라 늘어선 순서
序列: 按照一定的基准形成的顺序

30) 향당(鄕黨):자기가 태어났거나 사는 시골 마을, 또는 그 마을 사람들, 예전에는 500집이 '당'이 되고 1만 2500집이 '향'이 되었다. 乡党: 乡里、家乡；乡族朋友。古代五百家为党，一万二千五

리의 중심을 이루었다. 특히 임금과 신하, 어버이와 자식, 남편과 아내 사이에 마땅히 지켜야 할 도리를 뜻하는 삼강오륜[31]은 중국뿐만 아니라 한국에서도 오랫동안 사회의 기본적 윤리로 존중되어 왔으며 지금도 일상생활에 깊이 뿌리박혀 있다.

유교는 인과 더불어 예를 중시했는데 이는 조선사회에서 제례[32]의 모습으로 나타났다. 제사의식에는 효(孝)의 정신이 담겨있다. 유교문화가 뿌리 깊게 박혀있던 조선 사회에서는 조상에 대한 제사를 매우 중요하게 생각했다. 오늘날 한국가정에서 설날이나 추석날 조상님께 차례 지내고 부모님이나 조부모님이 돌아가신 날 모여 제사 지내는 것은 제례가 오늘날까지 전해진 것이다.

과거 한국 사회를 지배했던 유교는 현대의 한국인들에게도 많은 영향을 끼치고 있다. 실리보다는 남의 이목에, 내실보다는 겉모습에 치중하는 한국인의 모습에서 유교의 영향을 찾는 부정적인 견해도 있으나 유교는 경제적 근대화의 기본적인 가치를 마련했다는 평가를 받기도 한다. 유교는 최선을 다해 부모나 조상을 공경하는 예절이나 국가와 사회를 위한 봉사 정신과 같은 도덕적 가치를 강조

百家为乡，合而称乡党。乡党作为老乡的用意。

31) 삼강오륜(三綱五倫): 삼강은 군위신강(君爲臣綱), 부위자강(父爲子綱), 부위부강(夫爲婦綱)을 말하며 이것은 글자 그대로 임금과 신하, 어버이와 자식, 남편과 아내 사이에 마땅히 지켜야 할 도리이다. 오륜은 맹자(孟子)에 나오는 부자유친(父子有親), 군신유의(君臣有義), 부부유별(夫婦有別), 장유유서(長幼有序), 붕우유신(朋友有信)의 5가지를 말한다. 이는 각각 아버지와 아들 사이의 도道는 친애(親愛)에 있으며 임금과 신하의 도리는 의리에 있고 부부 사이에는 서로 침범치 못할 인륜(人倫)의 구별이 있으며 어른과 어린이 사이에는 차례와 질서가 있어야 하며 벗의 도리는 믿음에 있음을 말한다.
三纲五伦: 三纲是指君为臣纲, 父为子纲, 夫为妇纲, 按其字面意思可解释为君王和臣下之间, 父亲和孩子之间, 丈夫和妻子之间需遵守的道义; 五伦是指孟子提出的父子有亲, 君臣有义, 夫妇有别, 长幼有序, 朋友有信等五种关系, 就是指父子之间有骨肉之亲, 君臣之间有礼义之道, 夫妇之间内外有别, 老少之间有尊卑之序。

32) 제례(祭禮): 제사를 지내는 예절과 격식
祭礼: 祭祀活动所具备的礼节或规矩

한다는 점에서 한국의 정신문화에서 중요한 위치를 차지한다.

儒教是孔子集大成的教诲。其他宗教比起现世的生活， 更加追求死后的永生和幸福， 而儒教不同，其注重在现实生活中的人生问题，儒教把 "仁"当作统称所有道德准则的最高理念， 强调具体实际的日常生活。韩国是东亚儒教文化圈下的国家，很久之前从中国引进儒教，自三国时期以来2000多年间， 儒教成为统治国家和培育统治阶层的教育手段。但是严格意义上来说，韩国是自朝鲜时期正式接受儒教的。

朝鲜王朝的重要特征之一就是整个政治、社会、文化过程中的儒教化。朝鲜社会通过儒教确立了社会形成过程的三个基本秩序，即以君臣之礼为基础的国家伦理，父子、夫妇为中心的家族伦理，朋友有信、长幼有序的乡党伦理。尤其是君臣、父子、夫妇之间必须遵守的三纲五伦，不仅在中国，韩国也长期把它尊崇为社会基本伦理，至今在社会生活中仍然根深蒂固。

儒教重视 "仁""礼"，这在朝鲜社会以祭礼的形式出现。祭祀仪式正蕴含着 "孝"的精神。儒教文化在朝鲜社会根深蒂固， 所以人们非常重视先祖的祭祀。至今在韩国家庭中，春节或中秋节祭祀，父母、祖父母忌日聚在一起，举行祭祀，这些祭礼流传至今。

儒教过去支配着韩国社会， 对现代人也具有很深的影响。有人认为韩国人的 "比起实利更注重表面， 比起内心充实更注重面子"的作风是从儒教受到的消极影响，但也有人做了肯定评价，儒教为经济近代化创造了基本价值。儒教强调的道德价值，比如尽最大的努力孝敬父母或先祖的礼节，为国家和社会奉献的精神等在韩国的精神文化中占据重要地位。

3. 도교(道敎) 道教

도교는 황제와 노자를 교조로 삼은 중국의 토착종교로 중국의 고유한 문화 속에서 생활신조, 종교적 신앙을 기초로 하여 형성된 중국의 대표적인 민족종교이다.

도교는 자연의 이치에 따르며 모든 인위적인 것을 버리고 자연과 하나가 되는 것을 이상으로 하였다. 또 병 없이 오래 사는 삶과 신선의 삶을 추구하였다. 그리하여 거북, 학, 사슴과 같이 오래 사는 동물을 숭상하였으며 불로장생을 위한 수련법과 의약법을 개발하기도 하였다.

한국 도교의 시발은 624년 당고조가 조선반도에 도사를 파견하여 천존상을 보내고 <도덕경>을 강론하게 한 일이다. 643년에는 연개소문이 도교를 들여와 천하의 도술을 다 갖추어야 한다는 건의를 하여 당으로부터 도사와 <도덕경>을 들여왔다.

도교가 가장 성행했던 시기는 고려 시대다.

道教，作为中国的本土宗教，是将黄帝和老子当作始祖，以中国固有文化中的生活信条、宗教信仰为基础形成的中国的代表性民族宗教。

道教根据自然之道，抛弃所有人为因素，把天人合一作为教义，并且追求长生不死、得道成仙。因此崇尚乌龟、仙鹤、鹿等长生动物，也发明了为实现长生不老的各种修炼法和医药法。

韩国道教始于624年，唐高祖向朝鲜派遣道士，赠送天尊像，让道士讲论 ≪道德经≫。643年，渊盖苏文提议引进道教应掌握天下所有的

道术，于是从唐朝引进道士和 《道德经》。道教最为繁盛的时期是高
丽时期。

4. 불교(佛敎) 佛教

불교는 석가모니를 교조로 삼고 그가 설한 교법을 종지로 하는
종교이다. 한국의 역사와 문화를 알려면 불교부터 알아야 한다.

불교가 한국에 공식적으로 전래된 것은 4세기 말이다. 통일신라
시대 원효, 의상 등의 뛰어난 승려가 등장하여 불교가 한국 땅에
뿌리내릴 수 있게 하였고 혜초가 직접 인도에 가서 불교를 공부하
기도 하였다. 불교의 발달과 더불어 불교미술이 찬란하게 꽃피어
불국사, 석굴암 등의 불교 건축물과 금동 미륵보살 반가사유상 등
의 불상, 성덕대왕신종 등 많은 불교 예술작품들이 지금까지 전해
지고 있다.

고려 시대에는 불교를 숭배하는 정책을 더욱 적극적으로 추진하
였다. 특히 세 차례에 걸친 대장경의 조판은 불교에 대한 종교적인
열정과 부처님의 힘을 빌려 나라를 지키려는 호국 정신을 볼 수 있
다. 불교는 조선조가 시작됨과 동시에 숭유억불(崇儒抑佛) 정책으로
인하여 긴 침체기에 들어섰다.

佛教，始祖为释迦牟尼，是以其游说的教法为宗旨的宗教。若想要了
解韩国的历史和文化，需从佛教开始。

佛教正式传入韩国是在4世纪末。统一新罗时期出现了像元晓、义湘
等优秀的僧侣，佛教开始在韩国生根发芽，慧超亲往印度学习佛教，佛
教繁荣的同时，佛教艺术也熠熠生辉，如佛国寺、石窟庵等佛教建筑，

金铜弥勒菩萨半跏像等佛像和圣德大王神钟等众多佛教艺术作品流传至今。

高丽时期，韩国更加积极推进崇尚佛教的政策，尤其是经过三次的刻大藏经版，可以看出凭借宗教热情和菩萨神力守护国家的护国精神。朝鲜时期，因实行崇儒抑佛政策，佛教进入了长期的萧条期。

5. 기독교 基督教

기독교란 1세기에 태어난 예수를 그리스도로 믿는 종교로 불교, 이슬람교와 더불어 세계 3대 종교를 이룬다. 그리스도교, 크리스트교, 예수교라고도 한다.

한국의 기독교는 크게 천주교와 개신교로 나누어져 예배하는 형식이나 교회적 차이는 있지만 근본적으로는 다 함께 예수 그리스도를 주님으로 믿는 종교이다. 동북아시아 3국 중 한국은 가장 늦은 기독교 전래국이 된다. 그럼에도 불구하고 한국 사회에 뿌리내림은 급성장을 이루어 세계 선교 역사에서 주목을 받는다.

基督教是信奉公元1世纪诞生的耶稣的宗教，与佛教、伊斯兰教共为世界三大宗教。韩国语也称之为 "그리스도(Christ)교"，"크리스트교"，"예수교(耶稣教)"。

韩国的基督教广义上分为天主教和新教，两者在礼拜形式或教会体制上有差异，但根本上都是信奉耶稣的宗教。东北亚三国中韩国是基督教传入最晚的国家，但尽管如此，基督教在韩国社会上迅速发展，在世界传教历史中留下了浓墨重彩的一笔。

6. 천도교(동학) 天道教(东学)

동학이 창시된 것은 1860년 수운 최제우에 의해서이다. 그는 한국의 전통적인 민간 신앙에 유, 불, 도의 사상을 조화시켜 "사람은 곧 하늘이다"라는 '인내천(忍耐天)'사상을 바탕으로 한 동학을 창시하였다. 당시 조선조에 밀려오는 서양 문물을 '서학'이라고 하였는데 동학이라는 이름은 서학에 반대한다는 뜻에서 지은 것이다. 동학은 "외세로부터 나라를 지키고 폭정으로부터 백성을 구하여 편안히 살게 한다"라는 주장도 내세웠다. 이러한 주장과 인내천의 인간 평등사상은 민중들로부터 폭넓은 지지를 받았다. 1894년에 일어났던 역사상 최대 규모의 농민운동인 동학농민운동은 이러한 동학의 교세에 힘입어 전국적으로 전개된 것이다.

东学是1860年崔济愚创立的。他在韩国传统民间信仰之上综合儒、佛、道教思想，以 "人就是天"的 "人乃天"思想为基础创立了东学。当时流入朝鲜时期的西方文明称为 "西学"，东学正是与西学相对照而产生的。东学主张 "消除国际侵略，才能维护国家主权，消灭暴政，百姓方可安居乐业"，这样的主张和 "人乃天"的人人平等思想受到了广大民众的支持。1894年发生了史上最大规模的农民运动——东学农民运动，这场运动在东学宗教势力影响下，迅速在全国展开。

7. 대종교(大倧敎) 大宗教

대종교는 나철이 1909년에 창시한 한민족 고유의 종교이다. 대종교는 단군 숭배 사상을 기초로 한국의 민족기원 신화에서 비롯되었으며 교리에 민족의 정통사상과 철학을 담고 있다. 환검교(桓儉教), 단군교라고도 한다. 옛 상원갑자년(上元甲子年) 상달 상날 10·3일에 상제환인(上帝桓因)의 아들 환웅이 홍익인간 이화(理化)세계의 큰 뜻을 지상에 실현하고자 천부삼인(天符三印)을 거느리고 사람의 몸으로 화신하여 백두산에 강림했다. 이날이 바로 개천일, 개국일 즉 대종교가 개교된 날이다. 대종교는 민족주의적 성향이 강하다.

大宗教是1909年罗哲创始的韩民族固有宗教。大宗教以檀君崇拜思想为基础，始于韩国的民族起源神话，教义蕴含民族的正统思想和哲学，也被称为桓俭教、檀君教。 古时上元甲子年阴历十月三日，上帝桓因的儿子桓雄为实现弘益人间的教化世界，率领天符三印，化身为人降临白头山。这天便是开天日，开天日也是大宗教开教之日。大宗教的民族主义倾向强烈。

8. 원불교 圓佛教

원불교는 1916년 소태산 박중빈에 의해 창시된 종교로 그 연원을 불교에 두고 있다. 기본교리는 우주와 인생의 근본 질서를 일원상이라 하고 일원상의 진리를 신앙의 대상과 수행의 표본으로 삼았다.

圓佛教， 是1916年朴重彬(号少太山)创立的宗教， 其根源来自于佛教。基本教理是把宇宙和人生根本秩序称为一圆相，把一圆相的真理当作信仰对象和施行标准。

읽어보기

한국의 종교

최근 한국 통계청이 발간한 <사회통계조사 보고서>에 따르면 15세 이상 인구 3590여만 명 가운데 불교 인구는 26.3%, 개신교는 18.5%, 천주교는 7.1%로 나타났다. 이밖에 유교는 0.7%, 원불교 0.2%, 천도교 0.1% 순이었다.

한국에서 불교는 대략 4세기경인 삼국시대에 전래되어 나라의 종교가 되면서 널리 퍼졌고 고려 시대에 와서는 팔관회, 연등회와 같은 대행사가 거행되면서 번성했다. 당시 불교는 호국적인 성격이 강하였으며 법회를 통해 내란과 외환 등의 악운을 물리치고 왕실과 국가의 안전과 평화 유지를 기원하였다. 또한 죽은 이의 명복을 빌거나 토속신을 섬기는 의식도 함께 행해졌는데 이러한 호국 불교의 이념이 가장 강하게 나타난 것은 신라 시대의 승려인 원광이 만든 세속오계이다. 세속오계는 '나라에 충성하고 부모님께 효도하고 믿음으로 벗을 사귀고 싸움에 나가서는 물러서지 않으며, 살아있는 것을 함부로 죽이지 않는다.'라는 내용을 담고 있다.

한국의 기독교는 18세기경 중국을 방문한 유학자들이 유럽에서 온 선교사들로부터 천주교 관련 서적을 전해 받아서 서학이라는 이름의 학문으로 소개하면서 전파되었다. 그 후 학자들은 점차 천주교의 종교적 진리를 깨닫게 되어, 이를 신앙으로 받아들이려는 움직임이 뚜렷해졌다. 초기에는 천주교 신자들이 비밀 집회를 갖고 조상의 제사를 무시한다는 이유로 많은 교인들이 신앙의 박해를 받고 순교하였다. 그러나 천주교의 남녀평등 사상과 내세사상은 사회적 약자들에게는 현실의 고통에 대한 위안을 주었고 사회개혁의 의

지를 심어주어 사회에서 멸시당하는 천민과 상민, 그리고 중인들과 권력에서 밀려난 양반들, 여인들을 중심으로 교세를 확장하였다.

개신교는 19세기 초 미국의 선교사들에 의해 전해졌다. 그 당시 한국은 주변의 여러 열강에 의해 압력을 받고 있었으며 나라 안에서는 부정과 부패 정치로 정부가 약해져 있는 상황이었다. 따라서 이 시기에 전파된 개신교의 개혁 의지는 서민들에게 희망과 용기를 주는 힘으로 작용하였다. 개신교 선교사들은 교육사업, 의료사업, 사회사업 등을 통하여 사회 개선에 노력하였으며 일제 강점기에는 한국 국민의 자주정신을 고취하여 독립운동에도 기여하였다. 그 후 6·25전쟁 등을 겪으면서 한국의 기독교는 역사상 보기 드문 발전을 하였고 현재에도 세계 곳곳에 선교사를 보내는 등 활발한 활동을 하고 있다.

연습문제

☞ ❶ OX 퀴즈

1. 한국의 모든 국민은 종교의 자유를 갖는다. (　　)
2. 유교는 장자에 의해 집대성된 가르침이다. (　　)
3. 한국인이 가장 많이 믿는 종교는 천주교이다. (　　)
4. 한국의 가장 오래된 종교는 무교(巫敎)이다. (　　)
5. 한국의 개신교는 19세기 초 미국의 선교사들에 의해 전해졌다. (　　)

☞ ❷ 선택문제

1. 한국 사람들은 대인 관계에서 (　　)의 윤리도덕을 바탕으로 하고 있다.*
   ① 불교　　　　② 이슬람교　　　③ 기독교　　　④ 유교

2. 개천절은 언제인가?
   ① 10월 3일　　　　　　　② 10월 9일
   ③ 8월 15일　　　　　　　④ 7월 17일

3. 개천절은 기원전 2333년 누구의 건국을 기념하는 날인가?*
   ① 단군　　　② 주몽　　　③ 박혁거세　　　④ 석탈해

4. 한민족이 세운 종교가 아닌 것은 어느 것인가?

　① 천도교　　　② 대종교　　　③ 불교　　　　④ 원불교

5. 서울의 명동에 위치하며 한국 천주교의 상징 건물은 무엇인가?

　① 정동교회　　　　　　　② 남산타워

　③ 명동성당　　　　　　　④ 순복음교회

6. 한국 개화기에 학교, 의료 시설의 건설 등으로 교육, 의료, 문화 발달에 가장 많은 영향을 끼친 종교는 어느 것인가?

　① 불교　　　　② 도교　　　　③ 유교　　　　④ 기독교

7. 한민족 시조인 단군을 모시는 종교를 처음 전파한 사람은 누구인가?

　① 나철　　　　② 원효　　　　③ 최제우　　　④ 최시형

8. 조선 시대 후기에 동학을 창시한 이는 누구인가?

　① 조봉암　　　② 최제우　　　③ 전봉건　　　④ 최시형

9. 종교단체와 관련이 없는 것은 어느 것인가?

　① 사찰　　　　② 교회　　　　③ 성당　　　　④ 구청

10. 한민족종교인 천도교와 관련 없는 내용은 어느 것인가?

　① 인내천 사상을 근본으로 한다.

　② 동학에서 비롯되었다.

③ 쇄국정책의 원인이 되었다.

④ 모든 사람은 평등하다고 본다.

제12장
第十二章

한국어와 한국문학
韩国语和韩国文学

제1절 한국어와 한국문자 '한글'
第一节 韩国语和韩国文字 "韩文"

1. 한국어의 사용지역과 사용지수 韩国语的使用地区和 使用指数

한국어를 쓰는 지역은 한국과 조선, 곧 한반도가 중심이고 그 외에 미국, 중국, 우즈베키스탄, 카자흐스탄, 러시아 등이다. 이 지역 외에 오스트레일리아, 뉴질랜드, 브라질 등이 포함된다.

세계의 각종 언어관련 통계를 다루는 에스놀로그(Ethnoogue)의 23판 자료(2020년 2월)에 따르면 한국어를 제1언어로 사용하고 있는 인구는 약 7730만 명이다. 이는 1위 중국어, 2위 스페인어, 3위 영어, 4위 힌디어 등에 이어 14위를 차지한다. 또한 한국어를 능숙하게 구사하는 일부 재외동포33)를 포함한 제2언어 포함 한국어 사

---

33) 한민족은 한국의 약 5000만 명, 조선의 2500만 명, 미국의 200만 명, 중국의 180만 명, 일본의 약 60만 명, 러시아와 우즈베키스탄, 그리고 카자흐스탄의 약 40만 명, 각 지역에 흩어져 살고

용인구는 7940만 명으로 전 세계 22위에 해당된다. 이는 현재 지구 상에서 쓰이고 있는 3600~7000종의 언어 가운데서 한국어가 널리 쓰이고 있다는 것을 말한다.

使用韩国语的地区主要是韩国和朝鲜, 即以朝鲜半岛为中心的地区, 除此之外还有美国、中国、乌兹别克斯坦、哈萨克斯坦、俄罗斯等地区, 也包括澳大利亚、新西兰、巴西等。

根据Ethnoogue统计的世界各种语言第23版资料（2020年2月），韩国语作为第一语言的人口约为7730万人，继第一位中文、第二位西班牙语、第三位英语、第四位印地语等之后，排在第14位。另外，包括熟练掌握韩国语的部分在外韩国同胞，以及韩国语为第二外语使用人口为7940万人，位居全球第22位。这说明在全球使用的3600种乃至7000种语言中，韩国语正在被广泛使用。

2. 한국어의 명칭 韩国语的名称

보통 영어로 'korean'으로 불리는 한국어는 지역에 따라 각각 다른 이름을 가지고 있다. 한국어는 한반도의 한국에서는 '한국어'로 불리고 있다. 조선에서는 '문화어'라고 부른다. 중국, 일본, 러시아 등에서도 한국어를 '조선어'라 부르는 것이 보통이나 러시아, 우즈베키스탄, 카자흐스탄 등에서는 남북의 정치 때문에 어느 한쪽, 곧 한국어 혹은 조선어로 부르지 않고 '고려어' 또는 '고려말'이라고

있는 20만 명 등이다. 韩民族人口韩国约5000万人，朝鲜约2500万人，美国约200万人，中国约180万人，日本约60万人，俄罗斯、乌兹别克斯坦和哈萨克斯坦约40万人，其他分散地区约20万人。

부른다. 이런 경향은 일본에서도 있어 '한국어'를 '코리아어', '한글어'로 부르기도 한다. 일부 한국 내에서는 한자어를 피하기 위하여 '한국어', '국어'를 '우리말' 또는 '배달말'로 부르는 사람들도 있다.

韩国语一般用英语 "korean"来表示, 但地区不同名称也有所不同。在位于朝鲜半岛的韩国, 韩语被称为 "韩国语"；在朝鲜被称为 "文化语"；在中国、日本、俄罗斯等地区一般被称为 "朝鲜语"；但在俄罗斯、乌兹别克斯坦、哈萨克斯坦等地区, 因朝韩南北政治问题, 并不偏向某一方称为韩国语或朝鲜语, 而是称为 "高丽语"或 "高丽话"；在日本也是如此, 把 "韩语"称为 "korea语"或 "韩文语"；在部分韩国地区, 为避开汉字词, 把 "韩国语", "国语"也称为 "我国语(우리말)"或 "倍达民族语(배달말)"。

3. 한글의 창제동기와 경과 韩文的创制动机和经过

한글은 세종대왕(1397~1450, 조선조 제4대 임금)이 집현전의 학사들 최항, 박팽년, 성삼문, 신숙주 등의 도움을 받아 창제하였다. 한글의 창제일은 서기 1443년(세종 25) 음력 12월이다. 한글은 3년간의 시범적 사용기간을 거쳐 서기 1446년(세종 28) 음력 9월 상순에 <훈민정음>이 반포되었다. 한국은 10월 9일을 국가기념일 '한글날'로 기념하고 있다. 1997년 10월 1일 한글은 유네스코에서 '세계문화유산'으로 지정되었다.

한글의 창제 동기는 <훈민정음> 서문에 밝혀져 있다.

나랏말이 중국과 달라 문자가 서로 통하지 않는다. 따라서 어리석은 백성이 말하고자 하여도 뜻을 제대로 펴지 못하는 사람이 많다. 내가 이를 불쌍히 여겨 새로 28글자를 만드니 사람마다 일상생활에서 편리하게 쓰기를 바란다.

세종대왕은 재위기간 동안 유교정치의 기틀을 확립하고 공법(貢法)을 시행하는 등 각종 제도를 정비해 조선왕조의 기반을 군건히 했다. 또한 한글의 창제를 비롯하여 조선 시대 문화의 융성에 이바지하고 과학기술을 크게 발전시키는 한편, 축적된 국력을 바탕으로 국토를 넓혔다.

韩文是世宗大王(1397~1450, 朝鲜王朝第四代君王)在崔恒、朴彭年、成三问、申叔舟等集贤殿学者的帮助下创立的。韩文于公元1443年(世宗25年)阴历12月创制，经过3年的试用期，以公元1446年(世宗28年)阴历9月上旬颁布的《训民正音》为标志正式诞生。韩国将每年10月9日定为国家纪念日——"韩文日"以作纪念。1997年10月1日韩文被联合国教科文组织列入世界文化遗产名录。

韩文的创制动机在《训民正音》的序言中有所阐述："国之语音，异乎中国，与文字不相流。故愚民，有所欲言而终不得伸其情者，多矣。予为此悯然。新制二十八字，欲使人人易习，便于日用耳。"

世宗大王在位期间，通过确立儒教政治体系、实行贡法等措施整顿各种制度，奠定了朝鲜王朝坚实的基础。韩文的创制，一方面为朝鲜时期的文化昌盛作出了重大贡献，大大促进了科学技术的发展，另一方面增强了国家实力，世宗大王以坚实的国力为基础开拓了疆域，促成了朝鲜的繁荣。

■ 집현전과 훈민정음 集贤殿和训民正音

세종대왕은 정치 문화를 발전시키기 위해 집현전(集賢殿)의 기능을 강화하였으며 집현전에 학자들을 모아 한글을 연구하도록 하였다. 세종대왕과 집현전 학자들은 오랜 연구 끝에 마침내 '훈민정음(訓民正音)'을 만들었다. 훈민정음은 한국말을 소리 나는 대로 쓸 수 있고 한자보다 익히기가 훨씬 쉬웠다.

为促进政治文化发展，世宗大王强化了集贤殿的机能，招纳贤士入集贤殿进行韩文创制，世宗大王和集贤殿学者经长期不懈地研究，最终创造出了"训民正音"。训民正音是一种表音文字，按照发音标记，比起汉字更加容易学习。

4. 한글의 제자원리 韩文的造字原理

한글은 세계의 문자사에서 가장 자연과학적이고 또한 논리적인 내용을 가지고 있는 문자라고 할 수 있다. 그 까닭은 지금까지 전해지고 있는 훈민정음 해례본(解例本)이라는 책 속에 한글이라는 문자를 만든 원리인 발음기관의 모양을 본뜬 것(상형의 원리)에 획을 덧붙이는 것(가획加劃의 원리)이 매우 자연과학적이기 때문이다. 곧 상형의 원리는 현대 음성학에서 조음장소 또는 조음점에 따른 자음의 분류가 적용된 것이며 가획의 원리는 소리의 거셈에 따라 획을 하나씩 덧붙이는 원리이다.

韩文是世界文字史上最具自然科学性和逻辑性的文字。流传至今的《训民正音》(例解本)中解释，韩文文字的造字是按照发音器官形状的象形原理和添加笔画的加划原理所创造，所以具有自然科学性。象性原理是按照发音场所和发音点，对子音分类；加划原理是按照声音的强弱添加笔画。

> 牙音 : ㄱ → ㅋ
> 舌音 : ㄴ → ㄷ → ㅌ
> 脣音 : ㅁ → ㅂ → ㅍ
> 齒音 : ㅅ → ㅈ → ㅊ
> 喉音 : ㅇ → ㆆ → ㅎ

논리적으로 만들어진 한글은 모음인데 이것은 하늘(天), 땅(地), 사람(人)을 각각 '、 ― ㅣ' 로 생각하고 이들을 적절히 결합하여 11자를 만들었기 때문이다.

母音具有逻辑性。母音把 "天、地、人" 想成 "、 ― ㅣ" 符号, 将其巧妙结合创制成11字。

자형 字形	상형내용 象形内容	발음상태 发音状态	소리 声音
、	천원(天圓)	혀를 옴츠림 卷舌	깊음(深) 深
―	지평(地平)	혀를 조금 옴츠림 微卷舌	깊지도 얕지도 않음(不深不淺) 适中
ㅣ	인립(人立)	혀를 옴츠리지 않음 不卷舌	얕음(淺) 浅

한국의 문자 '한글'은 그 제작자, 만든 시기, 제자 원리 등이 명백히 밝혀져 있고 자연과학적이고 논리적인 문자이다.

韩国文字——韩文的创作者、创作时期、创制原理等很明确，具有自然科学性和逻辑性。

5. 현대 자모의 종류와 순서(사전순) 现代子母音的种类和顺序(字典顺序)

한국: <계몽자회>(최세진)의 순서를 바탕으로 맞춤법 통일안 (1988)에서 규정함

- 자음: ㄱ, ㄲ, ㄴ, ㄷ, ㄸ, ㄹ, ㅁ, ㅂ, ㅃ, ㅅ, ㅆ, ㅇ, ㅈ, ㅉ, ㅊ, ㅋ, ㅌ, ㅍ, ㅎ (19자)

- 모음: ㅏ, ㅐ, ㅑ, ㅒ, ㅓ, ㅔ, ㅕ, ㅖ, ㅗ, ㅘ, ㅙ, ㅚ, ㅛ, ㅜ, ㅝ, ㅞ, ㅟ, ㅠ, ㅡ, ㅢ, ㅣ(21자)

- 받침: ㄱ, ㄲ, ㄳ, ㄴ, ㄵ, ㄶ, ㄷ, ㄹ, ㄺ, ㄻ, ㄼ, ㄽ, ㄾ, ㄿ, ㅀ, ㅁ, ㅂ, ㅄ, ㅅ, ㅆ, ㅇ, ㅈ, ㅊ, ㅋ, ㅌ, ㅍ, ㅎ (28자)

韩国: 以《训蒙字会》(崔世珍)的顺序为基础，在韩文拼写法统一案中规定如下。

子音: ㄱ, ㄲ, ㄴ, ㄷ, ㄸ, ㄹ, ㅁ, ㅂ, ㅃ, ㅅ, ㅆ, ㅇ, ㅈ, ㅉ, ㅊ, ㅋ, ㅌ, ㅍ, ㅎ (19个)

母音: ㅏ, ㅐ, ㅑ, ㅒ, ㅓ, ㅔ, ㅕ, ㅖ, ㅗ, ㅘ, ㅙ, ㅚ, ㅛ, ㅜ, ㅝ, ㅞ, ㅟ, ㅠ, ㅡ, ㅢ, ㅣ (21个)

收音: ㄱ, ㄲ, ㄳ, ㄴ, ㄵ, ㄶ, ㄷ, ㄹ, ㄺ, ㄻ, ㄼ, ㄽ, ㄾ, ㄿ, ㅀ, ㅁ, ㅂ, ㅄ, ㅅ, ㅆ, ㅇ, ㅈ, ㅊ, ㅋ, ㅌ, ㅍ, ㅎ (28个)

조선의 자모순서 朝鮮的子·母音顺序

■ 자음: ㄱ, ㄴ, ㄷ, ㄹ, ㅁ, ㅂ, ㅅ, (ㅇ), ㅈ, ㅊ, ㅋ, ㅌ, ㅍ, ㅎ,
　　　 ㄲ, ㄸ, ㅃ, ㅆ, ㅉ.

■ 모음: ㅏ, ㅑ, ㅓ, ㅕ, ㅗ, ㅛ, ㅜ, ㅠ, ㅡ, ㅣ, ㅐ, ㅒ, ㅔ, ㅖ, ㅚ,
　　　 ㅟ, ㅢ, ㅘ, ㅝ, ㅙ, ㅞ.

子音: ㄱ, ㄴ, ㄷ, ㄹ, ㅁ, ㅂ, ㅅ, (ㅇ), ㅈ, ㅊ, ㅋ, ㅌ, ㅍ, ㅎ, ㄲ,
　　 ㄸ, ㅃ, ㅆ, ㅉ.

母音: ㅏ, ㅑ, ㅓ, ㅕ, ㅗ, ㅛ, ㅜ, ㅠ, ㅡ, ㅣ, ㅐ, ㅒ, ㅔ, ㅖ, ㅚ,
　　 ㅟ, ㅢ, ㅘ, ㅝ, ㅙ, ㅞ.

제2절 한국문학에서의 고전문학
第二节 韩国文学中的古典文学

대체로 개화기까지 이루어진 문학을 고전문학이라 한다. 고전문
학은 삼국시대, 고려시대, 조선시대 세부분으로 나눌 수 있다.

从古代到开化时期为止形成的文学被称为韩国古典文学，　古典文学
可分为三国时期、高丽时期、朝鲜时期。

1. 삼국시대 三国时期

최초의 한국문학으로 고대가요와 건국신화를 언급할 수 있다. **고
대가요에는 <구지가>, <공무도하가>**, <황조가> 등이 있는데 이 세
작품은 모두 관련 설화와 함께 전해지고 있다. 한국의 **건국신화이**

면서 시조신화인 대표적 작품으로는 <단군신화>와 <주몽신화>를
들 수 있다.

삼국시대에 접어들면서 한국문학에는 향가가 생겨난다. 향가는
한국말로 된 시가를 지칭하며 한국말로 된 최초의 기록문학이자 개
인 시가라는 의의를 지닌다. 현재 남아있는 향가는 도합 25수이다.

삼국시대에 신화의 시대는 막을 내리고 바야흐로 설화의 시대가
시작된다. 이 시대의 설화는 신화와는 달리 평범한 민중이 영웅이
되거나 하층민이 주인공이 되는 경우가 많았으며 고매한 고승을 주
인공으로 다룬 불교 설화도 많았다. 삼국시대와 남북국시대의 설화
들은 고려 시대에 이르러 『삼국유사』와 『삼국사기』로 기록되었다.

삼국시대에 일어난 중요한 문학사적 사건 중의 하나는 한자의 도
입으로 인한 한문학의 형성이다. 주로 한시가 많이 창작되었는데
한시의 대표적인 시인은 최치원이다. 한문학은 후에 고려로 이어져
고려 때 과거제의 실시 이후 한문학의 담당층이 확대되면서 더욱
융성해졌다.

最初的韩国文学有古代歌谣和建国神话。古代歌谣包括 《龟旨歌》
《公无渡河歌》 《黄鸟歌》等, 这三部作品与所有相关民间故事流传
至今。既是韩国的建国神话, 又是始祖神话的代表作是 《檀君神话》
和 《朱蒙神话》。

进入三国时期, 韩国文学中出现了乡歌。乡歌是指用韩国语创造的
诗歌, 是用韩国语创造的最初的记录文学, 也是个人诗歌, 具有深远的
意义。现今存留下来的乡歌共计25首。

三国时期, 神话落下帷幕, 民间故事开始兴起。这个时期的民间故事
与神话不同, 故事题材多是平凡的民众成为英雄, 或下层百姓成为主人

公，也有许多论述得道高僧的佛教民间故事。三国时期和南北国时期的民间故事被记录在高丽时期的《三国遗事》和《三国史记》中。

三国时期的重要文学史事件之一是引入汉字后汉文学的产生。主要文学活动是创作丰富多彩的汉诗，汉诗创作的代表人物是崔致远，汉文学一直发展到高丽时期，由于实行科举制度，汉文学阶层逐渐得到扩大，汉文学发展更加昌盛。

2. 고려 시대 高丽时期

고려 시대에는 한문학, 특히 한시가 크게 발달하면서 상대적으로 한국말 문학인 향가나 설화는 쇠퇴하게 된다. 고려 시대에는 고려가요가 등장한다. 고려가요는 고려 시대에 창작된 시가로 주로 민중 사이에서 널리 향유되었다. 내용과 주제의 측면에서 남녀 간의 애정이나 충효를 다루거나 무가, 향가, 민요에 뿌리를 두고 있는 등 다양한 성격을 보여준다. 또 격정적이며 직설적이고 극단적인 표현이 많이 나타난다. 고려 말에는 새로운 국문 시가의 형태인 시조와 가사, 경기체가가 등장하였다.

고려 시대에는 전(傳)이라는 서사문학의 한 양식이 생겨났는데 그중 주목해야 할 것은 가전(假傳)이다. 가전은 가전체 혹은 가전체 소설이라고도 불리는데 어떤 사물을 역사적 인물처럼 의인화하여 그 가계와 생애 및 개인적 성품, 공과를 기록하는 서사 양식이다. 술을 의인화한 임춘의 <국순전>과 이규보의 <국선생전>, 돈을 의인화한 임춘의 <공방전>이 주목할 만한 작품들이다.

高丽时期，汉文学，尤其是汉诗得到巨大的发展，相对来说韩文文学形式的乡歌或故事逐渐衰退。高丽时期，高丽歌谣登场。作为高丽时期创作的诗歌，高丽歌谣主要在民众之间盛行，内容上主要讲述男女间的爱情故事或忠孝故事，以巫歌、乡歌和民谣为根基，具有各种各样的特征。高丽歌谣中多采用充满激情的、直言不讳的、极端的表现形式。高丽末期出现新兴国文诗歌——时调、歌词和景几体歌。

高丽时期出现 "传"的叙述文学形式，其中要关注的是假传。假传也被称为 "假传体"或 "假传体小说"，是把某些事物像历史人物一般拟人化，记录其家境、生涯及个人品性和功绩过失的叙述样式。值得关注的作品是把酒拟人化的林椿的 ≪麴纯传≫和李奎报的 ≪麴先生传≫，把钱拟人化的林椿的 ≪孔方传≫。

3. 조선 시대 朝鲜时期

조선이 건국되면서 한국문학도 변모하게 된다. 이는 조선이 고려와는 달리 유교를 숭상하고 불교를 배척하면서 주된 사상의 변화가 생겨났고 훈민정음이 창제되면서 표현수단도 이전과는 달라졌기 때문이다. 조선 전기에는 악장과 경기체가가 활발하게 창작되었다. 악장은 국가의 이념이나 정책을 공유하고 교화시키기 위한 목적으로 창작된 노래이다. 경기체가는 국문 시가 중 정형성을 가장 뚜렷이 보여주며 사대부의 의식을 반영하기 위한 목적으로 창작되었다. 악장과 경기체가는 이러한 각각의 특징으로 말미암아 그리 오래 가지 못해서 소멸하였다.

조선 전기에 가장 활발하게 창작된 것은 시조와 가사이다. 시조는 고전문학의 양식 가운데 가장 오랫동안 많은 사람들에 의해 창작되고 가창되었는바 다수의 작품이 현전하고 있다. 시조는 3장 12 구의 간결한 형식이다. 시조의 초기작품(14-15세기)에는 망한 나라 (고려)를 돌아보는 비탄함이 담긴 것, 조선의 태평성대를 노래한 것, 세조의 왕권찬탈과 관계된 것이 대부분이다. 16세기에 이르면 시조는 '강호가도'로 나아가는데 강호가도란 자연의 섭리와 인간의 도리를 성리학적으로 추구하고 자연의 아름다움을 한국어 노래로 읊은 것을 말한다. 시조와 함께 조선 전기에 유행했던 것은 가사이다. 조선 전기의 가사는 주로 양반층에 의해 창작된 강호가사가 대부분이다. 조선 전기 가사 작품에서 정철의 <사미인곡>과 <속미인곡>은 한국말 구사가 뛰어나고 완성도가 높아 가사 문학의 절정을 이룬 작품으로 평가받는다.

이러한 가운데 15세기 말 **김시습의 한문소설 <금오신화>**가 등장하면서 소설의 지평을 개척하였다. 그 후 16세기 말에는 **최초의 국문소설인 허균의 <홍길동전>**이 나타나면서 본격적인 소설의 시대를 열게 된다.

조선은 임진왜란을 겪으면서 조선 후기 사회로 접어든다. 임진왜란 이후 한국 문학사에도 다양한 변화가 일어나는데 가장 먼저 큰 변화를 겪는 것은 시조와 가사이다. 조선 후기 시조와 가사는 담당층이 확대되면서 중심이동 현상을 겪는다. 시조의 경우, 17세기 후반 이후 평민 가객들의 활동이 커지고 시조창이 널리 보편화되면서 시조는 절실한 자기표현의 양식이 되었고 이에 따라 시조의 주제나 제재도 매우 다양화되어 평면적 생활체험과 감정 의식이 시조 속에 담기게 되었다. 또한 이 시기에 사설시조라는 새로운 양식의 시조가 등장하는데 사설시조는 평시조보다 한 구 이상이 늘어난 시조를 통칭하는 용어이다. 조선 후기의 가사는 작자층이 다양해짐에 따라 현실적인 문제에 대한 관심의 확대, 여성 및 평민 작자층의 성장, 주제와 표현 방식의 다변화가 나타난다.

조선 후기에 등장한 새로운 문학의 형태로는 판소리가 있다. 판소리와 창자들은 전해오던 설화를 바탕으로 그것을 다채롭게 윤색 개작하여 창을 엮어내었다. **판소리 열두 마당 중 현재까지 창으로 전해지는 것은 <춘향가>, <흥부가>, <심청가>, <수궁가>, <적벽가> 등이 있다.**

<홍길동전> 이후 17세기부터는 소설 창작이 활발해짐에 따라 상당한 규모의 독자층이 형성되고 18~19세기는 소설의 시대라 불릴 만큼 소설의 질적, 양적 성과를 이루는 한편, 상업적 출판도 성행하였다. 이 시대 유행했던 고전소설을 대략 살펴보면, **영웅소설에는 <홍길동전>**, 환몽구조를 지니는 **몽자류 소설에는 <구운몽>, <옥루몽>, 역사군담소설에는 <임경업전>, <박씨전>, 판소리계 소설에는 <춘향전>, <심청전>, <흥부전>, <토끼전>, <배비장전> 등이 있다.**

随着朝鲜建国， 韩国文学也发生了变化。朝鲜时期不同于高丽时期，他们崇尚儒教，排斥佛教，由此思想发生变化，随着训民正音的创制，表现手段也与以前不同。朝鲜前期乐章和景几体歌被大量创作。乐章是为了共享和教化国家理念或政策而被创造出来的歌曲；景几体歌在国文诗中具有最显著的定型性， 是以反映士大夫意识形态为目的而创造的。乐章和景几体歌因为各自的特征形式，发展时间较短，不久便消亡了。

朝鲜前期发展最为活跃的是时调和歌词。时调在古典文学中， 在很长时间内被人们创作、歌唱，多数作品流传至今。时调形式简洁，为3章12句。时调的初期作品(14~15世纪)多以悲叹亡国(高丽)之痛， 歌颂朝鲜太平盛世之乐，讲述世祖的王权篡夺故事为主。进入16世纪，时调出现"江湖歌道"。江湖歌道是指从性理学角度追求自然法则和人间道义，将自然之美用韩国语吟唱的歌曲。和时调一同在朝鲜前期盛行的是歌词，朝鲜前期的歌词大部分是由两班阶层创作的江湖歌词。朝鲜前期歌词作品中，郑澈的 ≪思美人曲≫和 ≪续美人曲≫完美运用韩国语，完成度颇高，可以说是歌词文学作品中的翘首。

在此期间，15世纪末金时习的汉文小说 ≪金鳌神话≫登场，开辟了小说新篇章。其后16世纪末出现了最初的韩文小说——许筠的 ≪洪吉童传≫，正式拉开了小说时代的帷幕。

壬辰倭乱之后，逐渐进入朝鲜后期社会，韩国文学史也出现了各种变化，最先出现巨大变化的便是时调和歌词。朝鲜后期创作时调和歌词的阶层扩大，引起了中心移动现象。在17世纪后半段，平民诗人广泛活跃，时调逐渐普遍化，出现表达个人情感的切合实际的形式。因此，时调的主题或题材非常丰富多彩，表层的生活体验和情感意识全部在时调里有所体现。并且在这一时期，出现了时调的新形式——辞说时调，辞说时调与平时调相比，形式上增加一句，是此类时调的统称用语。朝鲜后期，随着歌词著作者阶层的丰富，对现实问题的关注加强，女性及平民作者阶层逐渐发展，出现主题和表现方式的各种变化。

朝鲜后期，清唱成为新兴的文学形态。清唱和唱者以流传下来的故事为基础，将其润色改编，并赋以唱的形式。十二场清唱中以唱的形式流传至今的有 ≪春香歌≫，≪兴夫歌≫，≪沈清歌≫，≪水宫歌≫，≪赤壁歌≫等。

17世纪，小说创作开始活跃，≪洪吉童传≫的问世吸引了大量读者，并形成了读者群。18～19世纪可以称得上是小说的时代，一方面小说取得了质和量的成就，另一方面商业出版也开始盛行起来。大致概括下此时期流行的古典小说，主要包括英雄小说《洪吉童传》，带有幻梦结构的梦字类小说《九云梦》和《玉楼梦》，历史军谈小说《林庆业传》和《朴氏传》，清唱小说《春香传》《沈清传》《兴夫传》《兔子传》和《裴裨将传》等。

■ <춘향전> 《春香传》

<춘향전>은 한국의 대표적인 고전 소설로 조선 시대의 한글 소설이며 판소리계 소설이다. 양반인 이몽룡과 기생의 딸 춘향의 신분을 초월한 사랑 이야기로 해학적이고 풍자적이며 조선 후기의 평민 의식을 담고 있는 작품이다.

《春香传》，作为韩国代表性的古典小说，既是朝鲜时期的韩文小说，也是清唱小说。是讲述两班阶层的李梦龙和妓女的女儿——春香之间超越身份等级的爱情故事，具有诙谐讽刺的特点，是反映朝鲜后期平民意识的作品。

가문소설은 자신의 가문을 과시하거나 허물어져 가는 가문을 일으키는 내용이 대부분이며 형제간이나 처첩 간 혹은 가문들 사이의 갈등을 다루었으며 결혼 장애나 출세 장애의 모티프가 빈번하게 나타난다.

한문소설은 전(傳)과 여러 야담집의 이야기들 중 소설적 짜임을 갖춘 작품들을 간추린 것이다. 이러한 한문소설들은 종래의 사대부 문인들이 추구하던 전통적 한문학이 관습으로부터 벗어나 다양한 인물들을 통해 당대 사회의 여러 문제와 생활상을 날카롭게 형상화하였다.

19세기 초에는 야담집이 출현하고 애정소설이나 세태소설, 단편소설집이 출현하였다. 그러나 19세기 후반에는 소설이 쇠퇴의 길을 가게 되면서 19세기 말에서 20세기 초에는 소설의 유통방식만이 바뀌고 더 이상 새로운 고전소설은 나오지 않는다. 1890~1910년대에는 신문이나 잡지들이 생겨났는데 다양한 기사에는 서사양식의 범주에 속하는 것들이 많이 있다.

家庭小说多以夸耀自身家门或重新振兴崩溃的家族为主要内容，探讨兄弟、妻妾或家族间的矛盾，是频繁出现的以结婚障碍或出身障碍为主题的小说。

汉文小说是在历史人物传记和各类野史轶闻中，挑选出具备小说结构的作品整理出来的。这类汉文小说从士大夫文人阶层追求的汉文学传统中摆脱出来，通过刻画饱满的人物形象，深刻地揭示了当代社会的各种问题。

19世纪初，野史集出现，也兴起了爱情小说或世俗小说、短篇小说集。但在19世纪后半期，小说逐渐走向衰退。19世纪末20世纪初，仅仅改变了小说的传播方式，再也没有出现新的古典小说。1890~1910年代，报纸杂志出现，在各种新闻报道中有很多属于叙事形式的文章。

제3절 한국문학에서의 근현대문학

第三节 韩国近现代文学

대개 한국문학의 전통을 기초로 해서 서구 문학의 영향 아래 새롭게 형성되고 있는 문학을 한국의 근현대문학이라 한다. 근현대문학에서는 주요작가와 작품 중심으로 살펴보고자 한다.

以韩国传统文学为基础，在西方文学的影响下新形成的文学被称为韩国近现化文学。下面介绍近现代文学代表作家及其作品。

1. 근대작품의 등장: 이광수의 <무정> 韩国近代文学作品登场: 李光洙的≪无情≫

이광수(李光洙, 1892~1950)의 <무정(無情)>(1917)은 한국 최초의 근대적 장편소설이다. 그리하여 이광수는 근대문학의 개척자로 평가되고 있다. 소설은 구성이 서구의 근대 소설에 가깝고 주제는 계몽사상, 자유연애사상을 표현하였다.

李光洙(1892~1950)的 ≪无情≫是韩国文学史上最初的近代长篇小说。李光洙被誉为近代文学的开拓者，小说结构与西方近代小说相近，主题表现为启蒙思想、自由恋爱思想。

2. 주요한과 최초 자유시 <불놀이> 朱耀翰与最初的自由诗≪观火≫

1919년 2월에 창간된 문예 동인지 『창조』에 주요한(朱耀翰, 1900~

1979)의 <불놀이(觀火)>가 발표되었다. 당시 이 작품은 한국어 표현이 뛰어난 것과 강렬한 불빛의 상징적인 이미지, 작품 전체의 참신한 리듬 등에 의해 한국 최초의 자유시로 평가되었다.

朱耀翰(1900~1979)在1919年2月创办的纯文艺性刊物 《创造》上发表了《观火》，此作品以语言出众、象征深刻、富有韵律等特点，被评价为韩国最初的自由诗。

3. 김소월과 『진달래꽃』 金素月与≪金达莱花≫

김소월(金素月, 1902~1934)은 한민족 특유의 정한과 민요조의 가락을 기조로 해서 여러 작품을 발표하였다. 그의 대표작은 시집 『진달래꽃』(1925)이다.

金素月(1902~1934)以韩民族特有的爱恨情感和民谣曲调为基调发表了众多作品，他的代表作是诗集 ≪金达莱花≫(1925)。

4. 한용운과 『님의 침묵』 韩龙云与≪伊人的沉默≫

한용운(韓龍雲, 1879~1944)은 상징적인 요소와 불교적인 요소가 많은 작품을 발표하였는데 그의 대표작은 시집 『님의 침묵』(1926)이다.

韩龙云(1879~1944)发表了众多带有象征意义和佛教要素的作品，他的代表作是诗集 ≪伊人的沉默≫(1926)。

5. 현진건과 <운수 좋은 날> 玄鎭键与≪走运的一天≫

1919년 이후에 등장한 3인의 주요작가(김동인, 염상섭, 현진건)
의 하나인 현진건(玄鎭健, 1900~1943)은 사실주의 기법을 도입하고 소
설의 문학적 가치에 중요성을 두었다. 그의 대표작은 <운수 좋은
날>(1924)이다.

1919年以后，金东仁、廉想涉、玄鎭键等三位主要作家登上文坛，三
人之一的玄鎭键(1900~1943)的小说善于采用写实主义技巧，　重视小
说的文学价值。他的代表作是　≪走运的一天≫(1924)。

6. 신경향파 문학 新倾向派文学

1923년경부터는 빈곤을 비롯한 사회문제들을 주로 작품의 소재
나 주제로 삼는 또 하나의 새로운 경향으로 신경향파 문학이 형성
되었다. 대표적 작가로는 시인 이상화(李相和, 1901~1943), 소설가로
최서해(崔曙海, 1901~1932)를 들 수 있다. 이상화의 신경향파 작품으로
는 <빼앗긴 들에도 봄은 오는가>(1926)이다. 최서해는 주로 그 자
신의 오랜 방랑에서 체험한 빈곤이나 부조리를 소재로 해서 <탈출
기>(1925), <박돌의 죽음>(1925), <큰물이 진 뒤>(1925) 등을 발표
했다. 신경향파 문학은 개인의 저항이나 울분을 표출하는 데만 그
치고 출로를 제시하지 않았다는 한계가 있다.

1923年开始出现把贫困为首的社会问题当成作品素材或主题的新的
倾向——新倾向派文学。代表作家有诗人李相和(1901~1943)、小说
家崔曙海(1901~1932)。李相和的新倾向派作品是　≪被夺走的田野上

也来春天吗?≫(1926)。崔曙海主要以长期漂泊中自身经历的贫困或荒
谬为素材，发表了≪出走记≫(1925)，≪朴石的死≫(1925)，≪大水之
后≫(1925)等作品。新倾向派文学的局限性是只表现个人抵抗或愤怒，
没有提出如何解决现状的方法。

7. 프로문학 无产阶级文学

1925년에 카프(조선 프롤레타리아예술동맹) 결성을 계기로 '프로
문학'이 출현하였다. 프로문학은 대체로 30년대 초까지 지속되면서
계급주의적 목적에 중점을 두었다. 프로문학의 대표작가는 조명희
(趙明熙)이고 대표작은 <낙동강>이다.

1925年以成立卡普(朝鲜无产阶级艺术家同盟)为契机，出现了"无产
阶级文学"。无产阶级文学持续到1930年代初，注重阶级主义斗争。无
产阶级文学的代表作家是赵明熙，代表作是≪洛东江≫。

8. 동반자 작가 同伴者作家

프로문학에 반발하는 문학인들에 의해 국민문학운동이 전개되었
다. 이것은 민족주의를 기초로 해서 시조의 부활, 문학의 순수성 옹
호, 국민 역사의 재인식 등을 주로 추진한다. 한편 카프에 가담하지
않은 채로 프로문학에 대해 동조하는 작가들이 나타났다. 이들을
동반자 작가들이라고 부른다. 대표적 작가들로는 이효석, 유진오이

며 이효석(李孝石, 1907~1942)은 <행진곡>(1929), <노령근해>(1930), 유진오(俞鎭午, 1906~1987)는 <5월의 구직자>(1929), <여직공>(1931) 등을 발표했다.

反对无产阶级文学的文学家们开展了国民文学运动， 这是以民族主义为基础的，主要推动时调的复活，拥护文学纯粹性，提高国民对历史的认知程度。另一方面， 也有一些作家不加入朝鲜无产阶级艺术家同盟，但赞同无产阶级文学。他们被称为同伴者作家，代表作家是李孝石和俞鎭午。李孝石(1907~1942)发表了≪进行曲≫(1929)， ≪露岭近海≫(1930)；俞鎭午(1906~1987)发表了≪五月的求职者≫(1929)，≪女职工≫(1931)等。

9. 순수시 纯粹诗

순수시란 1930년대에 들어서면서 시에서 비시적인 요소들을 배제하고 시적인 차원에 도달한 시들을 가리킨다. 절대적으로 순수하게 시적인 차원에 도달하려 한 것이라 해서 '절대시'라고도 한다. 30년대 초부터 이러한 순수시를 시도한 것은『시문학』(1930년 창간)의 동인들, 즉 시문학파라고 불리는 박용철(朴龍喆, 1904~1938), 김영랑(金永郎, 1903~1950) 등이다.

纯粹诗指进入1930年代排斥非诗因素， 达到诗的层面(起点、角度境界)的诗。应绝对达到诗的境界也称为"绝对诗"。1930年代初开始，试图写纯粹诗的诗人有≪诗文学≫(1930年创办)的同仁们， 即被称为诗文学派的朴龙哲(1904~1938)、金永郎(1903~1950)等人。

10. 이상의 모더니즘 시 李箱的现代主义诗

1930년대 순수시를 의도하면서도, 세계적으로 파시즘이 만연되기 시작한 그 시대 지식인의 불안, 초조, 절망을 반영한 이상(李箱, 1910~1937)의 초현실주의 작품 <오감도(烏瞰圖)>(1934), <꽃나무>(1933), <거울>(1934) 등이 발표되어 주목을 끌었다.

1930年代尝试纯粹诗的同时, 世界各处开始蔓延法西斯主义, 李箱(1910~1937)发表了超现实主义作品≪乌瞰图≫(1934), ≪花草≫(1933), ≪明镜≫(1934)等, 作品反映了那个时代知识分子的不安、焦虑、绝望等, 引起了文坛的关注。

11. 항일저항시인 이육사 抗日抵抗诗人李陆史

이육사(李陸史, 1904~1944)는 독립운동가로 활약하던 시인으로 <청포도>(1939), <절정>(1940), <광야>(1945), <꽃>(1945) 등 혁명가의 뜻을 드러낸 작품들을 발표했다. 『육사시집』(1946)이 있다.

李陆史(1904~1944), 作为独立运动家的诗人, 发表了≪青葡萄≫(1939), ≪绝顶≫(1940), ≪旷野≫(1945), ≪花≫(1945)等作品, 展现了革命家的意志。遗作诗集有≪陆史诗集≫(1946)。

이육사 李陆史

12. 현실참여문학 现实参与文学

1970년대 현실참여문학의 중요한 흐름 가운데 하나는 농민문학이다. 농촌은 급격한 산업화 과정에서 공업 우선 정책에 의해 소외되어 점차 뒤처져갔다. 이에 따른 농민들의 문제가 사회적 관심사로 제기되면서 문학의 중요한 대상이 되었다. 대표작으로는 소설에서는 이문구(李文求, 1941~2003)의 <관촌수필>(1977), 시에서는 신경림(申庚林,1936~)의 <농무>(1973)가 있다. 산업화과정에서 소외된 농민들의 삶의 현장을 사실적으로 그려내었다.

1970年代现实参与文学中重要潮流之一是农民文学。在急剧发展的产业化过程中，推行工业优先政策，农村被忽视而逐渐落后。由此产生的农民问题成为社会关注的焦点，也成为了文学创作的重要的对象。代表作有李文求(1941~2003)的小说≪冠村随笔≫(1977)，申庚林(1936~)的诗≪农舞≫(1973)。其描绘了在产业化过程中被疏忽的农民生活现状。

참여문학의 또 다른 주요소재는 도시 변두리의 하층민이나 노동자들의 생활이었다. 이들은 대부분 농촌을 떠나 도시로 나온 이농민들로서 도시의 일용노동자로 전락한 사람들이다. 소설에서는 1970년대 황석영(黃晳暎, 1943~)의 <삼포 가는 길>(1973), 조세희(趙世熙, 1942~)의 <난장이가 쏘아올린 작은 공>(1976), 윤흥길(尹興吉, 1942~)의 <아홉 켤레의 구두로 남은 사내>(1977) 등이 대표적이다.

参与文学的另一主要素材是处于城市边缘的下层民众或劳动者的生活。他们大部分离开农村，沦落成城市的短工。其代表小说有1970年代黄晳暎(1943~)的≪去森浦之路≫(1973)，赵世熙(1942~)的≪矮子射上去的小球≫(1976)，尹兴吉(1942~)的≪以九双皮鞋留下来的男人≫

(1977)等。

13. 조정래의 『태백산맥』 赵廷来的≪太白山脉≫

조정래(趙廷來, 1943~)는 1986년에 10권으로 된 대하소설 『태백산맥』을 세상에 내놓았다. 이 대작은 이전의 대부분 분단소설이 이데올로기나 전쟁의 희생물로서의 비극적인 개인사이거나 가족사라는 틀을 초월하여 해방 직후의 현실의 삶을 정면으로 반영하면서 비극의 원천을 형상화한 것으로 이목을 끌었다. 1948년부터 한국전쟁이 끝난 1953년 10월까지 약 5년 남짓한 서사적 시간의 폭을 10권의 방대한 분량에 담고 있다.

赵廷来(1943~)1986年完成10卷大河小说≪太白山脉≫, 这部巨作与以前的分断小说相比, 超越了意识形态或战争牺牲物(个人悲剧史或家族史)的框架, 正面反映了解放以后的现实生活, 揭露了悲剧的根源。小说以10卷本记录了从1948年开始至1953年10月朝鲜战争结束为止的历经5年有余的时间内发生的故事。

14. 최인훈의 <광장> 崔仁勋的≪广场≫

최인훈(崔仁薰, 1936~2018)의 1960년 『새벽』 11호에 실린 출세작 <광장>은 한국문학사에서 중요한 한 페이지를 장식하고 있다. 작품은 1950년대 이후 정면에서 다루지 못했던 분단과 전쟁, 후진국 등 요소로 인한 민족 비극의 현상을 다루었는데 이남의 사회적 불균형과 방일한 개인주의, 이북의 폐쇄적인 사회구조와 집단의식을 동시에 비판하고 있다. 작품은 남북분단에 의한 이데올로기의 대립과 선택의 강요라는 상황 속에서 안식처를 발견하지 못한 지식인 이명준이 결국 제3국으로 가는 도중 자살한다는 내용으로 되어있다.

崔仁勋(1936~2018)于1960年在《黎明》11号杂志上发表《广场》，其在韩国文学史上留下了重要的一笔。作品描写了1950年代以后难以正面创作的纷乱和战争、因国家落后等因素发生的民族悲剧等现象。作品同时批判三八线以南地区的社会不均和肆意的个人主义，以及以北地区的封闭的社会结构和集体意识。其作品讲述了在南北分裂背景下产生的意识形态对立和强迫选择其一的情况下，主人公李明俊在南北无法寻得安息处，而最终在去往第三国的途中自杀的故事。

15. 현실참여의 민중시 现实参与的民众诗

김지하(金芝河, 1941~)는 담시 <오적>(1970)에서 권위에 대한 부정, 비리에 대한 풍자와 비판, 부조리한 현실에 대한 저항의지 등을 새로운 표현양식을 통해 형상화하였다. 고은(高銀, 1933~)은 시집『문의 마을에 가서』(1974), 연작시 <만인보>, 장시 <백두산>을 발표하였다.

金芝河(1941~)在谭诗《五贼》(1970)中，以新表现手法体现了对权威的否定，对腐败贿赂风气的讽刺和批判，对不合理现实的抵抗意识等。高银(1933~)发表了诗集《在文义村》(1974)，系列人物诗《万人谱》，长诗《白头山》。

16. 박경리의 대하 장편소설『토지』朴景利的大河长篇小说≪土地≫

박경리(朴景利, 1926~2008)의『토지』는 구한말부터 일제강점기를 거쳐 해방에 이르기까지의 역사적 흐름을 배경으로, 최 참판 일가를 중심으로 한 민족적 수난과 토지에서 한을 안고 살아가는 민중들의 삶의 역정을 그려내었다.

朴景利(1926~2008)的≪土地≫以大韩帝国末期为始， 经日本殖民统治时期至解放过程的历史长河为背景，以崔参判一家为中心，描绘了整个民族的苦难和对土地怀有"情与恨"的民众们的生活历程。

17. 한강의『채식주의자』韩江的≪素食主义者≫

한강(韩江, 1970~)의 소설『채식주의자』(2007)는 한국소설 최초로 맨부커상(2016)을 수상하였다. 이 소설은 욕망, 식물성, 죽음 등 인간 본연의 문제들을 한 편에 집약해 놓은 수작이다.

韩江的小说≪素食主义者≫(2007)是韩国小说中第一个获得布克奖的作品，这部小说是把欲望、植物性、死亡等人间本性问题全部融合在一起的一部杰作。

연습문제

☞ **❶** OX 퀴즈

1. 10월 9일은 한글날이며 한국의 국경일이다. (   )
2. 한글은 자음과 모음만으로 이루어져 있다. (   )
3. <흥부가>는 한국의 대표적인 고전소설이다. (   )
4. 김소월(金素月)의 대표 시집은 『진달래꽃』이다. (   )
5. 윤동주(尹東柱)는 대학생의 몸으로 일본에서 옥사하였다. (   )

☞ **❷** 선택문제

1. 훈민정음은 누구에 의해 창제되었는가? *
   ① 태종   ② 정종   ③ 중종   ④ 세종

2. 세종대왕은 1443년에 민족문자를 창제하고 이름을 무엇이라 하였는가?*
   ① 훈민정음   ② 한글   ③ 조선문자   ④ 언문

3. 훈민정음에 대한 설명으로 틀린 것은 어느 것인가?
   ① 훈민정음을 만들기 이전에 한자를 사용하였다.
   ② 훈민정음은 한자와 달리 모든 소리를 소리 나는 대로 적을 수 있다.

③ 훈민정음은 양반들보다는 평민과 부녀자들 사이에서 많이 사용되었다.

④ 훈민정음은 고려 시대에 만들어졌다.

4. 한국정부의 제의에 따라 유네스코에서 제정한 이 상은 문맹퇴치를 위해 공헌한 개인이나 단체에 매년 9월 8일 수상한다. 이 상의 이름은 무엇인가?

① 태종상　　　　　　　② 대통령상

③ 국무총리상　　　　　④ 세종대왕상

5. 한국어는 자음 몇 개가 있는가?*

① 19개　　② 20개　　③ 21개　　④ 22개

6. 한국인들의 성씨는 보통 몇 글자로 구성되어 있는가?*

① 네 글자　　② 세 글자　　③ 두 글자　　④ 한 글자

7. 가야국 수로왕 전설과 연계되어 있는 한국 고대가요는 어느 작품인가?

① 구지가　　② 공무도하가　　③ 황조가　　④ 사모곡

8. 한국의 첫 번째 단편소설집으로 인정되고 있는 작품은 어느 것인가?

① 전등신화　　② 이생규장전　　③ 매월당집　　④ 금오신화

9. 한국 판소리계 소설에서 가장 유명한 것은 어느 작품인가?

　① 춘향전　　② 심청전　　③ 흥부전　　④ 토끼전

10. 한국 고전문학 중 효(孝)를 주제로 한 작품은 어느 것인가?

　① 심청전　　② 흥부전　　③ 춘향전　　④ 배비장전

11. 판소리계 소설에 등장하는 인물들을 틀리게 연결한 것은 어느
　　것인가?

　① 춘향전 — 성춘향, 이몽룡, 변사또

　② 심청전 — 심청, 심봉사, 뺑덕애미

　③ 토끼전 — 토끼, 거북이, 용왕

　④ 흥부전 — 흥부, 놀부, 방이

12. 신라 시대의 학자이며 문학가인 최치원은 뛰어난 시문(詩文)으
　　로 어디에서도 이름을 떨쳤는가?*

　① 당나라　　② 송나라　　③ 명나라　　④ 원나라

13. 중국 전역을 돌아본 박지원이 중국의 앞선 문물을 소개한 책은
　　어느 것인가?

　① 열하일기　　② 비밀일기　　③ 중국일기　　④ 백범일지

14. 이광수는 한국 근대문학의 창시자이며 한국근대계몽문학의 선
　　구자이다. 한국근대소설사에서 한 획을 긋는 것으로 평가되고
　　있는 이 소설은 어느 것인가?

① 무정　　　　② 흙　　　　　　③ 소년의 비애　④ 유정

15. 김소월 시의 정수(精髓)로 꼽히고 있으며 이별의 슬픔을 강렬한
　　의지력으로 극복해 내는 여인의 형상을 빌어 한국 전통적인 이
　　별의 정한(情恨)을 예술적으로 승화시킨 작품은 어느 것인가?
　　① 초혼　　　　② 님의 침묵　　③ 산유화　　　　④ 진달래꽃

16. 이상은 한국 현대 무슨 문학의 가장 대표적인 작가로 불리고 있
　　는가?
　　① 상징주의　　② 모더니즘　　③ 사실주의　　　④ 낭만주의

17. <절정> 등 작품으로 한국의 가장 저명한 저항시인으로 평가받
　　고 있는 작가는 누구인가?
　　① 고은　　　　② 윤동주　　　③ 김소월　　　　④ 이육사

18. 일제시대 저항시인으로 유명하며 일본 경찰에 체포되어 옥사한
　　인물로 <서시>, <별 헤는 밤> 등의 시를 지은 시인은 누구인
　　가?
　　① 윤동주　　　② 서정주　　　③ 신경림　　　　④ 이육사

19. 이념대립과 분단의 필연성을 가장 잘 묘사한 조정래의 대하소설
　　인 이 작품은 어느 것인가?
　　① 토지　　　　② 태백산맥　　③ 흙　　　　　　④ 땅

20. 대하소설 『토지』를 쓴 한국 당대 저명한 여성작가는 누구인가?
    ① 박경리   ② 박완서   ③ 오정희   ④ 한말숙

참고문헌 参考文献

문민, 『대한민국 귀화시험 한권으로 합격하기』, 에듀 크라운 출판사, 2015.
박천우·김희만, 『한국의 역사와 문화』, 양서원, 2007.
법무부 출입국 외국인정책본부, 『사회통합프로그램을 위한 한국사회 이해』, 2012.
신형식, 『알기 쉬운 한국사』, 재단법인 해외한민족교육진흥회, 2009.
양승국·박성창·안경화, 『한국문화 30강』, 도서출판 박이정, 2014.
이상억, 『한국어와 한국문화』, 소통, 2008.
이선이, 『외국인을 위한 한국 현대 문화』, 한국문화사, 2007.
전국역사교사모임, 『외국인을 위한 한국사』, 휴머니스트, 2010.
조재윤·박금주·신순자·정연봉·백낙천, 『외국인을 위한 한국문화 길라잡이』, 도서출판 박이정, 2009.
朴永浩·尹允鎭·崔義秀 編著, ≪韓国概況≫, 延边大学出版社, 2009.

홈페이지 网站
네이버 www.naver.com
한국학중앙연구원 http://www.aks.ac
한국통계청 http://kosis.kr/statisticsList
문화재청 http://www.cha.go.kr
청와대 https://www1.president.go.kr/about/
주중대한민국대사관 http://overseas.mofa.go.kr/cn-ko/index.do
http://www.kukkiwon.or.kr/front/pageView.action?cmd=/chi/information/history
    _taekwondo
그 외 국립공원 관리공단 사이트 각 지역축제 사이트

참고답안

제1장 한국의 상징

☞ ❶ ○× 퀴즈

1. ×
2. ○
3. ○
4. ×
5. ○

☞ ❷ 선택문제

1. ①
2. ③
3. ④
4. ①
5. ②
6. ①
7. ④
8. ④
9. ④
10. ④
11. ④
12. ③
13. ②
14. ④
15. ④

제2장 한국의 지리

☞ ❶ ○× 퀴즈

1. ×
2. ×
3. ×
4. ○
5. ○

☞ ❷ 선택문제

1. ②
2. ①
3. ④
4. ②
5. ④
6. ②
7. ③
8. ④
9. ①
10. ②
11. ②
12. ④
13. ①
14. ②
15. ②

16. ①
17. ③
18. ④
19. ②
20. ②
21. ①
22. ②
23. ②
24. ③
25. ③
26. ②
27. ②
28. ④
29. ①
30. ②
31. ③
32. ①
33. ①
34. ②
35. ④
36. ③
37. ②
38. ③
39. ③
40. ②
41. ①
42. ②
43. ③
44. ②

45. ②
46. ③
47. ②
48. ④
49. ①
50. ③
51. ③
52. ②
53. ④
54. ④
55. ③
56. ②
57. ②
58. ④
59. ④
60. ④

제3장 한국의 정치

☞ ❶ ○× 퀴즈
1. ○
2. ○
3. ×
4. ○
5. ×

☞ ❷ 선택문제
1. ④
2. ④
3. ②

4. ①

5. ②

6. ②

7. ①

8. ④

9. ③

10. ②

11. ③

12. ②

13. ②

14. ③

15. ②

16. ②

17. ③

18. ④

19. ①

20. ④

21. ①

22. ②

23. ③

24. ④

25. ④

26. ③

27. ③

28. ②

29. ②

30. ①

31. ④

32. ①

33. ①

34. ④

35. ④

36. ①

37. ④

38. ④

39. ①

40. ②

41. ③

42. ①

43. ①

44. ①

45. ②

46. ④

47. ②

48. ③

49. ④

50. ④

51. ④

52. ②

53. ②

54. ②

55. ④

제4장 한국의 경제

☞ ❶ ○× 퀴즈

1. ○

2. ×

3. ○

4. ×

5. ×

1. ①

2. ①

3. ④

4. ③

5. ①

6. ④

7. ②

8. ④

9. ③

10. ②

11. ④

12. ③

13. ③

14. ①

15. ④

16. ①

17. ③

18. ③

19. ③

20. ③

21. ②

22. ②

23. ③

24. ④

25. ①

제5장 한국의 역사

1. ×

2. ○

3. ○

4. ○

5. ×

1. ①

2. ③

3. ②

4. ③

5. ③

6. ④

7. ④

8. ①

9. ②

10. ②

11. ②

12. ③

13. ④

14. ②

15. ③

16. ①

17. ①

18. ③

19. ①

20. ②

21. ②

22. ③

23. ④

24. ②

25. ①

26. ③

27. ③

28. ②

29. ④

30. ②

31. ②

32. ③

33. ④

34. ①

35. ②

36. ①

37. ③

38. ④

39. ④

40. ①

41. ③

42. ③

43. ④

44. ④

45. ②

46. ①

47. ②

48. ④

49. ④

50. ③

제6장 한국의 주요 문화재

☞ ❶ ○× 퀴즈

1. ○

2. ○

3. ×

4. ×

5. ○

☞ ❷ 선택문제

1. ④

2. ①

3. ②

4. ④

5. ③

6. ④

7. ②

8. ②

9. ③

10. ④

11. ③

12. ②

13. ②

14. ④

15. ②

16. ④

17. ①

18. ①

19. ③

20. ④

21. ③

22. ③

23. ③

24. ①

25. ③

26. ③

27. ②

28. ④

29. ①

30. ②

제7장 한국의 교육

☞ ❶ ○× 퀴즈

1. ○

2. ×

3. ○

4. ×

5. ○

☞ ❷ 선택문제

1. ③

2. ②

3. ②

4. ①

5. ④

6. ③

7. ①

8. ①

9. ②

10. ②

제8장 한국의 대중매체

☞ ❶ ○× 퀴즈

1. ×

2. ○

3. ○

4. ×

5. ×

☞ ❷ 선택문제

1. ④

2. ①

3. ④

4. ②

5. ③

제9장 한국의 생활문화

☞ ❶ ○× 퀴즈

1. ○

2. ×

3. ×

4. ○

5. ○

☞ ❷ 선택문제

1. ①

2. ①

3. ②

4. ③

5. ②

6. ①

7. ④

8. ②

9. ②

10. ③

11. ③

12. ①

13. ②

14. ②

15. ④

16. ④

17. ②

18. ②

19. ④

20. ②

21. ③

22. ①

23. ①

24. ①

25. ②

26. ④

27. ③

28. ③

29. ③

30. ③

31. ②

32. ③

33. ①

34. ①

35. ①

36. ②

37. ③

38. ①

39. ④

40. ③

41. ④

42. ④

43. ②

44. ②

45. ①

제10장 한국의 대중문화

☞ ❶ ○× 퀴즈

1. ○

2. ×

3. ×

4. ×

5. ○

☞ ❷ 선택문제

1. ①

2. ③

3. ③

4. ②

5. ①

6. ③

7. ①

8. ①

9. ③

10. ①

제11장 한국의 종교

☞ ❶ ○× 퀴즈

1. ○

2. ×

3. ×

4. ○

5. ○

☞ ❷ 선택문제

1. ④

2. ①

3. ①

4. ③

5. ③

6. ④

7. ①

8. ②

9. ④

10. ③

제12장 한국어와 한국문학

☞ ❶ ○× 퀴즈

1. ② ○

2. ×

3. ×

4. ○

5. ○

☞ ❷ 선택문제

1. ④

2. ①

3. ④

4. ④

5. ①

6. ④

7. ①

8. ④

9. ①

10. ①

11. ④

12. ①

13. ①

14. ①

15. ④

16. ②

17. ④

18. ①

19. ②

20. ①

전월매(田月梅)

천진사범대학교 한국어학과 부교수, 저서로 재중조선인 시에 나타난 만주 인식(역락, 2014), 한국문학 연구와 교육의 현장(한국학술정보, 2016), 중한수교 30년, 한국소설에 나타난 중국담론(역락, 2023), 중국 소수민족 특색마을 문화 연구(한국학술정보, 2023) 등이 있다.

문민(文玟)

서울국제학원 원장, 저서로는 『대한민국 귀화시험 한권으로 합격하기』(에듀크라운출판사, 2015), 『재한중국동포 교육자 문민의 생애사-조선족 3세의 귀환이주 삶과 미래』(공저, 책과 세상, 2022) 등이 있다.

한국사회와 문화
한중대역본

초판인쇄 2023년 8월 30일
초판발행 2023년 8월 30일

지은이 전월매
펴낸이 채종준
펴낸곳 한국학술정보㈜
주 소 경기도 파주시 회동길 230(문발동)
전 화 031) 908-3181(대표)
팩 스 031) 908-3189
홈페이지 http://ebook.kstudy.com
E-mail 출판사업부 publish@kstudy.com
등 록 제일산-115호(2000. 6. 19)

ISBN 979-11-6983-656-2 93380